21世纪经济管理新形态教材·冷链物流系列

冷链食品商品学

韩聪 ◎ 主编

陈星 康大成 杨玉红 ◎ 副主编

清华大学出版社

北京

内 容 简 介

本书是在广泛吸收与借鉴国内外食品商品学、食品工艺学和食品保藏学的基础上,结合冷链食品的特点与"互联网+"的大背景,撰写的一本冷链物流系列的新形态教材。本书共分为9章,包括冷链食品概述、水果与蔬菜、肉与肉制品、乳与乳制品、蛋与蛋制品、水产品、豆制品、冷冻饮品、冷冻调理食品。本书主要论述了冷链食品的基本特性及营养价值、加工工艺及保藏技术、质量控制及检验、低温冷链流通等,同时导入冷链食品领域的经典案例,是一本结合理论与应用的专业教科书。

本书可作为食品科学与工程、食品质量与安全、制冷及低温工程、冷链物流技术与管理、工程物流管理等专业本科、研究生的教学用书或参考书,也可作为冷链食品加工、物流管理等领域管理人员的参考书或工具书。

本书封面贴有清华大学出版社防伪标签,无标签者不得销售。
版权所有,侵权必究。举报: 010-62782989, beiqinquan@tup.tsinghua.edu.cn。

图书在版编目(CIP)数据

冷链食品商品学/韩聪主编. —北京: 清华大学出版社,2022.11
21世纪经济管理新形态教材. 冷链物流系列
ISBN 978-7-302-62129-4

Ⅰ. ①冷… Ⅱ. ①韩… Ⅲ. ①冷冻食品—商品学—高等学校—教材 Ⅳ. ①F768.2

中国版本图书馆CIP数据核字(2022)第202821号

责任编辑: 张 伟
封面设计: 汉风唐韵
责任校对: 王凤芝
责任印制: 朱雨萌

出版发行: 清华大学出版社
网　　址: http://www.tup.com.cn, http://www.wqbook.com
地　　址: 北京清华大学学研大厦A座　　邮　编: 100084
社 总 机: 010-83470000　　邮　购: 010-62786544
投稿与读者服务: 010-62776969, c-service@tup.tsinghua.edu.cn
质量反馈: 010-62772015, zhiliang@tup.tsinghua.edu.cn
课件下载: http://www.tup.com.cn, 010-83470142

印 装 者: 大厂回族自治县彩虹印刷有限公司
经　　销: 全国新华书店
开　　本: 185mm×260mm　　印　张: 10.5　　字　数: 244千字
版　　次: 2022年11月第1版　　印　次: 2022年11月第1次印刷
定　　价: 49.00元

产品编号: 084794-01

丛书编写指导委员会

李学工：曲阜师范大学
魏国辰：北京物资学院
田长青：中国科学院理化技术研究所
兰洪杰：北京交通大学
曹献存：河南牧业经济学院
陆国权：浙江农林大学

丛书序

根据物流管理与物流工程专业教学的需要,由李学工、魏国辰、田长青、兰洪杰、曹献存、陆国权组成的教材编委会,组织国内高等院校的专业教师共同编写冷链物流系列教材,共十余本。这是多个大学、多个学科领域的学者联手合作,覆盖冷链物流的方方面面,特别注重理论与实践结合的一次很有价值的尝试,对物流教育的高质量发展一定会起到很好的推动作用。

讲到冷链,一定与食品与药品有关。食品与药品是民生工程,民以食为天,食以安为先,而安一定与冷链有直接关系,所以,在《物流业调整和振兴规划》《农产品冷链物流发展规划》《物流业发展中长期规划》中,都把冷链物流列为重点工程,每年的中央一号文件,都十分关注生鲜农产品的冷链发展。

讲到冷链,一定与国民经济的发展有关。当国民经济处于温饱型阶段,冷链是一种奢望,高不可及。但进入小康阶段,人们对生活质量的要求有极大的提升,冷链必须加速发展,目前中国正处于冷链产业发展的黄金时代。

讲到冷链,一定与冷链物流的系统工程有关。在这个系统工程中,有冷链对象即冷链商品学,有冷链基础设施,有冷链技术与装备,有冷链流通,有冷链企业,有冷链行政管理以及冷链消费。哪个环节出了问题都会影响全局。

讲到冷链,一定与互联网、供应链有关。现在是互联网、供应链时代,正是互联网与供应链从技术到模式改变着人们的生产与生活方式。产业链是基础,价值链是根本,而供应链是灵魂。

讲到冷链,一定与人才有关。人才是国民经济发展的第一资源,目前对冷链物流人才的需求很大,但在校与在职冷链教育都比较滞后,所以,必须有一支高素质的冷链教师队伍、一批高质量的教材和一些高水平的教学实践基地。

我深信,在习近平总书记国民经济高质量发展的召唤下,冷链产业、冷链物流、冷链教育都会有一个高质量的发展。

丁俊发

中国物流与采购联合会原常务副会长、教授、研究员

2019年5月1日

前言

　　现代食品作为一种特殊的商品,具有鲜活性、凝聚态和易腐性等特点,需要在适当的条件下加工、储藏和运输。此外,一些新鲜食品在分布上具有地域性,因此对食品的运输和保存也提出了更高的要求。物流行业的飞速发展实现了食品商品流通的便捷化、规模化和专业化,综合现代物流配送体系、食品商品的特殊性以及配送范围的灵活性,冷链物流应运而生。冷链物流是将食品或农产品的生产、储藏、运输、销售、配送直至消费前各环节,控制在一定的温度范围,防止食品的腐败以及营养损失的储运方法。冷链物流的出现对食品流通效率提高、食品质量提升和食品安全保障有着举足轻重的作用。随着人们对食品配送的需求量增大和食品品质要求的提高,冷链食品市场份额不断增加。因此,本书立足于冷链食品的储藏及营养特性,从水果与蔬菜、肉与肉制品、乳与乳制品、蛋与蛋制品、水产品、豆制品、冷冻饮品以及冷冻调理食品共计八个种类角度出发,对其冷链流通、品质控制和检验要求等进行了系统的介绍。

　　本书由 4 所本科院校长期从事食品科学与工程、食品质量安全控制和食品冷链物流管理教学与研究工作的一线教师结合工作中积累的实践经验和国内外冷链技术发展的最新理论成果编写完成。为更好地了解和掌握冷链食品加工与运输的理论体系,本书收集整理了冷链食品加工与运输领域最新的经典案例,以便教学使用。

　　本书的主要特色如下。

　　(1) 系统介绍了冷链食品的种类、品质和营养特性、加工工艺、检验技术原理及其应用,在强化理论知识的同时注重学生实践能力提升,能够满足理论和实践教学需求。

　　(2) 紧密结合食品学科的特点,对各类冷链食品的原料特性、冷链食品加工工艺以及低温条件下食品品质和安全性的变化等相关内容进行了深入的介绍和阐述,内容具有较强的专业性。

　　(3) 针对食品科学与工程类和物流管理等相关专业特点及冷链加工物流领域发展的新动态,将冷链物流的要求和食品卫生与检验相关标准与法规等内容安排其中,充分体现了冷链食品商品学的必要性和前瞻性。

　　本书由多家高校的学者共同完成,本书的主编韩聪与副主编陈星、康大成和杨玉红共同负责选题策划、大纲设计及撰写定位,以及书稿的校对、审阅及统稿。全书共分 9 章,具体编写分工如下:韩聪(齐鲁工业大学)负责第 1 章、第 2 章;康大成(临沂大学)负责第 3 章、第 7 章;陈星(江南大学)负责第 4 章和第 5 章;杨玉红(齐鲁工业大学)负责第 6 章、第 8 章;李美琳(沈阳农业大学)负责第 9 章。此外,甄文娜、任新乐、张美雪、陈楷文、付文艳等也做了大量的资料收集、整理工作,在此对他们的辛勤工作表示由衷的感谢!

　　本书配有电子教学课件,可从清华大学出版社网站(http://www.tup.com.cn)

下载。

  本书在撰写和修改的过程中借鉴了国内外该领域的最新研究成果,参考了大量文献,但由于篇幅有限,除注明出处的部分以外,还有部分参考文献未能一一列出,在此,对相关文献和资料的原作者表示诚挚的感谢!

  虽然各位编者倾注了大量的心血,在本书的撰写以及特色构建方面做了诸多努力,但限于编者的水平和能力,书中难免有不妥之处,真诚期望广大师生、读者和同行批评指正,以便在今后的教学和研究工作中加以改进与完善。

韩　聪
2022 年 4 月于齐鲁工业大学(济南)

目 录

第1章 冷链食品概述 ··· 1
   1.1 冷链食品的定义和分类 ·· 1
   1.2 食品冷链的构成及特点 ·· 3
   1.3 我国冷链食品的发展现状及主要问题 ································· 4
   【本章小结】 ··· 9
   【本章习题】 ··· 9
   【即测即练】 ·· 10

第2章 水果与蔬菜 ·· 11
   2.1 果蔬的分类 ··· 11
   2.2 果蔬的化学成分 ·· 13
   2.3 果蔬的采后生理 ·· 17
   2.4 果蔬的采收及商品化处理 ··· 21
   2.5 果蔬的贮藏与冷链流通 ·· 31
   【本章小结】 ··· 36
   【本章习题】 ··· 36
   【即测即练】 ··· 36

第3章 肉与肉制品 ·· 37
   3.1 肉与肉制品的分类 ··· 38
   3.2 肉的形态结构和化学组成 ··· 39
   3.3 肉在低温下的生理生化变化 ·· 46
   3.4 肉与肉制品的冷链流通 ·· 50
   3.5 肉与肉制品的品质劣变与控制 ··· 55
   【本章小结】 ··· 59
   【本章习题】 ··· 59
   【即测即练】 ··· 60

第4章 乳与乳制品 ·· 61
   4.1 乳的基本概念及物化特性 ··· 61

4.2　乳的主要成分及营养特性 ……………………………………………… 65
　　4.3　乳的污染 ……………………………………………………………… 70
　　4.4　乳制品的加工 ………………………………………………………… 71
　　4.5　乳与乳制品的检验 …………………………………………………… 80
　　4.6　乳制品的低温保藏和冷链流通 ……………………………………… 81
　　【本章小结】 ……………………………………………………………… 85
　　【本章习题】 ……………………………………………………………… 86
　　【即测即练】 ……………………………………………………………… 86

第5章　蛋与蛋制品 ……………………………………………………… 87
　　5.1　禽蛋的构造、化学成分和营养价值 ………………………………… 87
　　5.2　禽蛋的储运特性和腐败变质 ………………………………………… 92
　　5.3　蛋制品的加工 ………………………………………………………… 95
　　5.4　鲜蛋和蛋制品的检验 ………………………………………………… 99
　　5.5　蛋与蛋制品的冷链流通 ……………………………………………… 100
　　【本章小结】 ……………………………………………………………… 100
　　【本章习题】 ……………………………………………………………… 101
　　【即测即练】 ……………………………………………………………… 101

第6章　水产品 …………………………………………………………… 102
　　6.1　水产原料的营养特性及营养价值 …………………………………… 102
　　6.2　水产品的低温保藏 …………………………………………………… 104
　　6.3　水产品的污染及检验 ………………………………………………… 106
　　6.4　水产品的冷链运输 …………………………………………………… 111
　　【本章小结】 ……………………………………………………………… 112
　　【本章习题】 ……………………………………………………………… 112
　　【即测即练】 ……………………………………………………………… 112

第7章　豆制品 …………………………………………………………… 113
　　7.1　大豆及豆制品的营养特性 …………………………………………… 113
　　7.2　部分豆制品的加工工艺及要点 ……………………………………… 117
　　7.3　豆制品的检验 ………………………………………………………… 119
　　7.4　豆制品的冷链流通 …………………………………………………… 120
　　【本章小结】 ……………………………………………………………… 124
　　【本章习题】 ……………………………………………………………… 124
　　【即测即练】 ……………………………………………………………… 124

第8章 冷冻饮品 ... 125

8.1 冷冻饮品的含义和分类 ... 125
8.2 冷冻饮品的加工工艺 ... 126
8.3 冷冻饮品的检验 ... 130
8.4 冷冻饮品的保藏及冷链运输 ... 132
【本章小结】 ... 133
【本章习题】 ... 133
【即测即练】 ... 133

第9章 冷冻调理食品 ... 134

9.1 冷冻调理食品概述 ... 134
9.2 冷冻调理食品的生产 ... 137
9.3 冷冻调理食品的检验 ... 138
9.4 冷冻调理食品的保藏和冷链运输 ... 138
【本章小结】 ... 140
【本章习题】 ... 141
【即测即练】 ... 141

参考文献 ... 142

附录1 ... 145

附录2 ... 150

第 1 章

冷链食品概述

【本章导航】

本章主要介绍冷链食品的定义和分类,以及食品冷链的构成及特点,最后结合近几年冷链食品行业数据分析了我国冷链食品的发展现状及所存在的一些问题。

2020 年食品行业十大热门词汇揭晓 "冷链食品"居榜首

2021 年 2 月 18 日,由食品伙伴网发起的"2020 年食品行业十大热门词汇"评选活动结束。按照惯例,本次活动首先由食品论坛的热心网友针对 2020 年热门事件概括成一个关键词提交,后经过整理筛选出 15 个候选词汇,并于 2021 年 1 月 12 日—2 月 17 日在食品论坛投票。其间共有 977 位经过审核认证的注册网友参与投票,最终"冷链食品"高居"2020 年食品行业热门词汇"榜首。

资料来源:2020 年食品行业十大热门词汇揭晓 "冷链食品"居榜首. 食品伙伴网,http://news.foodmate.net/2021/03/586336.html.

1.1 冷链食品的定义和分类

冷链的起源要追溯至 19 世纪上半叶,"现代制冷之父"詹姆斯·哈里森制造出一台小型制冷压缩机。随着冰箱的出现,各种保鲜和冷冻农产品开始进入市场和消费者家庭。到 20 世纪 30 年代,欧洲的食品冷链物流体系已经初步建立。20 世纪 50 年代,世界各地有了直接以商品形式出现的冷冻食品。我国的冷链最早产生于 20 世纪 50 年代的肉食品外贸出口,随着国家经济的快速发展和政策扶持,我国的冷链食品(cold-chain food)逐渐发展到低温果蔬与鲜切果蔬(fresh-cut fruits and vegetables)、冷鲜肉及调理肉制品、冷冻面米及调制配餐食品、乳制品等。目前,冷链食品正逐渐成为我国食品工业的重要组成部分。

1.1.1 冷链食品的定义

食品是一种特殊的商品,不管是生鲜农产品还是加工食品,都具有鲜活性、保质性和易腐性,易受温度等外界环境条件的影响,需要在适当的条件下储藏和运输。伴随着人们生

拓展阅读 1.1 全球冷链行业发展新秩序

活水平的提高，人们的消费观念也在悄然发生变化，越来越多的人开始注重食品的安全、品质和营养。一些新鲜食品的原辅料、产品加工产区远离消费者的居住地区，需要通过低温流通来满足其新鲜要求，食品冷链应运而生。

2021年国家标准《物流术语》(GB/T 18354—2021)将"冷链"定义为：根据物品特性，从生产到消费的过程中使物品始终处于保持其品质所需温度环境的物流技术与组织系统。食品冷链泛指易腐食品从产地收购或捕捞之后，在产品加工、储藏、运输、分销、零售直到消费者手中的各个环节始终处于产品所必需的低温环境下，以保证食品质量安全，减少产品损耗，防止污染的特殊供应链系统。冷链食品是指以农产品、畜禽、水产品、果蔬等为主要原料，经前处理或进一步混配、调制后，在低温（10 ℃以下，冷却、冷冻、速冻等）工艺下生产，并在消费者食用之前始终保持在冷链状态下储存、运输、销售和配送的包装食品（或农产品）。通常而言，在食品冷链体系下生产、储运、销售的食品也被称为冷链食品。

食品冷链是随着科学技术的进步、制冷技术的发展而建立起来的，是以冷冻工艺学为基础、以制冷技术为手段、在低温条件下的物流现象。食品冷链比一般物流体系的要求更高，任何环节出现问题都会影响到冷链食品的质量安全。因此，冷藏链建设要求把所涉及的生产、运输、销售、经济和技术性等各种问题集中起来考虑，协调相互间的关系，以确保易腐食品的加工、运输和销售。

1.1.2 冷链食品的分类

1. 按加工温度分类

按加工温度，冷链食品可分为冷藏食品、冷冻食品和速冻食品。冷藏食品是将食品原料或配料经清洗、分割、包装、冷却等加工处理，在8 ℃以下、冻结点以上条件下储运及销售的食品；冷冻食品是将食品原料经选别、洗净、去杂、成型、调味、冷冻等加工处理，使食品热中心温度达到−18 ℃或以下，并在小于或等于−18 ℃条件下储运及销售的食品；速冻食品是采用速冻加工技术，使产品快速通过最大冰晶生成区，当中心温度达到或低于−18 ℃时完成冻结过程，并在冷链条件下进入销售市场的食品。

2. 按加工程度分类

按加工程度，冷链食品可分为生鲜农产品和调制加工食品。生鲜农产品有粮谷、豆薯、果蔬、肉、禽、蛋、水产品等；调制加工食品是以粮食、畜禽肉、水产品、果蔬等为原料，并配以调味料等辅料，经调制加工后制成的食品。

3. 从社会消费角度分类

从社会消费角度，冷链食品可分为宅食品、餐饮厨房食品、团膳食品、交通旅游食品等。

4．按产品品类分类

按产品品类,冷链食品可分为水果与蔬菜、肉与肉制品、乳与乳制品、蛋与蛋制品、水产品、豆制品、冷冻饮品、冷冻调理食品等。

1.2 食品冷链的构成及特点

1.2.1 食品冷链的构成

食品冷链主要包括原材料获取及冷却环节、冷冻加工环节、温控储藏环节、冷藏运输与配送环节和冷藏销售环节等,如图1-1所示。

图1-1 食品冷链的构成

(1) 原材料获取及冷却环节。该环节的质量高低直接决定了整个食品冷链的质量。获取高质量的原材料,及时、快速地进行冷却可有效控制温度变化对产品新鲜度和质量的影响,如果蔬采后应快速预冷处理。

(2) 冷冻加工环节。该环节包括肉禽类、鱼类、水产品和蛋类的冷却与冻结,各种速冻食品的加工以及奶制品的低温加工等。对于该环节,温度控制非常重要,主要涉及的冷链装备有冷却、冻结和速冻装置。

(3) 温控储藏环节。该环节包括食品的冷藏和冻藏,也包括果蔬的气调储藏等。此环节应保证食品在储存和加工过程中处于低温保鲜环境。此环节主要涉及各类冷藏库、冷藏柜、冻结柜及家用冰箱等。

(4) 冷藏运输与配送环节。该环节包括冷藏、冷冻食品的中、长途干线运输及区域、支线及城市配送等。其中,温度的波动是引起食品质量下降的主要原因之一,需要运输工具具有良好的温控性能。运输与配送环节将不同的冷链环节连接起来,贯穿整个冷链过程。冷藏运输有多种方式,如公路、铁路、水路和航空冷藏运输等,用到的运输工具主要有冷藏车、冷藏汽车、冷藏船和冷藏集装箱等低温运输工具。

(5) 冷藏销售环节。该环节包括各类冷链食品的批发及零售等,由生产厂家、批发商和零售商共同完成。近年来,随着大中城市各类连锁超市的快速发展,各种连锁超市正在成为冷链食品的主要销售渠道。这些零售终端大量使用了冷藏或冷冻陈列柜和储藏库,因此冷藏销售逐渐成为完整的食品冷链中不可或缺的重要环节。

1.2.2 食品冷链的特点

冷链的核心是为保证产品的品质,将温度控制贯穿于整个链条的始终。在此过程中,要做到真正意义上的全程冷链,需要在生产环节、流通环节和销售环节实现统一、连续的温度控制,才能保障消费者的生命安全和健康。与其他物流系统相比,食品冷链具有以下鲜明的特点。

1. 条件要求高

冷链食品的最终品质取决于冷链的储藏温度、流通时间和产品本身的耐储藏性。首先,冷链食品在物流和销售过程中,质量随温度的变化而变化,不同的食品必须对应不同的温度。其次,食品即使在低温环境下保质期也较短,因此在保证严格的温度控制外,冷链必须具有一定的时效性。另外,需对食品类产品的产地进行严格管理、追踪,对于特定的商品需要追溯原产地。

2. 高度的组织协调性和技术依赖性

冷链的特殊性使其过程具有较高的组织协调性,需要各环节之间无缝衔接,若某一环节出现差错,则会损坏食品的品质,造成一些经济损失。冷链也需要相当强大的技术支持。在整个冷链物流过程中,冷链所包含的制冷技术、保温技术、产品质量变化机理和温度控制及检测等技术是支撑冷链的技术基础。为了提高冷链物流的运作效率,需要采用先进的冷藏和运输设备以及信息系统。

3. 投资成本高

冷链食品的物流中需要投资冷库、冷藏车等基础设施,是一般物流使用的库房和普通车辆的3～5倍。冷链的运输成本高,冷库和冷藏车必须不间断地制冷才能保证温度处于恒温状态,因此电费和油费投入大。另外,冷链食品所需的技术基础建设资金比常温食品要高得多。

4. 运营复杂性

我国是一个地域极为广阔的国家,不同地区之间经济发展水平有很大差别,不同地区的生活习惯也大不相同,导致不同地区的冷链服务承载的食品种类不同。不同的食品种类则需要不同的冷链处理手段,这些就会导致冷链的运营要求具有差异,不能完全实现标准化运营。

1.3 我国冷链食品的发展现状及主要问题

1.3.1 我国冷链食品的发展现状

我国冷链物流行业发展起步较晚。2010年,我国突破人均GDP(国内生产总值)4 000美元大关,冷链物流行业开始进入快速发展期。尽管随着人民生活水平的不断提高,冷链食品的消费逐年迅速增长,市场前景光明,但我国与发达国家相比,还存在非常大的差距。从整体冷链体系来看,我国尚未形成一个独立完整的冷链系统。2020年受新冠肺炎疫情的影响,部分冷链企业受到显著的市场冲击,但食品冷链整体保持稳步增长的势头,主要呈现出以下发展特点。

拓展阅读1.2 我国食品冷链物流发展现状及对策研究

1. 食品冷链市场需求进一步增大

根据中国物流与采购联合会冷链物流专业委员会(以下简称"中物联冷链委")数据：我国食品冷链市场需求量逐年上升，在 2020 年达到 2.65 亿吨，比 2019 年增长 3 191 万吨，同比增长 13.69%(图 1-2)。在冷链物流服务的行业中，食品占比高达 90%。在食品细分品类中，生鲜水果与蔬菜肉类占较大的比例，2019 年水果、蔬菜、肉类与水产品占比总和达到了 88%。2020 年，我国食品冷链物流市场总规模约为 3 729 亿元，比 2019 年增长 337.8 亿元，同比增长 9.96%(图 1-3)。我国中产阶级还在扩增，城镇化进程还在加速，消费者的食品安全意识也在不断提升。随着全球范围内农产品、冷链食品产地、加工地和消费市场重塑，冷链全球性需求正在增加，为食品冷链提供了巨大的发展空间，以速冻食品、乳制品、肉类和海产品为代表的冷链行业正走上提升期的轨道。

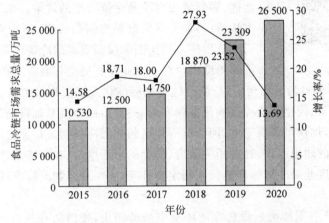

图 1-2　2015—2020 年食品冷链市场需求总量

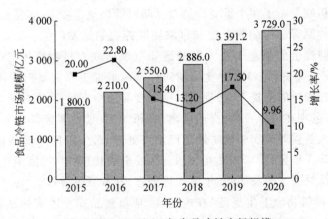

图 1-3　2015—2020 年食品冷链市场规模

2. 冷链基础设施不断完善

在中共中央政治局会议提出实施城乡冷链物流设施建设补短板工程的要求后，我国冷链设施建设加快推进。中商产业研究院的数据显示,2020年全国冷库容量达到6 665万吨,新增库容612万吨,同比增长10.11%。2020年,我国冷藏车市场保有量达到27.5万辆,比2019年的21.47万辆增长28.1%。由此可见,即使在受疫情影响的2020年,冷藏车市场依然"炽热"。根据终端上牌信息,2020年冷藏车销量同比增长39.9%,是2020年商用车市场中最红火的细分市场。此外,在冷链运输方面,2017年和2018年铁路运输发展迅速。据中物联冷链委不完全统计,2018年国内新开通铁路冷链线路近20条,铁路冷链运量超过160万吨,极大地丰富了运输手段,降低了冷链成本。①

3. 政策环境和标准化体系不断完善

拓展阅读1.3 疫情防控下我国食品冷链的考验与发展

近些年,受国家政策驱动,我国冷链物流产业发展速度加快。2009年3月,国务院常务会议通过了《物流业调整和振兴规划》,受此规划影响,多地区、多领域出台涉及冷链物流的政策。由于国家政策的大力扶持,再加上巨大市场空间的吸引,不少企业纷纷加快布局冷链物流。相比国家层面宏观的冷链政策,地方性冷链政策的相继出台对于企业发展更是有实实在在的好处。比如,2020年新疆维吾尔自治区出台了《新疆冷链物流标准化发展规划(2020—2025)》,从扩大冷链物流市场体系、优化疆内冷链物流空间布局、完善冷链物流基础设施网络等方面大力支持"西果东送",加快培育像奎屯、阿克苏等地区的一级冷链物流标准化试点。我国食品冷链标准化体系的建设工作,经过相关政府、协会的不断推动,在冷链基础设施、管理和技术等层面不同程度地对冷链标准进行了制定和补充,整个冷链物流标准环境更加完善,行业秩序越发规范。

2020年,由于新冠肺炎病毒在冷链环境中被检测出,疫情防控的特殊需求也对冷链食品的管理提出了更高要求。自2020年8月30日开始,在短时间内,国务院应对新冠肺炎疫情联防联控机制发布了多个重要冷链食品防疫管理规范要求,包括《关于加强冷链食品新冠病毒核酸检测等工作的紧急通知》(联防联控机制综发〔2020〕220号)、《关于印发进口冷链食品预防性全面消毒工作方案的通知》(联防联控机制综发〔2020〕255号)等。2020年11月9日公布的《进口冷链食品预防性全面消毒工作方案》,明确要求在不改变各地现有总体防控安排的前提下,根据进口冷链食品的物流特点,在按要求完成新冠病毒检测采样工作后,分别在口岸查验、交通运输、掏箱入库、批发零售等环节,在进口冷链食品首次与我境内人员接触前实施预防性全面消毒处理,最大限度降低新冠病毒通过进口冷链食品输入风险。根据《中华人民共和国食品安全法》的规定,国家卫生健康委员会、国家市场监督管理总局联合印发2020年第7号公告,发布了包括GB 31605—2020《食品安全国家标准 食品冷链物流卫生规范》在内的42项新食品安全国家标准,并于2021年3月11日正式实施。该规范补充了当食品冷链物流关系到公共卫生事件时,食品经营者应采取的措施和要求,防止食品、环境和人员受到污染与感染。表1-1列举了国家和地方发布/实施的部分冷链政策和标准。

---

① https://baijiahao.baidu.com/s?id=1692201381064078492&wfr=spider&for=pc.

表 1-1 国家和地方发布/实施的部分冷链政策和标准

国家政策

序号	文号	政策名称	发文机关	概要
1	财办建〔2019〕69号	《关于推动农商互联完善农产品供应链的通知》	财政部办公厅、商务部办公厅	中央财政拟对确定支持的每个省（自治区、直辖市）安排2亿元资金支持；资金分两年安排，2019年每省（自治区、直辖市）支持1亿元，2020年根据工作开展情况再拨付剩余资金
2	—	《中共中央 国务院关于深化改革加强食品安全工作的意见》	中共中央、国务院	提出史上"四个最严"，即最严谨的标准、最严格的监管、最严厉的处罚、最严肃的问责，提出47条具体举措，并要求大力发展冷链物流，进一步加强食品安全工作

冷链相关标准

序号	标准编号	标准名称	实施日期	规定范围
1	JT/T 1234—2019	《道路冷链运输服务规则》	2019-03-01	本标准规定了道路冷链运输服务的企业、人员、设施设备、作业、文件和记录等要求；适用于道路运输企业从事的普通货物道路冷链运输业务，不适用于危险货物道路冷链运输业务
2	T/GDFPT 0001—2019	《食品生产流通 冷链包装、运输与储藏规范》	2019-06-01	本标准规定了食品生产流通冷链包装、运输与储藏规范的术语和定义；适用于食品冷链中的包装、运输与储藏过程管理
3	T/GDFPT 0002—2019	《食品生产流通 冷链分拣与配送规范》	2019-06-01	本标准规定了食品生产流通冷链分拣与配送规范的术语和定义；适用于食品冷链中的分拣与配送过程管理
4	GB/T 36088—2018	《冷链物流信息管理要求》	2018-10-01	本标准规定了冷链物流信息管理原则、信息内容和信息管理要求；适用于冷链物流各环节信息的记录与应用
5	GB/T 28843—2012	《食品冷链物流追溯管理要求》	2012-12-01	本标准规定了食品冷链物流的追溯管理总则以及建立追溯体系、温度信息采集、追溯信息管理和实施追溯的管理要求；适用于预包装食品从生产结束到销售之前的运输、仓储、装卸等冷链物流环节中的追溯管理

续表

冷链相关标准				
序号	标准编号	标准名称	实施日期	规定范围
6	GB 31605—2020	《食品安全国家标准 食品冷链物流卫生规范》	2021-03-11	本标准规定了在食品冷链物流过程中的基本要求、交接、运输配送、储存、人员和管理制度、追溯及召回、文件管理等方面的要求和管理准则;适用于各类食品出厂后到销售前需要温度控制的物流过程
7	T/GIEHA 025—2021	《冷链食品全流程消毒方法指南》	2021-06-01	本文件规定了冷链食品全流程消毒方法的术语和定义、非进口冷链食品消毒要求、进口冷链食品消毒要求、其他要求、常用消毒剂及使用方法;适用于采用冷冻、冷藏等方式加工,产品从出厂(进口)到销售始终处于低温状态的冷链食品在生产、装卸、运输、贮存及销售等各环节清洁和预防性消毒

地方政策		
序号	地区	名称
1	北京	《北京市商务局关于新冠肺炎常态化防控下加强食品冷链物流管理的通知》
2	扬州	《关于加强进口冷链食品、国际邮件快件预防性全面消毒和新冠病毒核酸检测工作的通知》
3	吉林	《关于进一步降低物流成本的若干措施》
4	福建	《进口冷链食品新冠肺炎疫情防控导则》

1.3.2 我国冷链食品发展的主要问题

1. 冷链物流信息技术落后,专业人才匮乏

目前,我国的食品冷链物流信息技术应用少、信息化程度低、信息设备不完整。据调查,目前我国有过半的企业几乎没有采用信息系统,即便有信息系统,也只提供一些类似财务或库存管理的功能。此外,训练有素的冷链物流管理和操作人员严重缺乏,制约着食品冷链的发展。

2. 食品冷链产业的社会化、专业化程度较低

目前市场主力军还是以生产加工企业为主导的第一方冷链产业与以大型连锁经营企业、生鲜电商为主导的第二方冷链产业,专业化的第三方冷链产业比重不高。第三方冷链物流的发展滞后,一方面会产生较高的冷链物流成本,另一方面又会造成较高的食品损耗率,由此导致冷链物流企业难以盈利。

3. 标准缺失、监管缺位问题突出

目前我国冷链物流行业的标准缺失,很多企业没有按照国家标准执行,自律性差,在冷链运输途中使用非正规的运输工具和运输方式,无法有效地实现全程温度检测、记录和报警。近年来,国家各部门出台了一系列政策措施,但存在落实不到位、推进速度慢、地方协调难等问题。就公路冷链运输而言,由于政府监管缺位,公路货运市场竞争无序,从而出现"劣币驱逐良币"的现象,公路货运市场无法向规模化、集约化整合发展,最终影响到整个冷链物流产业的规模化、集约化发展。

本书接下来将依次分为水果与蔬菜、肉与肉制品、乳与乳制品、蛋与蛋制品、水产品、豆制品、冷冻饮品和冷冻调理食品这8个章节对冷链食品进行着重介绍,从基本定义和分类、重要组成成分和营养价值、加工生产中的品质变化、食品检验、食品冷链流通等方面深入阐释冷链食品的发展状况。

【本章小结】

冷链食品是指以农产品、畜禽、水产品、果蔬等为主要原料,经前处理或进一步混配、调制后,在低温(10 ℃以下,冷却、冷冻、速冻等)工艺下生产,并在消费者食用之前始终保持在冷链状态下储存、运输、销售和配送的包装食品(或农产品)。食品冷链主要包括原材料获取及冷却、冷冻加工、温控储藏、冷藏运输与配送和冷藏销售等环节。与其他物流系统相比,食品冷链具有以下鲜明的特点:条件要求高,高度的组织协调性和技术依赖性,投资成本高,运营复杂性。我国冷链食品的发展现状是:食品冷链市场需求进一步增大;冷链基础设施不断完善;政策环境和标准化体系不断完善。但是,仍然存在一些问题:冷链物流信息技术落后,专业人才匮乏;食品冷链产业的社会化、专业化程度较低;标准缺失、监管缺位问题突出。

【本章习题】

一、名词解释

1. 食品冷链
2. 冷藏食品
3. 冷冻食品
4. 速冻食品

二、简答题

1. 简述食品冷链的构成。
2. 与其他物流系统相比,食品冷链的特点有哪些?

三、论述题

根据本章所学内容,论述我国冷链食品的发展现状及主要问题并提出改进措施。

【即测即练】

第 2 章 水果与蔬菜

【本章导航】

本章主要介绍果蔬的分类及化学组成;果蔬采后生理;果蔬采收要求及商品化处理规程;果蔬的低温贮藏及冷链运输。介绍果蔬从采摘到成为商品的各个操作流程,包括一般果蔬、鲜切果蔬和速冻果蔬。

采后保鲜不当至浪费惊人

我国是果蔬生产大国,水果、蔬菜产量均居世界前列,但由于缺乏高效、实用、节能、安全的果蔬保鲜技术和装置,尤其是缺乏产地预冷装置和冷藏运输设备,我国在果蔬保鲜这块落后许多。在供应链中,水果和蔬菜的损失或浪费高于其他食品。研究报告称,中国 80% 以上的果蔬以常温物流或自然物流为主,导致果蔬的采后损失严重。相比西方发达国家,中国果蔬损耗率达 20%~30%,远高于西方国家的 5%。每年约有 1.3 亿吨的蔬菜和 1 200 万吨的果品在运输中损失,腐烂损耗的果蔬可满足近 2 亿人的基本营养需求,造成的经济损失达 750 亿元。也就是说,这么多新鲜果蔬还没机会到达消费者面前,就已经坏掉了。触目惊心! 果蔬高损耗是由采收不当、采后处理技术落后、贮藏条件不到位等原因造成的,而其中果蔬的保鲜问题贯穿全程,所以保鲜难题成为果蔬降低损耗的关键点,也是其痛点所在。

资料来源:果蔬年损耗 1 亿多吨,当前国内水果市场三大痛点引人深思。搜狐新闻,https://www.sohu.com/na/478916711_120556826。

2.1 果蔬的分类

2.1.1 水果的分类

我国国土辽阔,地跨寒、温、热三带,自然条件复杂,水果和蔬菜的种类繁多,是世界上果蔬资源极其丰富的国家之一。经初步统计,目前果树存在 50 多类、800 余种。我国在早期就将水果划分成了五果,分别是枣、李、杏、栗、桃。一般而言,按照水果中所含糖分及水果酸的含量,可以将水果分为酸性、亚酸性和甜性三类。按照果树植物适宜的栽培气候条件,可以将果树分为温带果树、温带和亚热带常绿果树。中医通常把水果分为寒凉、温热、甘平三类。

目前,通常按果实形态构造不同将水果大致分为核果类、仁果类、浆果类、柑橘类等。

1. 核果类

核果是由单心皮上位子房发育而成,外果皮薄,中果皮肉质化,内果皮坚硬,食用部分主要是中果皮。由于内果皮硬化形成核且其内包含种子,因此称为核果。核果类水果极易与仁果类水果混淆,它们最大的区别在于核果类水果只有一个核,而仁果类水果有多个核。核果类水果的种类有很多,如桃、杏、枣、樱桃、橄榄等,仅仅处于蔷薇科的桃类别下的品种国内就有800多个,而李子已知的也有40多种。

2. 仁果类

仁果类水果也常被称为梨果类水果,果实中心有薄膜状的种子室壁,室内含有无硬壳的种仁,因此又被称为"假果"。仁果类水果比较耐贮藏,如苹果、梨、山楂、海棠、花红(沙果)、枇杷、油柑、槟椁等。其中苹果种类繁多,可分为早熟种、中熟种、晚熟种,属于甘平类水果,适合各种体质的人食用。梨在我国的分布也特别广泛,遍及各省区市,包括秋子梨系统、白梨系统、沙梨系统、洋梨系统。

3. 浆果类

浆果是单心皮或多心皮合生雌蕊,由上位或下位子房发育形成的果实,外果皮薄,中果皮和内果皮肉质多汁,内有一粒至多粒种子。浆果类的水果一般果实较小,成熟后果肉呈浆液状,因此被称为浆果。浆果的种类有很多,包括:落叶果树的果实,如草莓、葡萄、猕猴桃、石榴、桑葚、柿子、无花果、树莓、醋栗、穗醋栗(黑加仑)、越橘等;常绿果树的果实,如龙眼、荔枝、杨桃、火龙果、莲雾等。

4. 柑橘类

柑橘类水果属芸香科下属植物,是柑橘属、金柑属和枳属植物的总称。柑橘类包括橘、柑、橙、柚、柠檬五大品种,一般来说可分为四类,即柑子、橙子、橘子和柚子,还可以详细分为柑橘、柳丁、葡萄柚等27种水果。柑橘类水果营养价值和保健价值较高,富含果糖、柠檬酸、维生素以及人体必需的钙、磷、镁、钠等元素。

5. 其他类

水果家族庞大,除上述4个类别外,还可以分为其他类别。比如,瓜果类有西瓜、甜瓜、香瓜、白兰瓜、哈密瓜等;热带及亚热带水果类有菠萝、杧果、榴梿、红毛丹等。

2.1.2 蔬菜的分类

我国栽培的蔬菜有200多种,其中普遍栽培的有50~60种。蔬菜的营养价值很高,分类也是大有讲究,通常从三方面对蔬菜进行分类:植物学,食用器官,农业生物学。

1. 植物学分类

单子叶植物主要有：藜科(根甜菜、菠菜等)，落葵科(红落葵、白落葵等)，苋科(苋菜等)，睡莲科(莲藕等)，十字花科(白菜、萝卜、花椰菜、甘蓝等)，豆科(豆薯、菜豆)，伞形科(芹菜、香菜、胡萝卜等)。

双子叶植物主要有：旋花科(蕹菜等)，唇形科(薄荷、荆芥、罗勒、草石蚕等)，茄科(马铃薯、茄子、番茄、辣椒、甜椒等)，葫芦科(黄瓜、丝瓜、南瓜、苦瓜、佛手瓜、蛇瓜等)，菊科(茼蒿等)。

2. 食用器官分类

根菜类：肉质根类(萝卜、胡萝卜、大头菜、辣根等)，块根类(甘薯、豆薯等)。

茎菜类：地下茎类(马铃薯、芋头、藕、姜等)，地上茎类(莴苣、茭白、榨菜等)。

叶菜类：不结球叶菜(小白菜、菠菜、芹菜等)，结球叶菜(甘蓝、大白菜等)，香辛叶菜(韭菜、葱、茴香等)，鳞茎类(洋葱、百合等)。

花菜类：花椰菜、青花菜等。

果菜类：黄瓜、番茄、茄子、菜豆等。

种子类：莲籽等。

3. 农业生物学分类

根菜类主要包括萝卜、胡萝卜、根用芥菜、大头菜等。这类蔬菜食用部分为膨大的直根部分，大多生长在冷凉气候区。

白菜类主要包括白菜、荠菜、甘蓝等。其大多喜欢冷凉、湿润的气候，有较高的水质和肥力要求。

绿叶蔬菜主要包括莴苣、芹菜、菠菜、茼蒿等。这类蔬菜的食用器官是幼嫩的绿叶或茎，需要水分和氮肥的持续供应。

葱蒜类主要包括洋葱、大蒜、大葱、韭菜等。

茄果类主要包括茄子、番茄、辣椒等。

瓜类主要包括南瓜、黄瓜、丝瓜、苦瓜、冬瓜等。

豆类主要包括菜豆、豇豆、毛豆、扁豆等。

薯芋类主要包括马铃薯、山药、芋、姜等。

水生蔬菜主要包括藕、茭白、水芹等。

多年生蔬菜主要包括金针菇、竹笋、百合等。

食用菌类主要包括蘑菇、草菇、香菇、金针菇、杏鲍菇等。

其他蔬菜类包括芽苗菜和野生蔬菜等。

2.2 果蔬的化学成分

1. 水分

水果和蔬菜的含水量很高，新鲜果蔬的平均含水量为80%～90%，有些果蔬(如西瓜、黄瓜、西红柿等)的含水量可以达到90%以上。果蔬中的水分根据存在状态主要分为游离水和结合水两类,结合水又包括胶体结合水和化合水。游离水又称自由水,与非水组分作用较弱或基本没有作用,是果蔬组织细胞中的良好溶剂,也是各种生化反应的介质,但这部分水易结冰,易蒸发损失。结合水又称束缚水,在果蔬中与非水组分通过氢键结合,牢固且不易流动,很难被蒸发、分离。果蔬中含量最多的水为游离水,占果蔬总含水量的70%~80%,其余为结合水。比如,苹果中总含水量为88.7%,其中游离水含量为64.6%,结合水含量为24.1%;甘蓝中总含水量为92.2%,其中游离水含量为82.9%,结合水含量为9.3%;马铃薯中总含水量为81.5%,其中游离水含量为64.0%,结合水含量为17.5%。水果蔬菜因为含有大量的水分而变得鲜嫩多汁,也正是因为含水量丰富给微生物生长繁殖提供了有利环境,造成果蔬的腐败、变质。

2. 碳水化合物

果蔬中的碳水化合物主要包括糖、淀粉、纤维素、半纤维素、果胶等,是果蔬中干物质的主要成分。

果蔬所含糖分主要有蔗糖、葡萄糖和果糖,另外还有甘露糖、半乳糖、木糖、核糖等。不同类型水果的含糖量有所差异:在仁果中,果糖含量较高,葡萄糖和蔗糖次之;在核果中,蔗糖含量较高,葡萄糖和果糖次之;浆果中蔗糖含量特别少,少于1%,而葡萄糖和果糖含量大致相同;柑橘类蔗糖含量较高。此外,同一类型水果中的总含糖量也有差异。比如,仁果中苹果的含糖量为6%~10%,梨的含糖量为10%~14%,山楂的含糖量要比梨和苹果高,达到25.1%;核果中桃子的含糖量在10%左右,各种枣类含糖量在30.5%~84.4%;浆果中葡萄的含糖量为10%~12%,石榴的含糖量在18.4%~19%。在总含糖量相同的情况下,果糖含量较高的会更甜一些,如苹果、梨、枇杷、香瓜、西瓜;而葡萄糖含量高的水果甜度相对较低一些,如猕猴桃、葡萄、桃子。但如果是同一种水果,口感更甜的含糖量会更高。相对于水果,蔬菜的含糖量普遍较低。如韭菜、油菜的含糖量在4%左右,生菜的含糖量只有1%左右。

淀粉属于多糖类化合物,在马铃薯、红薯、山药、芋头等薯芋类蔬菜中含量较高,像马铃薯、山药的淀粉含量可以达到14%~17%。另外,淀粉也存在于一些未成熟的水果中,伴随着果实成熟淀粉逐渐转化为糖,淀粉含量下降。比如香蕉的淀粉含量在绿熟阶段为20%~25%,而在成熟时则小于1%。

纤维素和半纤维素是构成植物细胞壁的主要成分,决定了细胞的形状和硬度。纤维素和半纤维素是膳食纤维的主要组成部分,虽然不能被人体消化,但能刺激肠的蠕动,起到辅助消化的作用。水果中纤维素的含量为0.2%~4.1%,半纤维素的含量为0.7%~2.7%;蔬菜中纤维素含量为0.3%~2.3%,半纤维素的含量为0.2%~3.1%。

果胶是一种白色无定形物质,无味,是构成细胞壁的主要成分,在果实的块茎、块根等植物器官中含量较多。在果蔬组织中,果胶物质主要以原果胶、果胶、果胶酸三种形态存在。原果胶存在于未成熟的果蔬中,随着果蔬的成熟,原果胶酶将其分解为溶于水的果胶。果胶与纤维素分离使得细胞结合力下降,从而使果实变得松软。不同种类的果蔬果胶含量有所差异,如山楂中含量为6.4%,苹果中为1%~1.8%,而大多数蔬菜的果胶含量较低。

3. 含氮物质

果蔬中的含氮物质主要包括蛋白质、氨基酸、酰胺、铵盐等。蛋白质在果蔬中的含量较低，水果中蛋白含量较高的有香蕉、波罗蜜等，蔬菜中蛋白含量较高的有马铃薯、芋头、毛豆、豌豆、蚕豆等，叶菜类中蛋白含量较少。另外，果蔬细胞中还存在各种酶类，在果蔬的生理代谢中发挥着重要的催化作用。比如成熟的苹果、香蕉、杧果等质地变软就是由于果胶酯酶和多聚半乳糖醛酸酶活性增强引起的。

4. 脂类

果蔬中脂类含量较少，大多数果蔬小于 0.5 mg/g，主要为不易挥发的油脂和蜡质。果蔬种子中脂类含量较高。比如核桃中脂肪含量为 65%，花生中为 45%，多用来提取植物油。除此之外，像苹果、李子、柿子等水果表面会有一层薄的蜡质，主要成分是高级脂肪酸和高级一元醇形成的酯，有利于降低果实病害、减少果实水分丧失。

5. 维生素

维生素在极性以及非极性介质中的溶解性不同，可分为脂溶性维生素和水溶性维生素两大类。

(1) 脂溶性维生素：包括维生素 A、维生素 D、维生素 E、维生素 K。这类维生素在食物中多与脂质共存，不溶于水，溶于脂肪以及乙醚等非极性有机溶剂，大多只含有碳、氢、氧三种元素，稳定性较强。

(2) 水溶性维生素：包括 B 族维生素和维生素 C。这类维生素与脂溶性维生素不同，除了碳、氢、氧三种元素外，有的还含有氮和硫等元素，在人体内储存较少，从肠道吸收后，多余的水溶性维生素会随尿液排出。

果蔬是食品中重要的维生素来源。维生素 A 具有维持正常视觉，调节细胞生长和分化，提高免疫力，促进细胞膜表面糖蛋白合成，抗氧化等生理功能。胡萝卜素被称为维生素 A 原，它本身不具有维生素 A 的生理活性，但是会在人体和动物的肠壁以及肝脏中转变成维生素 A，绿叶蔬菜、胡萝卜、南瓜、辣椒等果蔬中含有较多的胡萝卜素。维生素 E 具有抗氧化，清除自由基，抗衰老，美容，调节血小板的黏附力和聚集的作用。维生素 K 具有加速血液凝固的作用。维生素 E 和维生素 K 主要存在于植物的绿色部分，像莴苣主要富含维生素 E，菠菜、甘蓝主要富含维生素 K。

相比脂溶性维生素，水溶性维生素由于其易溶于水的特性，在果蔬贮藏过程中更易流失。维生素 B_1（硫胺素）主要存在于谷类、豆类中，具有维持正常食欲、胃肠道蠕动和消化液分泌的功能。维生素 B_2（核黄素）在绿叶蔬菜中含量较多，参与体内的生物氧化与能量代谢，维护皮肤和黏膜的完整性，是维持眼睛健康的必要成分，并在氧化反应中起辅酶作用。含维生素 C 的果蔬有很多，如菠菜、大白菜、甘蓝、茄子、番茄、黄瓜、橙子、柚子等，它能参与人体代谢活动，加强对病菌的抵抗力，改善铁、钙和叶酸的利用。

6. 无机盐(矿物质)

果蔬中含有铁、钙、钾、镁等多种矿物质,其中钾的含量最高,钙、铁的含量也很丰富,它们在人体中呈碱性,可以中和体内的酸性物质以维持酸碱平衡。香蕉中钾、镁的含量丰富,其中钾的含量为 347.75 mg/100 g,镁的含量为 27.42 mg/100 g。大白菜、西红柿、马铃薯中含有铜元素,而缺铜会引起失眠、贫血、心血管功能降低的现象。在蔬菜中,矿物质含量在叶菜类中占 0.4%～2.3%,在茄果类中占 0.4%～0.5%,在根菜类中占 0.6%～1.5%,在瓜类中占 0.2%～0.7%。

7. 色素

人们通常根据色泽来判断果蔬的成熟度,果蔬的色泽与其色素含量及性质有关。按色素的溶解性以及在植物体中的存在状态,色素可分为脂溶性色素(质体色素)和水溶性色素(液泡色素)两类。

脂溶性色素包括叶绿素(绿色)和类胡萝卜素(红、橙、黄),其中类胡萝卜素包括胡萝卜素、叶黄素和番茄红素。胡萝卜素呈现橙黄色,在胡萝卜、南瓜、辣椒等蔬菜中及杏、黄桃等水果中含量较高,大多在果蔬成熟时才会显现出来。叶黄素呈现黄色,当叶绿素分解后,香蕉和番茄的黄色就会显现出来。番茄红素表现为橙红色,主要存在于番茄、西瓜中。

水溶性色素包括花青素和花黄素。像紫薯、蓝莓、葡萄等果蔬之所以呈现蓝紫色或紫黑色,就是因为富含花青素。pH、温度、光照、湿度都是影响花青素的重要因素。温度过高会使花青素糖苷和芘环水解,使其变为棕色。研究表明,25 ℃下的蓝莓花青素最稳定,60 ℃时的蓝莓会由蓝紫色转为无色;4 ℃时蓝靛果的花青素保留率最高。花黄素包括橘皮素、柠檬素、圣草素等,一般呈现浅黄色,偶尔呈鲜橙色,遇碱呈现深黄色、橙色甚至褐色。

8. 有机酸

果蔬中的有机酸有柠檬酸、苹果酸、酒石酸、草酸、琥珀酸等,有机酸的含量与其品种、成熟度以及气候条件有关。柑橘类果实中的柠檬酸含量较高,可达 6%～7%;苹果中的有机酸有草酸、苹果酸、酒石酸等,其中以苹果酸含量最高;葡萄中的有机酸有琥珀酸、酒石酸、苹果酸等,其中以酒石酸含量最高;菠菜、竹笋等蔬菜中含有较高含量的草酸。

9. 多酚类物质

果蔬中富含多酚类化合物,包括酚酸类、黄酮类、单宁类、花色苷类等。多酚类化合物又被称为"第七类营养素",对人体健康具有多种功效。大量研究表明,果蔬的抗氧化作用主要来自多酚类物质,酚类物质对于许多疾病,如糖尿病、心脑血管疾病、肥胖、免疫紊乱、神经退化性疾病、癌症和艾滋病等都有一定的预防或治疗效果。例如,葡萄酒中的白藜芦醇和多种类黄酮成分都具有较强的抗氧化性,对冠心病有良好的防治作用;茶叶中富含茶多酚,茶多酚具有抗衰老、预防肿瘤、抗辐射、抗菌、杀菌等多种生理作用;豆类中的多酚类物质具有防治乳癌和骨质疏松的作用。此外,果蔬的品质也与多酚类物质有关。例如,柿子的涩味主要是单宁引起的;切割后的苹果、马铃薯、山药等果蔬容易发黑,是由于多酚类物质易在多酚氧化酶和过氧化物酶等酶的催化下发生氧化聚合,导致表皮褐变。

2.3 果蔬的采后生理

2.3.1 呼吸作用

果蔬在采摘后虽然脱离母体,但仍是一个活的有机体,不断进行有序的生命活动。呼吸作用是果蔬的生命细胞通过某些代谢途径将有机物质分解的同时产生能量的过程,进而给机体各种代谢活动提供所需的能量。除了补光条件下的叶菜类,果蔬采后光合作用几乎不再进行,生命活动以呼吸作用为主。

1. 呼吸类型

按氧气是否参与果蔬的呼吸过程,呼吸分为有氧呼吸和无氧呼吸。

有氧呼吸是在氧气充足的条件下,细胞将碳水化合物、有机酸、蛋白质等有机物作为呼吸底物彻底氧化分解,产生水和二氧化碳同时释放出能量的过程。有氧呼吸(以葡萄糖作为呼吸底物为例)的反应式为

$$C_6H_{12}O_6 + 6O_2 \longrightarrow 6CO_2 + 6H_2O + 38ATP(贮藏能量) + 409 \text{ kcal}(释放热量)$$

其中,409 kcal(千卡)是以热能形式释放的,没有被生物活细胞或某些代谢活动所利用,这会使得采后贮藏、物流运输过程中温度升高。

无氧呼吸是发生在缺氧的条件下,呼吸底物发生不彻底的氧化分解,有的产物为乙醛、酒精,有的产物为乳酸(马铃薯块茎、甜菜块根等),并产生少量的能量。无氧呼吸(以葡萄糖作为呼吸底物为例)反应式为

$$C_6H_{12}O_6 \longrightarrow 2C_2H_5OH + 2CO_2 + 2ATP(贮藏能量) + 22.4 \text{ kcal}(释放热量)$$

果蔬在采后失去了环境中养分的供给,为维持正常的生命活动,呼吸作用是十分必要的,果蔬中的干物质会通过呼吸作用逐渐被消耗。无氧呼吸分解呼吸底物不彻底,产生的能量比有氧呼吸少,必须消耗更多的有机物才能获得和有氧呼吸相当的能量。此外,无氧呼吸积累的有毒物质在贮藏过程中还会对果蔬造成损害,使果蔬风味劣变、贮藏期缩短。因此,贮藏过程中应尽量避免无氧呼吸。

2. 呼吸跃变现象

为了更准确地描述呼吸过程,可以用呼吸强度来衡量呼吸速率的快慢。在一定温度下,呼吸强度一般用单位时间内单位重量产品放出的 CO_2 量或吸收的 O_2 量来表示,常用单位是 mg CO_2/(kg·h)或 mg O_2/(kg·h)。果蔬在贮藏过程中的呼吸强度并不是一成不变的,在发育、成熟、衰老的过程中均有所变化,不同类型果蔬的呼吸强度变化趋势也不同。某些果实的呼吸强度在发育定型之前会不断下降,在成熟后又会显著上升,当达到一个峰值后转为下降,这种现象称为呼吸跃变现象。具有呼吸跃变现象的果实称为跃变型果实,常见的有苹果、梨、香蕉、杏、李、猕猴桃、榴梿、无花果、番茄等。还有一些果实

没有呼吸高峰的出现,呼吸强度变化平缓。不具有呼吸跃变现象的果实称为非跃变型果实,常见的有柑橘类(甜橙、柚子、柠檬等)、葡萄、草莓、荔枝、茄子、辣椒、黄瓜、西葫芦等。跃变型果实在发生呼吸跃变的同时会出现成分和质地的变化,可以较为明显地看出从成熟到完熟的过程,如香蕉外皮由绿转黄、内部组织软化,而非跃变型果实则不是很明显。

3. 影响呼吸作用的因素

温度是影响果蔬呼吸作用的主要因素之一,在一定范围内,呼吸强度会随着温度的升高而增强,底物消耗增加,贮藏寿命缩短。一般在 5~35 ℃范围内,环境温度每升高 10 ℃呼吸强度增加的倍数,称为温度系数(Q_{10})。大多数果蔬的 Q_{10} 在低温范围内要明显高于高温范围内。比如桃果实的 Q_{10} 在 0~10 ℃时为 4.10,在 11~21 ℃时为 3.15,在 16.6~26.6 ℃时为 2.10。这一特性表明低而稳定的贮藏温度对于保持果蔬呼吸作用十分必要,温度波动会使呼吸作用明显增强,不利于果蔬产品的贮藏。但是贮藏温度并不是越低越好,为避免出现冷害甚至冻害现象,应严格控制果蔬的贮藏温度。

湿度会影响果蔬的呼吸作用。一般来说,在相对湿度高于 80% 时,呼吸作用基本不受影响,过低的湿度则影响很大。对于洋葱而言,贮藏期间的低湿环境可以降低呼吸强度,抑制发芽,使得器官保持休眠状态,延长贮藏期。甘薯是耐湿性果蔬,高湿度使呼吸强度降低,对贮藏产生有利影响。

气体环境也会影响果蔬的呼吸作用。在果蔬贮藏期间,影响呼吸作用的气体成分主要是 O_2、CO_2、乙烯。适当降低环境中的 O_2 含量和提高 CO_2 含量可以减弱果蔬的呼吸强度,延缓呼吸高峰的出现,减少底物消耗,同时抑制乙烯的生物合成。但较低的 O_2(含量低于 2%)可能会导致无氧呼吸产生,造成果蔬的生理损害。此外,对于那些乙烯敏感型果实,在贮藏环境中可放置乙烯吸收剂,防止乙烯积累过量,从而延长贮藏时间。

2.3.2 蒸腾作用

果蔬中的水分高达 85%~96%,水分使果蔬保持光泽、饱满、鲜活的状态,在果蔬的生命活动中发挥着十分重要的作用。在贮藏期间,果蔬中的水分会以水蒸气的形式散失,这个过程称为蒸腾作用。采收前的果蔬通过根系可以从土壤中补偿因蒸腾作用失去的水分,但采收后的果蔬由于根系脱离了土壤,导致失去的水分没有办法得到补偿,就会出现萎蔫、重量减小等现象。

1. 蒸腾作用对果蔬的影响

果蔬采摘后由于蒸腾作用会出现失鲜现象,因此果蔬表面失去光泽,形态萎蔫,外观不再饱满,不再新鲜和脆嫩。叶菜类失鲜表现为颜色不再鲜绿,叶子萎蔫等;萝卜失鲜会发生糠心现象;苹果失鲜会出现表皮皱缩、脆性降低。另外,蒸腾作用旺盛的果蔬往往会出现失重现象。比如,在 2.7 ℃保藏的苹果,每周因失水失去的重量大约是总重的 0.5%。

大多数果蔬的失水会对贮藏造成不利影响,还会造成果蔬自身代谢紊乱。比如,冬枣失去一定水分后会引起蔗糖水解酶、糖苷酶活力的提高,果实甜度下降,风味损失。但某些果蔬的失水也会抑制其代谢,如大白菜收获后稍微晾晒使其失去适量水分,有利于降低呼吸强度,机械损伤减少,便于码垛。

在贮藏果蔬的冷库中,空气湿度过大,温度发生波动,此时在冷热交界面就可能出现结露现象。当库中堆积量过大或是以大箱保存果蔬时,在堆内或大箱的表面会出现很多水珠。温差是果蔬出现结露现象的根本原因,当果蔬没有经过降温就直接放到低温环境中时,在果蔬表面就会形成水珠,出现结露现象,出现结露现象的果蔬腐败的可能性增大。因此,可以通过在果蔬入库之前进行预冷、在贮藏过程中维持稳定低温、对贮藏环境进行适宜通风、果蔬堆积体积适宜、出库时进行升温操作等措施减小贮藏过程中的温度波动,以避免结露。

2. 影响蒸腾作用的因素

蒸腾作用与果蔬自身的表面积比(表面积与体积或重量之比)、表面组织结构、细胞的持水力以及果蔬的成熟度等都有关系。果蔬的表面积比越大,因蒸腾作用失去的水分就越多,如同样条件下叶菜类要比根茎类的表面积比大,失水多。蒸腾作用一般通过植物器官表皮层上的气孔与皮孔进行,叶片上多为气孔,根茎上多为皮孔。蒸腾失水的速率与表面开孔的数量有关,周围保卫细胞的含水程度可以调节其开闭。当果实成熟时,角质层会变厚,蜡质层形成充分,对水分的保持产生有利影响。

光照、温度、湿度、空气流动等都是影响蒸腾作用的外界因素。光照越强,蒸腾失水速度越快。温度是影响蒸腾作用的主要因素,通过改变空气中的水蒸气压力差来影响蒸腾作用,温度越高,蒸腾作用越高,降低温度可有效抑制蒸腾作用。不同种类果蔬的蒸腾作用受温度影响有所差异:有些果蔬的蒸腾失水速度随温度的降低迅速变慢,如柿子、橘子、西瓜、马铃薯、南瓜等;有些果蔬的蒸腾失水速度随温度的降低逐渐变慢,如无花果、葡萄、萝卜等;还有一部分果蔬蒸腾失水速度与温度关系不大,如草莓、樱桃、芹菜、茄子等。贮藏环境中的湿度越大,失水速率越低。增大果蔬附近的空气流动会使水蒸气压力差增大,从而提高果蔬失水速率。

2.3.3 成熟与衰老

果蔬在授粉后可以分为生长、成熟、衰老三个生理阶段。成熟与衰老是两个不同的阶段,但又有着不可分割的关系,果蔬在成熟过程中也伴随着衰老。

1. 成熟与衰老的概念

果蔬在经过细胞、组织分化和生长发育后,果实达到一定形状并开始成熟,这个过程称为果蔬的生理成熟。当果实不再生长,会进行一系列化学变化产生特有的香气、颜色、味道等,并且达到最佳食用阶段,这个过程称为完熟。一般来说,生理成熟到完熟的过程都叫作成熟,而完熟的前提是果蔬达到生理成熟。有些果蔬完熟的过程是发生在植株上,有些则发生在采摘后。例如,番茄一般在达到生理成熟后采摘,在采摘后的贮运阶段由绿转红并形成特有的香气和风味,达到可食用的完熟状态。衰老是指果实在达到最佳食用状态后发生组织退化、细胞崩溃和质量劣变的过程。

果实成熟、衰老后,蜡质和角质层会发生变化。比如,柑橘类果实成熟后蜡质层变得更硬,结构变得明显直到出现裂缝;苹果达到成熟后表面黏性增大,蜡质软化;番茄达到成熟后会形成厚厚的角质层,表皮变厚。有些还会出现叶柄和果柄脱落现象,如树莓在成熟后果实会与植株分离。一般来说,果蔬在未成熟前大多呈现绿色,在成熟后就会出现不同且固有的颜色,这主要是与果蔬中存在的色素类物质有关。叶绿素的存在使果蔬呈现绿色,但是成熟及采收后的果蔬不再合成叶绿素,果蔬的绿色消失,像杏、黄桃、胡萝卜、番茄等果蔬中的类胡萝卜素显露出来,呈果蔬特有的颜色。对于绿叶蔬菜,绿色的褪去则意味着其品质下降,可通过低温、气调贮藏抑制叶绿素的分解。果蔬在成熟与衰老的过程中,其风味也会发生变化。黄瓜在幼嫩时期有涩味,在由成熟向衰老演变的过程中,涩味逐渐消失,甜味增强,这是因为单宁在果蔬成熟的过程中含量逐渐下降。

2. 成熟与衰老的调控

为了延长果蔬的贮藏寿命,温度控制尤为重要。首先,应采用适当的低温,在保证果蔬生命活动正常进行的前提下,将代谢活动降到最低水平。大部分果蔬在 20～25 ℃时乙烯合成速度最快,低温可以抑制乙烯的生物合成,进而影响乙烯的作用效果。然而,对低温敏感的果蔬则不宜在低温下放置过长时间,因为过低的温度会造成果蔬冷害或冻害,出现冷害的果蔬乙烯合成反而会增加。在果蔬贮藏过程中,气体成分也是影响成熟衰老进程的重要因素。在一定范围内,低氧可以抑制乙烯的合成。一般情况下,当 O_2 浓度小于 8% 时,可以有效降低果蔬中乙烯的合成。适当增加 CO_2 浓度也能够抑制乙烯的合成,从而延缓果蔬的成熟与衰老。CO_2 的作用效果与浓度有关,如 3%～6% 的 CO_2 能有效抑制苹果中乙烯的合成,而当浓度达到 6%～12% 时,其作用效果反而下降。当不同种类或者同种类不同成熟度的果蔬混在一起贮藏时,乙烯生成量较多的果蔬所产生的乙烯会促进乙烯生成量较少的果蔬成熟,因此要注意避免混合存放。

2.3.4 休眠与发芽

1. 休眠与发芽的概念

植物及其器官在生长发育或世代交替过程中,当遇到不良的环境条件时,有的器官为了保持生存能力会暂时停止生长进入相对静止状态,这种现象称为"休眠"。休眠是果蔬在生长发育期间暂时休息的一个时期,此时果蔬的营养物质消耗少,进行最低水平的生理活动,蒸腾失水作用降低,但仍旧保持正常的生命活动,抵抗严寒、酷暑、干旱等不良环境的能力增强。像一些块茎、鳞茎、球茎以及根茎类蔬菜都会发生休眠现象。

休眠根据其生理特点可以分为强迫休眠和生理休眠两种类型。强迫休眠是指果蔬在生长发育过程中,由于受到干旱、寒冷等不良外界环境而迫使其进入休眠状态。发生强迫休眠的果蔬在遇到适宜的发芽条件时会发芽,如白菜、萝卜在寒冬来临时会进入休眠状态,在温度回暖后便开始发芽。生理休眠是指果蔬在内在因素的影响下进入休眠,由休眠组织内部信号独自诱导引发。发生生理休眠的果蔬即使给予适宜的环境条件也不会发芽。进入休眠状态的果蔬贮藏时间变长,因此要通过控制外界环境来延长果蔬的休眠期。

可以给果蔬提供不适宜生长的温度、湿度等外界环境,使其尽快进入休眠并延缓苏醒。

果蔬的休眠期可以分为休眠前期、生理休眠期、休眠后期三个阶段。休眠前期是指果蔬收获后通过增加自身表皮和角质层的厚度来适应新的环境,通过形成膜质鳞片来减少因蒸腾作用失去的水分并抵挡病毒,在伤口处形成木栓组织或周皮层,加快愈合速度,加强对自身的保护。生理休眠期的果蔬即使给予适宜的环境也暂时不会发芽,但贮藏环境会影响果蔬生理休眠期的长短。比如0～5 ℃的低温会解除洋葱的休眠,高温、低温、物理或化学方法能够打破葡萄冬芽的休眠。果蔬在度过生理休眠期时,如果没有遇到适宜的温度、充足的水分和氧气,就会继续处于休眠状态。例如,处于温度20 ℃、相对湿度90%条件下的板栗在1个月内就会发芽,说明板栗在室温下就可以解除休眠,而如果在板栗休眠解除前使其处于−4～−2 ℃的冷藏状态下,则会抑制呼吸的回升以及内源激素的合成,使休眠不被解除。

2. **休眠与发芽的调控**

休眠是一种复杂的生理过程,只有根据果蔬的自身特点及休眠规律合理地控制一些条件,才能最大限度地调控休眠,进而对果蔬贮藏产生有利影响。

温度是影响休眠期长短的最主要因素。例如,低温可以延长板栗的休眠期;高温、干燥的环境有利于马铃薯、洋葱、大蒜等蔬菜的休眠;萝卜在0 ℃左右能够延长休眠期而不发芽。低温、少氧、低湿度可以抑制呼吸强度,也能延长休眠期,因此,在贮藏期间,应尽量保持低温、干燥环境,防止休眠的解除,抑制发芽。此外,适当降低O_2浓度和提高CO_2浓度也是延长休眠期的有效手段,但对于马铃薯,气调贮藏并不是延长其休眠期的最佳手段。为了抑制发芽,可使用青鲜素、萘乙酸等作为抑芽剂。青鲜素的喷药时间一般在采前两周,过早会影响产量,过晚叶片出现干枯没有效果,多使用在洋葱、大蒜、块茎类、大白菜、萝卜等蔬菜上。萘乙酸的用量在果蔬休眠初期要高,而到了发芽前则需要减少其用量。对块茎、鳞茎类蔬菜可以采用γ射线处理,用来破坏芽的生长点,延缓发芽。比如对马铃薯用80～100 Gy的γ射线处理,可以让它在常温下3个月到1年不发芽。在使用辐照处理时,要注意时间和剂量,大多在休眠中期使用,要根据果蔬自身的特点决定剂量。

2.4 果蔬的采收及商品化处理

2.4.1 果蔬的采收

采收既是果蔬栽培的结束,也是作为商品进入流通领域的开始。采收是一个复杂的过程,采收前要对果蔬的采后用途、贮藏时间、运输方式、运输距离等有一定的了解。正确的采收时期与采收方法对果蔬的采收效果影响很大。采收过早,果蔬还未具有固有的色、香、味且营养价值低;采收过晚,进入成熟衰老期的果蔬不利于贮藏。果蔬采收状况的好坏影响果蔬的商品化处理和经济价值,因此要按照"及时、无损、保质、保量、减少损失"的原则进行采收。

1. 采收期的确定

1）成熟度类型

果蔬的成熟度包括采收成熟度（初熟）、食用成熟度（完熟）、生理成熟度（过熟）三种形态。采收成熟度是指果蔬的大小已经确定，但是没有充分表现出色、香、味等特征，未达到最佳食用价值。苹果、香蕉、番茄等在此阶段采收后经过一段时间的贮藏，达到其固有的品质。食用成熟度是指此时果蔬已经具备特有的色、香、味，达到可鲜食的程度并且食用价值最高。桃、李、杏、葡萄以及大部分蔬菜等都可以在此时采收，采收后直接销售，但是不宜长期贮藏。生理成熟度是指果蔬在生理上已达到充分成熟阶段，组织开始变软，营养、风味等开始下降。

果蔬的采收期对果蔬产量和采后品质有很大影响。确定果蔬的最佳采收成熟度是一件非常重要的事情，应该根据果蔬采后的用途、运输距离的远近、贮藏和销售时间的长短以及产品的生理特点来确定最佳采收期。一般就地销售的产品可以适当晚些采收，而作为长期贮藏和远距离运输的产品则应该适当早些采收。

2）成熟度指标

果蔬的色泽变化是成熟后首先表现出来的，是鉴别果蔬成熟度的重要标志。成熟度的高低与果蔬颜色的鲜艳程度成正比，达到充分成熟的果蔬颜色最鲜艳，色泽最好。然而，每个人的视觉感受不同，而且很容易受到外界因素的影响，判断标准不是很可靠，因此，可以借助分光光度计或者色差计准确客观地测量。果蔬采收时应综合考虑销售用途、运输途径、食用部位以及品种等因素。例如，打算长期运输及贮藏的番茄应该在绿熟期采收，此时番茄果顶部呈现奶油色；当地鲜销的番茄适合在粉红色或红色时采收；作为就地加工的原料进行制浆、制汁的番茄适合在充分成熟期采收。

果梗脱离的难易程度也是判断果蔬成熟度的关键因素。像苹果、梨、桃子、杏、山楂等果实，当它们达到一定成熟度时，在果柄与果枝之间会产生离层，用手托或者稍微震动就会引起脱落。为防止果蔬因重力坠落，应在产生离层前及时采收。

当果蔬达到一定成熟度时，就会呈现应有的大小和气味，因此，根据果蔬的形态以及风味也可以判断成熟度。成熟的草莓会变得饱满，果实很大，散发出淡淡的果香；冬瓜在成熟过程中表皮的茸毛会消失并伴随着蜡质白粉的出现。

果蔬硬度及饱满程度也是判断成熟度的重要指标。硬度用来表示抗压力的强弱程度，硬度越大，果蔬的抗压能力越强。像结球甘蓝、花椰菜在叶球饱满程度高且硬度大时采收更有利于贮藏；番茄、辣椒变得硬实时采收效果好；有些蔬菜的品质会随着饱满程度的提高而下降，如芹菜、莴笋等，应在变硬前采收。

果蔬中淀粉、糖、有机酸等化学物质含量的变化也可以作为判断成熟度的指标。一般使用可溶性固形物含量、糖酸比（总含糖量与总含酸量之比）以及固酸比（可溶性固形物含量与总酸量之比）的高低来判断成熟度，如四川甜橙的最低采收度的标准是固酸比达到10∶1，糖酸比达到8∶1。

2. 采收方法

好的采收效果不仅要求在适当的成熟度采摘,对采收方法也有较高要求。果蔬的采收方法包括人工采收和机械采收两种。

1) 人工采收

我国果蔬采收方式主要是人工采收,对于鲜食或打算长期贮藏的果蔬,一般采取人工采收的方式。人工采收的优点如下。

(1) 灵活性较强,可以根据销售运输的需要合理采收果蔬。比如市场上带绿叶子的橘子往往更加吸引人们的眼球,人工采收就可以满足需要并能减少机械损伤。

(2) 可以做到分级、分期采收。由于果树外围果实更容易受到光照,新陈代谢更加旺盛,因此比内膛果更容易成熟,这时候利用人工采收就可以分批进行,并且遵循从外到内、从下到上的顺序进行采摘,防止碰掉其他果实。

(3) 减少机械损伤。像浆果类等鲜嫩多汁的果实,采用人工采收可以做到"轻采轻放"。

但是,人工采收也存在一些缺点,如生产成本高、工具原始效率低、劳动人员多、培训不完善等。

不同果蔬人工采收的方式也有所不同,选择正确合适的采摘工具以及采摘方式是提高采摘效率、减少机械损伤的关键。人工采收一般会采用手摘、刀割、刀切、拔、挖刨等方法,像苹果、梨等果梗和果枝之间产生离层的,一般用手掌向上托起果实,果实即可脱落;柑橘果蒂容易拉伤,可以使用圆头果剪进行一果两剪法,即先从树上将果实剪下来,再将果柄齐萼片剪平;桃子、杏、李成熟后果肉变得柔软,容易造成损伤,因此在采摘前应该将指甲剪平或者是戴上手套,让果实被手掌包住,向上托起,左右轻轻摇动使其脱落;柿子果实应该先用修枝剪剪下,但是要将短果柄和萼片保留,葡萄应该用果剪将整个果穗剪下,轻采轻放。

对于叶菜、花菜,除菠菜外,大部分需要多次采收。多年生的韭菜用刀割时要保留 5 cm 的叶鞘基部,避免割得太低影响后期产量。大白菜、甘蓝等结球类蔬菜一般用刀将球割下来并保留 2~3 片外叶保护叶球。对于根茎类蔬菜如萝卜、胡萝卜,在采收时通常先将果实周围的土疏松,然后慢慢拔出,避免机械损伤。

选择人工采收时需注意,应尽量戴手套,选择适宜的采摘工具,使用采收袋或者采收篮,选择合适大小的周转箱,注意采收人员的严格培训,选择合适的采摘时间,提前看好天气等。

2) 机械采收

机械采收最大的优点是提高了采收效率,节省了劳动力,而且减少了因采摘人员过多而引起的培训、管理等一系列烦琐问题。此外,机械采收也存在一些弊端,如只能进行一次采收或者用以加工为目的的果蔬,对机械损伤敏感的果蔬有不利影响等。机械采收有时需要人工采收的配合,如用以加工的草莓,通常在人工采收 1~2 次后先摘掉早熟的果实,再用机械采收剩下的成熟相对一致的果实。机械采收尤其适用于果梗与果枝之间产生离层的果蔬,可通过强风或者强力振动机械,使得果树高层果实脱落,通过在树下安装传送带或者是软的帆布袋接住掉落的果实,并将其传送至分级包装机里。适合用机械采收的果蔬成熟期差异不大,适合一次性采收,并且拥有基本是平面的采收面。机械采收对地下茎类蔬菜效果最好,因为这类蔬菜可以使用大型犁耙或挖掘机等机械进行采收,并且配备收集装置、输送装置等,大大提高了采收效率。为了提升采收效果,在机械采收前一般会喷洒放线菌酮、维生素 C、萘乙酸等果实脱落剂。在国外,核桃大多使用机械采收,在采收前 10～20 天,会在树上喷洒 500～2 000 mg/kg 的乙烯利催熟,此时果柄处形成离层造成青果皮开裂,通过摇动树干使果实落地。另外,一般使用机械采收的地区地势比较平坦,有些地势陡峭的地方受地形限制不适合用机械采收。

2.4.2 果蔬的商品化处理

为了使果蔬的营养、外观、安全性以及新鲜度得到最大限度的保持,在果蔬采收后、进入流通领域之前要对其进行一系列的商品化处理。对果蔬进行严格的商品化处理,有利于其商品品质及食用品质的稳定、货架期延长,进而满足现代消费者的消费需求。果蔬的商品化处理主要包括果蔬的整理与挑选、分级、清洗与涂膜、预冷、包装等技术环节。

1. 果蔬的整理与挑选

整理与挑选是为了将采收前遭受病虫害、生长成畸形的果实,采收后带有泥土、残枝败叶、老化根茎等以及在采收过程中受到机械损伤的果蔬进行筛选或剔除,严格的整理与挑选可为后期的包装与贮运带来便利。该过程一般以人工操作为主,在操作时要求操作人员戴手套进行,注意轻拿轻放,避免有瑕疵的果蔬混入其中,并防止产生新的损伤或生物污染。

2. 分级

果蔬在生长过程中由于外界环境以及生长位置的不同,形状、颜色、品质等都会有所差异,即便是同一植株同一枝上的果实商品形状也可能差异很大。因此,对果蔬进行分级是果蔬商品流通和提高产品竞争力的需要。在果蔬成为商品进入流通领域之前,一般在产地进行分级,根据销售市场的不同按照一定的分级标准从果蔬的大小、色泽、重量、形状、清洁度、新鲜度以及机械损伤程度或病虫害损伤程度等方面进行分类。分级使得果蔬产品标准化、商品化,对后期的包装、运输以及市场管理等方面都大有益处,使得不同等级的果蔬产品都能被合理利用,商品效益最大化。

1) 分级标准

果蔬的等级标准可以分为国家标准、国际标准、协会标准和企业标准四种。1954 年,欧共体在日内瓦制定了水果的国际标准,但为了促进经济合作和发展,目前很多标准都已经被重新修订。对于不同果蔬的分级,每个国家都有自己的标准。在我国,鲜苹果、鲜梨、核桃、板栗、红枣、红地球葡萄、鲜食甘薯、皇帝蕉等都已制定了国家标准,除此之外还有一些行业标准。水果的种类、果形大小(果实横径的最大直径)、新鲜度、产品品质等的不同使得等级也不相同。比如我国出口的红星苹果,以每相差 5 mm 为一级,直径 65～90 mm 可分为五级;根据红地球葡萄色泽、果粒、穗重、果粒着色率等等级指标可以将其分为特级、一级、二级、三级。

关于蔬菜,由于可使用部位及成熟的标准不同,通常根据品质、消费者的消费习惯、市场的需求进行分级。比如适合人们生食、蒸煮、烘烤使用的鲜食甘薯根据重量大小可分为一级薯、二级薯、迷你薯、无级别薯,其中一级薯薯块重 200～400 g,二级薯薯块重 100～200 g,迷你薯薯块重 50～100 g,并且这三者的重量不合格率不大于 2%,感官指标不合格率不大于 5%;无级别薯薯块重量小于 40 g 或者大于 400 g,感官指标不合格率不大于 5%(参考 DB32/T 1128—2007)。

2) 分级方法

果蔬的分级方法包括人工分级和机械分级两种。

人工分级是当前比较普遍的分级方法,人们靠自己的视觉判断果蔬产品的颜色、果形大小、机械损伤度等。像草莓、蘑菇、叶菜类等比较容易损伤且损伤能用肉眼识别的果蔬适合用人工分级,能够做到细致挑选,但是效率较低。人工分级也存在着不足之处,如人的肉眼看不到果蔬内部的损伤,必须借助 X 射线等方法,而且每个人对果蔬的判断也会因心理因素产生影响,差异较大,分级不标准。除了靠视觉外,人们通常还会借助分级板,利用板上直径大小不同的孔使横径和着色面积不同的果实分级,这种方法使得同一级别的果实大小比较一致,差别不大。

机械分级比人工分级方便,效率高,能够完成工作量大的分级任务,对于不容易受到机械损伤的果蔬适用。目前,现代化分级设备已经在外销商品基地得到广泛应用。果蔬的机械分级设备多采用电脑控制,有形状分选装置、重量分选装置以及颜色分选装置,其中形状分选装置是根据果蔬产品的形状大小进行分级,适用于樱桃、李子、番茄、黄瓜等;重量分选装置是根据果蔬产品的重量大小与装置系统中最先设定的重量大小比较后进行分级,适用于苹果、梨、西瓜、马铃薯等;颜色分选装置是根据果蔬产品的颜色进行分级,适用于番茄、苹果等在不同成熟期颜色较为复杂的果蔬。此外,有的分选设备还能检测到果实的内部品质,如糖度、酸度等。例如,日本 MAKI 公司生产的分选设备利用光学原理对苹果进行检测,可以测出糖度、硬度、酸度、大小等多个指标,进而对果实进行更精细化的分选。

3. 清洗与涂膜

清洗是对果蔬进行商品化处理的关键步骤,目的是将果蔬表面的污渍或农药残留清除,还可以通过向洗涤水中加入次氯酸钠、次氯酸钙、漂白粉等杀菌剂起到杀菌防腐的作用。一般通过浸泡、冲洗、喷淋的方式对果蔬产品进行清洗,洗涤用水应做到干净卫生,并且水洗后要尽快干燥,否则会引起腐烂变质。经过清洗处理的果蔬要符合商品要求,达到卫生标准。

涂膜又称"打蜡",多用于水果中,是指在水果表面均匀涂上一层薄薄的透明膜以适当阻碍果实与外界环境的接触,有浸涂、刷涂和喷涂三种方法。涂膜在苹果、柑橘、李子等水果中应用较多,经涂膜后的果实呼吸作用受到抑制,水分的蒸发以及营养物质的消耗降低,衰老速度变缓,果实外观变得更有光泽,商品价值提高。世界上最早使用的涂膜剂有石蜡、松脂、虫胶等,商业上使用石蜡和巴西棕榈蜡较多。近年来,由于人们的消费需求不断提高,果蔬生产厂商普遍使用一些对人体无害无毒的天然蜡、合成或天然高聚物、乳化剂等涂膜剂。比如乙酸甲壳素,是一种高分子多糖,从节肢动物外壳中提取而来,无毒无害,可以被生物降解。在涂蜡时应注意:①做到厚薄均匀,过薄无法起到保护作用,过厚则会引起果实二氧化碳中毒。②当需要给大量产品涂蜡时,要使用机械化作业,这时要定期检查清洗打蜡机,并使果实烘干。③涂蜡操作只能改善产品外观,对产品质量及贮运起到辅助作用,并不能改善果蔬内部品质,因此不能将成熟度和病虫害等问题忽略掉。

4. 预冷

果蔬预冷是将收获后的产品尽快冷却到适于贮运低温的措施。预冷是冷链物流的首要环节,在贮藏运输之前对果实进行预冷是为了:消除田间热,迅速降低品温;抑制果实的呼吸作用,延缓衰老,减少营养物质损失;抑制微生物的浸染,保持果实新鲜度,延长贮藏时间;减少冷藏运输设备以及冷库的冷负荷,保证果蔬的远距离运输。在果蔬采摘后,应尽量在产地及时预冷,这对于果蔬的品质保持十分重要。例如,在产地及时预冷的黄瓜可以在冷库中贮藏22天,但如果采收后24 h再进行预冷,则只能存放12天。另外,预冷还有利于减轻某些冷敏性果实低温贮藏期间冷害的发生,如未经过预冷处理的香蕉会比在15 ℃下处理3天后在6 ℃贮藏的香蕉提前3~5天发生冷害。常见蔬菜适宜预冷方式及相关参数见表2-1。

表 2-1 常见蔬菜适宜预冷方式及相关参数

适宜预冷方式	蔬菜种类	预冷温度/℃	预冷时间/min	贮运相对湿度/%
水预冷	白萝卜	3~5	8~10	95~100
	胡萝卜	3~5	9~11	98~100
	马铃薯	3~5	15~30	90~95
	芦笋	3~5	20~40	90~95
	甜玉米	4~5	60~90	95~98
	豌豆	2~5	20~25	95~98
冷库预冷	番茄	9~10	20~30	85~90
	青椒	9~10	10~20	90~95
	黄瓜	9~10	10~15	95~100
	茄子	9~10	20~30	90~96
	生菜	2~3	10~20	98~100
	白菜	2~3	20~30	95~100
	芹菜	2~3	10~15	98~100
	青花菜	2~3	10~20	95~98
	豌豆	2~3	10~15	95
	菠菜	2~3	10~15	95~100
差压预冷	番茄	9~10	3~5	85~90
	青椒	9~10	3~4	90~95
	黄瓜	9~10	3~4	95~100
	茄子	9~10	3~6	90~96
	生菜	2~3	3~5	98~100

续表

适宜预冷方式	蔬菜种类	预冷温度/℃	预冷时间/min	贮运相对湿度/%
差压预冷	白菜	2～3	3～6	95～100
	芹菜	2～3	3～4	98～100
	青花菜	2～3	3～4	95～98
	豌豆	2～3	2～3	95
	菠菜	2～3	2～3	95～100
真空预冷	结球生菜	2～3	20～30	100
	大白菜	3～5	20～40	95～100
	菜心	2～5	12～20	95～100
	芹菜	3～5	20～30	98～100
	菠菜	3～5	20～30	98～100
	韭菜	3～5	20～30	95～100
	蘑菇	2～5	20～30	95
	大葱	3～5	10～30	98～100
	花椰菜	3～5	20～30	95～98
	抱子甘蓝	4～6	20～30	95～100

预冷的种类很多，按预冷机理可分为热传导传热预冷和蒸发相变传热预冷两类。热传导传热预冷技术常用的传热介质有水和空气，相应的预冷方法有水预冷和空气预冷。冷库预冷和差压预冷是以空气为介质的预冷方式，真空预冷是当前蒸发相变传热预冷的主要方法。目前，果蔬的主要预冷方式包括水预冷、冷库预冷、真空预冷、差压预冷，对于个别耐冷性较强且容易腐烂的果蔬也可采用碎冰冷却。

水预冷是指将冷水作为换热介质直接与农产品表面接触，使其迅速降温的过程，通常采用喷淋或浸泡的方式。水预冷具有使果蔬产品快速降温、失水较少、清洗干净的优势，如果果蔬包装容器具有很好的防水性能，则可以对包装后的果蔬进行冷水冷却，但是在冷却结束后要用冷风将其吹干。水预冷所使用的冷水一般是循环使用的，容易滋生病菌，通常会在冷水中添加一些防腐药剂。

冷库预冷是一种简单、实用的预冷方法，它是指将果蔬摊放在冷库中利用制冷机组将库内热量转移到库外，使得蔬菜尽快降温的一种冷却方式。冷库温度以果实贮温为宜，配以冷风机冷却系统，加快降温速度。冷库预冷对果蔬品种的适应性广，对蔬菜的堆积方式限制较少，操作较容易，并且可以兼做贮藏库，建造成本较低，但是冷库预冷时间长，易产生预冷不均匀的现象。

真空预冷就是利用抽真空的方法，使农产品水分在低压条件下迅速蒸发带走热量，达到快速预冷目的。使用真空预冷处理果蔬具有降温速度快、冷却均匀、操作方便的优点，但是适宜真空预冷的果蔬品种有限，容易造成水分大量损失，降低新鲜度，成本费用较高。

差压预冷是冷风预冷的一种，指在具有一定制冷能力的空间内，将农产品按规则排好，利用挡风帘（苫布）将留有的风道覆盖，通过一侧风机向外排风，在空间内产生局部负压，受压力不平衡影响引起空气流通对果蔬进行冷却。差压预冷物流链较发达，在球形以及近圆柱形果蔬的预冷上应用广泛。差压预冷的特点是：提高冷却速度，使冷却更均匀，耗能降低；适合小型农场，设备成本较低，可以用于冷却大量产品和大型包装箱；冷空气是从低温侧流向高温侧，因此可以避免结露现象。

碎冰冷却主要是通过向包装果蔬的容器中加入碎冰，冰融化吸收果蔬热量使果蔬降温。此法是一个比较古老的冷却方法，适用于西蓝花、荔枝、杨梅、花椰菜、甜玉米、芹菜等与冰接触时不容易发生损害的果蔬或者是在田间收获时需要快速预冷的果蔬，但是碎冰冷却对于果蔬品质的保持是有限的，只能作为其他预冷方式的辅助。

5. 包装

对果蔬产品进行合理包装是果蔬商品化处理的重要步骤，经过包装的果蔬更吸引人的目光，也更具商品价值。包装是将果蔬产品用适当的材料或者容器进行保护，以防止在贮藏和流通过程中因产品之间摩擦、碰撞产生的机械损伤以及尘土、微生物等对产品造成污染和产品腐烂，降低贮运过程中因温度变化给产品带来的损失，减少果蔬中水分的消耗。此外，合理的包装会使果蔬在装卸、销售过程中方便许多，同时也使仓库以及码垛空间得到更好的利用。

果蔬的包装是否达到要求与其包装容器和包装材料密切相关。包装果蔬的容器除了要具备一定的保护性防止果蔬受到碰撞和挤压，还应具备通透性使果蔬在贮运过程中的散热和气体交换得到保证，以及具备一定的防潮性以减少因容器的吸水而造成果蔬腐败的可能性。除此之外，包装容器还应具备外表美观、重量轻便、低成本、材料获取方便且易于回收的特点。

包装容器可分为外包装和内包装，像竹筐、袋子、木箱、瓦楞纸箱、塑料箱等都属于外包装，衬垫、浅盘、包装膜、包装纸等则属于内包装。不同的内外包装各具特点：竹筐价格低廉、大小不一致、容易刺伤产品；塑料箱防潮且轻便，便于清洗消毒，可以反复使用，但是造价较高。除了通过在外包装底部加衬垫、薄垫片或者是将包装材料进行改进使内包装起到防震作用外，还应该采取一定方法使内包装具有防止果蔬失水以及调节气体成分浓度的作用，如内包装材料使用聚乙烯可以有效减少果蔬的蒸腾失水量，在膜上打孔可以解决聚乙烯包装不利于气体交换的问题。

包装果蔬时应注意：果蔬包装前应认真挑选出新鲜、干净、无机械损伤、无病虫害的产品进行分等级处理；为避免果蔬产品受到风吹、日晒、雨淋，应在冷凉条件下进行包装；包装时应做到轻拿轻放，所装果蔬量不能超出包装容器的承受能力；对不耐压、易损伤的果蔬应该在包装容器内添加衬垫物，减少产品之间的碰撞；果蔬包装不能改变果蔬的品质且只能起到一定的保护作用，不能因为好的包装而代替冷藏等贮藏手段。

6. 其他处理

除了上述五个常见的采后处理步骤，有些果蔬还需要进行预贮、愈伤、保鲜防腐、催熟、脱涩等处理。比如，结球白菜采收后的3~5天要在田间晾晒使其表面干缩，表皮韧性得到增强，可以延长贮藏期，减少贮运期的机械损伤；山药在温度38℃、相对湿度95%~100%的环境下愈伤24 h，表面微生物的生长可以得到完全抑制，贮藏效果较好；对柑橘类果实使用2,4-二氯苯氧乙酸(2,4-D)可以使其果蒂离层的形成受到抑制，并使果蒂在贮藏期内保持青绿,减少腐烂、病虫害,延长贮藏期;对香蕉等进行催熟处理,以便在上市前能达到吸引消费者的良好色泽及品质;将柿子进行温水浸泡或者石灰水浸泡都能达到脱涩的目的。总体而言,果蔬在商品化处理时应分品种、分用途灵活操作,如某些果蔬为了便于上市会提前催熟,而打算长时间贮藏的果蔬则不用催熟;马铃薯在采后需要先愈伤而不是预冷;对立即上市的果蔬在采后进行打蜡,而对于要贮藏的果蔬应先预冷贮藏,在上市前进行打蜡。

近年来,随着人们生活节奏的加快和对高品质果蔬产品的追求,鲜切果蔬因其即食、即用、可食率高等优点,日益受到消费者的青睐。鲜切果蔬,也称作预制果蔬、最小化加工果蔬、半加工果蔬、轻度加工果蔬、即食果蔬及即用果蔬等,是指以新鲜果蔬为原料,经分级、修整、清洗、去皮去核、切割、护色、称量、包装等处理而制成的方便果蔬制品,供消费者直接食用或餐饮业使用的一种

拓展阅读 2.1 鲜切果蔬保鲜技术及方法研究进展

新式加工产品。与新鲜完整果蔬相比,鲜切果蔬由于受到机械损伤而失去原有表皮的保护,更易遭受失水、变色、营养物质流失、微生物侵染等问题。因此,在鲜切果蔬的加工过程中,加工车间要始终保持在低温状态(一般要求不超过 4 ℃,有的甚至更低),切割后的果蔬还要再次清洗,在清洗用水中常加入次氯酸钠进行杀菌。此外,还需要对产品进行卫生检验,包括感官检验、污染物检验、农药残留检验、致病菌检验等,以使产品符合卫生要求。

此外,还可以将果蔬速冻制作成速冻果蔬。速冻是一种快速冻结的低温保鲜方法,是近代食品工业迅速发展的新技术。速冻果蔬是指将果蔬原料经过原料选择、预冷、清洗、去皮切分、烫漂、沥水等预处理后,采用快速冷冻的方法,使其冻结,并在适宜温度(−20~−18 ℃)下保存使用。近些年,速冻果蔬产业发展迅速,产品形式主要有速冻玉米粒、毛豆、薯类、板栗、西蓝花等,尤其是速冻蓝莓、黑莓,有着较好的市场前景,主要出口国外。速冻果蔬常用的速冻方法包括间接接触冷冻法(金属板接触冻结、静止空气冻结、送风冻结、半送风冻结)和直接接触冷冻法(浸渍冻结、超低温制冷剂喷淋冻结),不同冻结方式会使速冻果蔬产品的质量产生

拓展阅读 2.2 果蔬速冻技术、设备和质量控制现状分析

很大差异。采用速冻方法进行保存的果蔬降温速度快,细胞内外晶体广泛分布,数量多而小,由于压力分布均匀,果蔬的细胞组织不会受到伤害,解冻后的果蔬容易恢复到原来的状态,能够较好地保持新鲜色泽、风味和营养物质。不同果蔬在速冻过程中的冻结点是不同的,如白薯的冻结点为−1.3 ℃、芦笋为−1.1 ℃、茄子为−0.7 ℃、马铃薯为−2.4 ℃、白萝卜为−1 ℃。当前,速冻的果蔬市场也存在一些问题,过度加冰、商家混淆一般冷冻和速冻概念用普通缓慢冻结果蔬冒充速冻果蔬、冷链环节时常"断链"问题以及速冻果蔬反复消融冻结等,严重影响速冻果蔬市场的发展。

 2-1

糖度可视化　好吃看得见(脐橙篇)

据悉,2019 年,赣州市脐橙种植面积达到 162 万亩(1 亩≈666.67 平方米)、产量

122万吨，产值129亿元。

20多年前，一批和新奇士品质相近的赣南脐橙，用低于新奇士一半的价格出售，销量却并不见得比新奇士好。如今，赣南脐橙产值129亿元，是什么让赣南脐橙声名鹊起？

独有的赣南地域特征决定赣南脐橙绝佳的口感，脐橙种植端产出好果才能有卖好价的基础。产出好果后，需要确保卖到消费者手上的脐橙拥有稳定的品质。品质的稳定性，就是让消费者每次买到的脐橙"外观一样""口感一样"，形成稳定的消费体验，树立良好的市场口碑。脐橙作为自然界的农产品，不像其他工业品一样按成分比例就能够调制出固定的口感风味，只有通过品尝才能感受到水果的酸甜度。消费者和分拣者都不可能通过切开每一个脐橙来购买和分选。让脐橙像商品一样有统一的标准显得迫切。

传统的人工分拣依靠经验、拳头比画大小、肉眼识别等方式来对脐橙做分级处理，耗时长、劳动力成本高、肉眼识别精度低，并且人的感性判断是主观意识，对标准的理解不一样，而标准化的重要基础就是统一。绿萌针对人工分拣的弊端，研发制造了脐橙智能化分选线，经过多年的更新迭代，目前绿萌拥有领先的光学检测技术和内部品质无损检测技术，能够精准地识别脐橙表皮的颜色、瑕疵、虫眼等表皮状况，不错过任何细微的瑕疵；无须切开脐橙就能准确地将口感和内部生理状况用数字量化，精准检测糖度值；同时还能将外表正常、内部已经病变的脐橙剔除出去。用数字量化果形大小、颜色、瑕疵、克度、糖度等指标，实现脐橙的标准化分级。绿萌分选科技帮助赣南脐橙分选，让分选后的脐橙满足客户需求，帮助赣南脐橙持续输出好果，让消费者购买到好脐橙，帮助赣南脐橙赢得好口碑。脐橙分选设备视觉检测系统如图2-1所示。

图2-1 脐橙分选设备视觉检测系统

绿萌作为赣南本土企业，用性价比高、技术先进稳定的分选线帮助赣南脐橙分选，目前绿萌占有江西赣南脐橙分选设备95%的市场份额，将非标准的农产品通过数字量化分级，糖度可视化，让消费者品尝到好脐橙；通过对脐橙的采后处理以及分级采购销售的方法，让果农对脐橙品质更加重视，在一定程度上促使种植户改变了以前的依靠经验种植和没有统一采收标准的习惯；智能分选大数据为脐橙做品质分析，实现对种植端的指导，帮助赣南脐橙整体产业高品质的提升。绿萌分选让口感优良的赣南脐橙"如虎添翼"，形成区域性品牌。

资料来源：糖度可视化 好吃看得见【脐橙篇】. 客家新闻网讯，https://www.reemoon.com/news/321.html.

2.5 果蔬的贮藏与冷链流通

2.5.1 果蔬的贮藏

我国的果蔬资源丰富、种类繁多。由于采后的果蔬离开了植株或土壤，不再吸收养分，为了保持其优良品质必须将果蔬在合适的条件下进行贮藏。不同果蔬的特点有所差异，故而选择的贮藏方式也有所不同，但贮藏的目的都是延缓果蔬的衰老进程，保持产品品质，延长货架期。温度、湿度、气体成分是果蔬贮藏过程中需要控制的主要因素。通过控制温度来进行贮藏的方法有自然降温贮藏（简易贮藏、通风库贮藏）和人工降温贮藏（机械冷藏）两种。另外，气调贮藏是在控制温度的基础上对贮藏场所的气体成分进行控制，进而达到更好的贮藏效果。

1. 简易贮藏

简易贮藏是一种自然降温贮藏方式，主要有堆藏、沟藏和窖藏三种基本形式及其衍生的其他形式。简易贮藏设施建筑简单，所需费用少，可因地制宜进行修建，适用于农村地区的小规模贮藏，但是极易受外界环境的影响。大白菜、甘蓝、板栗等耐贮性强的果蔬通常用堆藏，温暖季节可用于越冬贮藏，在寒冷季节用于短期贮藏；仁果类水果以及直根、块茎类蔬菜通常用沟藏，如在北方经常在空旷通风的田间挖沟埋藏萝卜或者耐贮性好的晚熟品种的烟台苹果；山西、山东的马铃薯、地瓜以及新疆的葡萄通常用窖藏；芹菜、花椰菜、油菜、甘蓝等比较耐寒的蔬菜通常用假植贮藏。

2. 通风库贮藏

通风库贮藏也是一种自然降温贮藏方式。通风库是在棚窖的基础上加上通风系统以及隔热设备的永久性建筑。通风库贮藏的优点是：不需要特殊设备、所需费用低、管理方便、隔热保温性能好、热绝缘结构完善、通风系统灵活，库内温度稳定而适宜，是商业上广泛贮藏苹果的手段之一。其缺点是：主要依靠库房内外温差及昼夜温差维持温度，可调节范围有限，贮藏前期温度偏高，中期偏低，一般只用来贮藏晚熟品种的苹果。

3. 机械冷藏

机械冷藏是一种现代冷藏法，借助制冷机械的作用，利用制冷剂由液态转化为气态过程中吸热的特性，以此来排除果蔬采收后带来的田间热和呼吸热以及机械或人员所造成的热负荷，使冷藏库内贮藏环境以及果蔬的温度降低，延缓果蔬衰老，从而达到延长货架期的目的。

机械冷藏是最常见的果蔬贮藏方式。每种果蔬都有自身适宜的冷藏温度（见附录1），应尽量使果蔬在适宜的温度下贮藏，避免温度波动，同时也要防止冷害发生。对于某些耐冷性强但贮藏期短的果蔬，也可以采用冰温贮藏或近冰温

拓展阅读2.3 苹果简易冷藏库贮藏

贮藏的方法。在冰温区域(从 0 ℃开始到生物体冻结温度为止)对果蔬进行贮藏的方式称为冰温贮藏,近冰温贮藏是指在 0 ℃以下、生物体冻结温度附近对果蔬进行贮藏。在冰温贮藏期间,必须对果蔬的冰温有精准的认识,严格控制冰温库温度波动,若贮藏温度低于果蔬冰温,容易使果蔬受到冻害。与传统低温贮藏相比,近冰温贮藏的"金冠"苹果呼吸速率下降、乙烯释放速度减缓,贮藏 240 天后仍然保持较好的色泽和风味。

4. 气调贮藏

气调贮藏是在冷藏的基础上,通过改变贮藏环境中的气体成分(通常是降低 O_2 浓度,提高 CO_2 浓度),达到抑制果蔬呼吸强度、减少营养物质流失、延长货架期的目的。气调贮藏的特点是:保鲜效果好,贮藏时间增加,货架期延长,贮藏过程中不添加化学药物,完全符合绿色食品标准。气调贮藏也存在一些问题,如气调设备一般依赖进口,投资大;需要专业人员对气调库进行管理;我国人民消费水平有限,人们对气调贮藏的认识还不够全面,市场需求和认知能力较低。

1) 气调贮藏的类型

根据气调方式的不同,气调贮藏可分为两类:人工气调贮藏和自发气调贮藏。人工气调贮藏是指为了满足消费者意愿和产品需要,利用气调设备调节贮藏环境中的气体成分浓度,使果蔬在稳定的贮藏环境中存放。贮藏期间严格控制 O_2 和 CO_2 比例,与贮藏温度密切配合优化贮藏环境,进而达到更好的贮藏效果。自发气调贮藏是利用果蔬自身的呼吸作用调节贮藏环境中的气体浓度,使得 O_2 浓度降低、CO_2 浓度提高的一种气调贮藏方式。薄膜单果包装贮藏、薄膜袋密封贮藏、塑料大帐密封贮藏、硅橡胶窗气调贮藏都属于自发气调贮藏。自发气调贮藏过程没有严格的气体控制,完全靠果蔬自身的呼吸作用,贮藏过程中果蔬呼吸缓慢、酶活性降低、新陈代谢减慢,有良好的贮藏效果。该方法成本低、操作简单,但是要达到设定的 O_2 和 CO_2 浓度比例需要较长的时间。

2) 气调贮藏的条件

为了使果蔬尽可能长时间地保持新鲜度,必须抑制其新陈代谢。降低温度、提高 CO_2 浓度和降低 O_2 浓度是抑制新陈代谢的主要手段,气体成分与温度之间相互联系和限制,只有两者达到最佳的配合才能起到最好的贮藏效果(见附录 1)。对于亚热带的果蔬,当地的较高贮藏温度可以防止其发生冷害,但是过高的温度会破坏低 O_2 和适量 CO_2 对某些果蔬的护绿作用。例如,为了防止出现 CO_2 伤害等病症,一般用高浓度 CO_2 和低浓度 O_2 配合 2~3 ℃的贮藏温度条件来贮藏某些品种的苹果。在果蔬气调贮藏前进行高 CO_2 或者低 O_2 处理可有效抑制产品新陈代谢,对气调贮藏产生有利影响。

2.5.2 果蔬的冷链流通

1. 果蔬的运输

1) 果蔬的运输方式

果蔬的运输方式有水路运输、铁路运输、公路运输、空运等,其中公路运输是我国最重要、最常见的短途运输方式。公路运输震动强度大,灵活性和适应性强,可以实现"门到门"服务,成本高、运输量小;水路运输具有成本低、震动强度小、运载量大、速度慢的特点;铁路运输装载量大、速度快、效率高,但是配送地点受到限制,没有铁路的地方无法配送;空运具有速度快的优点,适合运输草莓、鲜猴头、松蘑等时令性较强的果蔬。

2) 果蔬的运输要求

温度、湿度、气体成分以及运输震动对运输过程中的果蔬品质变化均有影响。其中,温度对果蔬产品质量起决定性作用。低温运输有利于果蔬新鲜程度及良好品质的保持,经过预冷的果蔬在运输过程中能保持一定的低温且冷却速度均匀,有利于达到更好的运输质量。一般而言,果蔬的最适运输温度与果蔬的贮藏温度相一致,但是考虑到运输时间短暂,故略高于贮藏温度的运输温度对果蔬的品质变化影响不大,利用这一特性,使用保温车进行运输要比冷藏车经济实惠得多。例如,国际制冷学会推荐莴笋运输1~2天的温度为0~6℃,甜橙运输2~3天的推荐温度为2~10℃。

运输过程中的湿度变化对果蔬品质影响不大。运输车厢等工具大多数处于密集状态使得贮藏环境中的湿度迅速升高至95%~100%,且果蔬产品堆积也加速了湿度的升高,但是由于运输时间短暂,此变化对果蔬的腐烂变质影响不大。果蔬流通中适当降低 O_2 浓度、升高 CO_2 浓度能有效抑制果蔬的呼吸作用和蒸腾作用。与常温运输不同的是,在低温运输中车厢体密闭,CO_2 积累,对于干冰直接冷却的冷藏运输系统可能会造成 CO_2 危险,一般采取干冰间接冷却。此外,运输震动会使果蔬发生碰撞、摩擦,引起果蔬的多种伤害,当果蔬发生机械损伤时,呼吸强度增大,容易造成生理异常。为减少温度、湿度、运输震动等因素对果蔬的影响,应做到"三快"(快装、快卸、快运)、"两轻"(轻装、轻卸)、"四防"(防冻、防晒、防热、防淋)。

2. 果蔬的冷链物流

随着我国经济的不断增长,居民更加注重果蔬的新鲜程度和安全性,从而促进了冷链物流的不断发展。果蔬的冷链物流是指将果蔬的采收、加工、包装、运输、贮藏等方面结合成供应链,使产品始终处于适宜的低温环境,最大限度地保证产品品质,减少损耗、降低污染。果蔬冷链物流流通操作流程如图2-2所示。

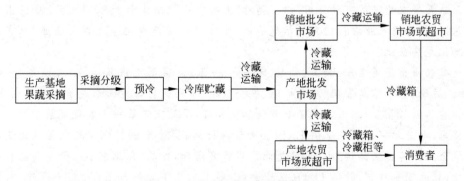

图2-2 果蔬冷链物流流通操作流程

1) 冷链物流的运作原则

新鲜果蔬含水率高,季节性和地域性强,极易因外界因素造成腐烂。由于果蔬产品不易储存的特性与运输基础设施的落后,果蔬产品在运输过程中损耗巨大,关键问题在于保鲜不足,因此,完善的冷链体系是果蔬产品保持新鲜的保障。完善的冷链体系包括三方面:第一,采后的果蔬仍然具有较高的水分,高温会使水分减少,因此应对果蔬进行预冷处理,防止其品质降低。第二,由于各个冷链环节的温度要求不同,因此对温度做到更加精准的控制是防止果蔬产品高温腐烂和低温冷害的必要手段。第三,销售环节也要保持一定的低温。

2) 冷链物流面临的问题及应对措施

我国大多数果蔬产于经济相对落后的农村地区,果蔬产品采摘经过挑拣、分级、清洗等操作后,一般通过摊开处理或者放置于阴凉处的方式进行预冷,预冷作业不规范,冷库设备不完善。而且,国内目前没有专门的机构管理冷链市场,多为"冰壶+棉被、冰袋+保温箱"的方式进行常温运输,使冷链出现"断链"现象。果蔬在运输过程中出现损耗,质量出现问题。随着互联网经济的发展,各方面均推广"互联网+",努力实现"1+1>2"的经济效益。但在农村,信息传递不到位,大部分果蔬出现采后找不到货主的现象,最后只能批量低价出售。冷链物流对设备、人员的专业性要求都比较高,在冷链的各个环节都需要专业人员的指导,而在农村果蔬市场中,人们的冷链专业知识薄弱,造成果蔬的损耗加剧。

为解决我国果蔬冷链物流存在的问题,首先应该建立适合我国的较为完善的冷链系统,加强政府的宏观调控,多方合作建立集供销一体化、物流配送中心于一体的冷链物流体系;针对农村地区冷藏设备匮乏的问题,政府应统一管理,优化升级;近年来,通过电商渠道进行果蔬销售的越来越多,农村地区应抓住机会打造"互联网+"果蔬电商供应链,吸引电商投资进行冷藏设备优化,将果蔬农户信息纳入网络信息平台,使经销商、批发商、供应者信息揽在一起,解决信息过于分散的问题,消费者可以通过线上进行果蔬购买,打破传统的果蔬冷链模式,使果蔬产品更快地流通。

案例分析 2-2

信息化助推冷链物流,天安农业的精品蔬菜之路

北京天安农业发展有限公司(以下简称"天安农业")始建于1984年,源于小汤山特种蔬菜基地,是全国农业农村信息化示范基地、北京市农业产业化重点龙头企业、北京市农业信息化龙头企业。

天安农业集蔬菜生产、加工、销售、科研于一体,在蔬菜生产基地、加工设备、仓储保鲜、物流运输、电子信息管理、质量检验、安全监控、市场销售等方面形成了完善的生产、加工和销售体系与管理机制,实现了全程信息化管理,是北京市第一个实现蔬菜全程安全追溯的公司,也是北京市第一家用ERP(企业资源计划)管理系统实现信息化管理的蔬菜生产配送企业。其自主品牌"小汤山"是北京市著名商标,目前,在北京150余家商场超市设立专柜,建立了会员制,社区O2O(在线离线/线上到线下)、鲜切直供、电子商务、农场体验等多种业务模式,年销售额超过1.2亿元。

天安农业根据产品的特点对基地进行全国布局,形成了北京的密云、顺义、延庆的全年主供基地,河北的崇礼、尚义夏淡季冷凉基地,云南、海南、广西的冬淡季基地,新疆、内

蒙古、兰州等地域优势产品基地的专业化布局,当前蔬菜种植面积约 800 公顷(1 公顷=1 万平方米)。

为了降低蔬菜的损耗,提高蔬菜的品质,天安农业采取采收、预冷、运输、储存、销售等全环节冷链流通体系。

(1) 蔬菜采收后根据基地条件以及蔬菜品种要求进行高效水冷、冷库预冷或者差压预冷,除去田间热,降低菜体温度。

(2) 不同规格、不同温度库房有 17 个,冷库体积 6 000 立方米,蔬菜运输到加工车间后,加工前在冷库储存,采用保鲜库精准调控技术保证蔬菜存储质量,蔬菜加工后及时进入成品库进行低温保鲜。

(3) 拥有自己的物流冷藏车车队,在蔬菜运输中使用冷藏车运输,通过 GPS(全球定位系统)、温度传感器、车门开关传感器采集车辆实时信息,并对车辆进行管理,实现远程控制、电子围栏、在线调度等功能,有效提高了物流管理能力,保障产品质量和新鲜度。

在销售端,天安农业以商场超市为主、电子商务为辅。商场超市端采用冷库周转、冷风柜陈列方法,电子商务端采用冰袋随箱运输方法,保证蔬菜"最后一公里"的质量。

天安农业全环节冷链流通体系如图 2-3 所示。

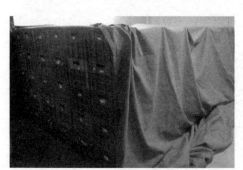
差压预冷

厢式冷链车

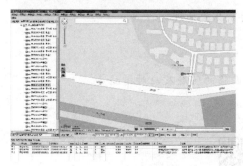
GPS车辆监控

超市展售

图 2-3 天安农业全环节冷链流通体系

天安农业秉承"民以食为天,食以安为先"的理念,通过信息化助推冷链物流,走上了一条生产专业化、设施现代化、渠道多元化、管理标准化、经营品牌化的精品蔬菜之路。

【本章小结】

果蔬在采摘后虽然脱离母体,但仍是一个活的有机体,不断进行着有序的生命活动。低温能降低果蔬的呼吸作用和各种生理代谢活动,是减少果蔬腐烂变质和保障果蔬商品特性的重要手段。果蔬的冷链商品目前主要有一般果蔬、鲜切果蔬和速冻果蔬。果蔬的商品化处理主要包括果蔬的整理与挑选、分级、清洗与涂膜、预冷、包装等技术环节,对于鲜切果蔬商品会增加去皮去核、切割、护色等环节,对于速冻果蔬商品会增加烫漂、沥水、速冻等环节。目前,果蔬的主要预冷方式包括水预冷、冷库预冷、差压预冷、真空预冷,对于个别耐冷性较强的果蔬也可采用碎冰冷却。果蔬贮藏方式有简易贮藏、通风库贮藏、机械冷藏、气调贮藏,其中,借助机械冷库的机械冷藏法是最常用的贮藏方式。当前,消费者更加注重果蔬的新鲜程度和安全性,完善的冷链体系可以使果蔬产品始终处于适宜的低温环境,最大限度地保证产品的品质,减少损耗、降低污染。

【本章习题】

一、名词解释

1. 采收成熟度
2. 差压预冷
3. 真空预冷
4. 速冻果蔬
5. 人工气调贮藏
6. 自发气调贮藏

二、简答题

1. 简述果蔬预冷的目的和作用。
2. 简述果蔬预冷的方法及其特点。
3. 简述一般果蔬、鲜切果蔬和速冻果蔬的商品化处理流程。
4. 简述果蔬冷链物流流通的操作流程。

三、论述题

请结合本章内容,论述我国果蔬冷链物流面临的问题及应对措施。

【即测即练】

第 3 章

肉与肉制品

【本章导航】

本章主要介绍肉的形态结构和化学组成；肉在低温下的变化；肉与肉制品的冷链运输与保藏。最后对冷藏、冷冻肉和肉制品的检验进行了介绍。

热鲜肉 vs 冷鲜肉选哪个？你吃对肉了吗？

"一把刀杀猪、一口锅烫毛、一杆秤卖肉"作坊式产业，清晨宰杀、清早上市，肉温为 40～42 ℃，微生物易繁殖，保质期短，肉质坚韧、难咀嚼、难消化、不易吸收，这便是热鲜肉（fresh meat）时代。热鲜肉的加工方式导致牲畜在屠宰前因为惊恐紧张生成大量激素类物质进入血液和体液，这些物质滞留在动物体内，从而对消费者造成隐形伤害。热鲜肉属于酸性肉，众所周知，酸性体质的人容易发生病变！有人说热鲜肉"香"，为什么香呢？因为热鲜肉没有经过排酸过程，大油含量严重超标，猪大油具有独特的香味，导致过食，引起肥胖、高血脂、血压升高三高症，容易堵塞血管，要是人的血液流得不顺畅，哪还来得健康啊！

冷鲜肉克服了热鲜肉在品质上存在的不足和缺陷，始终处于 0～4 ℃ 的低温控制下，微生物的生长繁殖被抑制。另外，冷鲜肉经历了充分的成熟过程，因排酸和蛋白酶、钙激活酶等多种良性因素，产生氨基酸和风味物质，故而口感细腻、鲜嫩多汁、肉香浓郁，且充分保持了营养物质，非常有利于人体的消化吸收。目前，欧美等发达国家 90% 以上的消费者食用冷鲜肉。

资料来源：热鲜肉 vs 冷鲜肉选哪个？你吃对肉了吗？搜狐网，https://www.sohu.com/a/143612855_159928.

随着城乡居民收入水平的提高，肉类消费正逐渐由追求数量的温饱型向追求质量安全的小康型转变。2009 年国家统计局数据显示，中国人均肉类消费比 60 年前增长了近 13 倍，如北京市民年肉类消费平均水平为 60 kg，20% 的高收入人群肉类消费水平达到 70 kg。因此，我国居民的肉类消费潜力巨大。

一般来说，只要能作为人类食物的动物体组织均可称为"肉"，但人类消费的肉大多数来自家畜、家禽和水产动物，如猪、牛、羊、鸡、鸭、鹅和鱼虾等。狭义地讲，肉指动物胴体中的肌肉组织和脂肪组织以及附着于其中的结缔组织、微量的神经和血管。由于肌肉组织是肉的主体,同时也是影响肉的食用品质和加工性能的决定因子,因此本章所讨论的冷链食品对象即是肌肉组织。

3.1 肉与肉制品的分类

根据不同处理方式可将肉与肉制品大致分为以下四类。

1. 热鲜肉

刚屠宰后不久,肉温还没有完全散失的肉,称为"热鲜肉"。但这类肉由于温度较高,在贮藏和运输过程中容易大量增殖细菌,无法保证肉的食用安全性。此外,热鲜肉在屠宰后 2~4 h 内刚好处于僵硬阶段,口感和风味都较差,加工性能较低。

2. 冷却肉

对热鲜肉进行冷却加工,使肉的中心温度在 24 h 内降至冻结点以上(0~4 ℃)而不冻结,并在此温度范围内流通和销售的肉称为"冷却肉"(chilled meat)。在此过程中,肌肉组织将发生一系列变化。肌肉的僵硬状态逐渐消失,在排酸成熟作用以及蛋白酶、钙激活酶等多种因素的作用下,大的肌纤维束逐渐向小的肌纤维、纤维碎片转变,同时蛋白质在各种酶的作用下产生氨基酸和风味物质,使肌肉变得柔嫩、多汁,经加工后可产生丰富的肉香味,因此这类肉可称为真正意义上的食用肉。此外,采用冷却方式不仅大大降低了初始菌数,而且产品一直处于低温下,卫生品质显著提高。发达国家早在 20 世纪二三十年代就开始推广冷鲜肉,目前冷鲜肉已占到消费生鲜肉的 90% 左右。在我国,冷鲜肉类消费也将成为一种趋势。

3. 冷冻肉

将未经过加工的被屠宰动物的可食部分,如剁碎、分割或去骨的猪、牛、羊肉等置于 -18 ℃的环境中冻结并保存的肉称为"冷冻肉"(frozen meat),但不包括加工过的肉类,如熏肉、香肠或罐头等。从微生物角度看,当肉被冷冻至 -18 ℃后,绝大多数微生物的生长繁殖受到抑制,安全卫生程度较高。但肉中的水分在冻结过程中,体积会增加 9% 左右,大量冰晶的形成会造成细胞破裂,组织结构遭到一定程度的破坏。解冻时,组织细胞中汁液析出,导致营养成分流失,并且风味也会明显下降。因此,在生产上常采用速冻法或急冻法以减少冷冻过程中肉内大冰晶的形成,减少肉的冷冻损伤。

4. 肉制品

以畜禽肉为原料,经调味、加工后得到的熟肉制成品或半成品称为"肉制品",如香肠、火腿、培根、酱卤肉、烧烤肉等。由于经加工后的肉制品营养丰富,但也是微生物繁殖的良好场所,因此除某些腌腊肉制品、发酵肉制品、干制肉制品等产品外,大多数肉制品在流通和贮藏过程中均需采用真空、低温条件来抑制微生物的生长繁殖,保证产品的质量安全。

3.2 肉的形态结构和化学组成

3.2.1 肉的形态结构

动物胴体由肌肉组织(40%~60%)、脂肪组织(20%~30%)、结缔组织(8%~15%)和骨骼组织(9%~20%)四大部分组成。四种组织所占比例因畜禽的种类、品种、年龄、性别和营养状况而异。其中,肌肉组织和结缔组织对肉制品贮藏及加工性能影响最大,而又以肌肉组织最为重要,因此本节将重点介绍肌肉组织的一般结构和化学组成。

1. 宏观结构

肌肉的基本结构单位是肌细胞,由于肌细胞呈长的圆柱形,故又称为肌纤维。肌纤维直径为10~100 μm,长度从几毫米到30 cm不等。肌纤维的细胞膜称为肌纤维膜,细胞质则称为肌浆。肌浆内含有大量沿长轴平行排列的具有明暗相间花纹的肌原纤维,在肌原纤维间分布有肌浆网、糖原颗粒、脂肪滴、肌红蛋白和线粒体等细胞器。

肌纤维与肌纤维之间有一层很薄的结缔组织膜围绕隔开,该膜称为肌内膜,每50~150条肌纤维聚集成初级肌束,每个初级肌束的表面包有一层结缔组织鞘膜,称为肌束膜。初级肌束的横截面积因动物种类、年龄、营养状况等不同有所差异,如牛一般为0.26~0.4 mm^2。

由数十条初级肌束集结在一起即形成次级肌束(或二级肌束),并由较厚的结缔组织膜包围。许多次级肌束集结在一起即形成了肌肉块,外面包有一层较厚的结缔组织称为肌外膜。血管、神经通过这三层膜穿行其中,深入纤维表面,提供营养和传导神经冲动。此外,还有脂肪沉积其中,使肌肉断面呈现大理石样纹理。图 3-1 为骨骼肌一般结构的示意图。

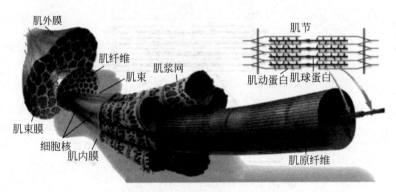

图 3-1 骨骼肌一般结构的示意图

2. 微观结构

肌细胞是一种特殊化的细胞,呈长线状,不分支,两端逐渐尖细,因此也称之为肌纤维。图 3-2 为横纹肌纤维结构示意图。长条状肌原纤维由在生理条件下不溶的蛋白质组成。它们由纵向重复的单位——肌节组成。肌节是肌细胞中最小的收缩单位,从一端z线延伸到另一端z线。在光学显微镜下,由于I-带(偏振光各向同性)和A-带(偏振光各向异性)的光学特性不同,肌原纤维呈现带状或条状外观。在肌节中纵向排列有两组肌丝:细丝,主要由肌动蛋白和调节蛋白如原肌球蛋白、肌钙蛋白组成;粗丝,主要由肌球蛋白组成。这些纤维的一部分和肌节的横截面相互交错,在它们重叠的地方形成一个由厚纤维组成的六边形包裹体,细肌动蛋白纤维丝与它们自己的六边形阵列上的每根粗丝的距离相等。A-带是粗丝的长度,在肌肉工作中保持恒定的长度。I-带是一侧肌节中细丝交叠点到z盘与另一侧肌节中细丝交叠点到z盘的距离。I-带的长度随着肌肉的收缩和放松而变化。H-区是A-带中密度稍低的区域,此时细丝不与粗丝重叠,并且随着肌肉的增长或收缩而变化。在A-带的中央有一条暗线横贯肌节,即M线,它可稳定粗纤维的结构。

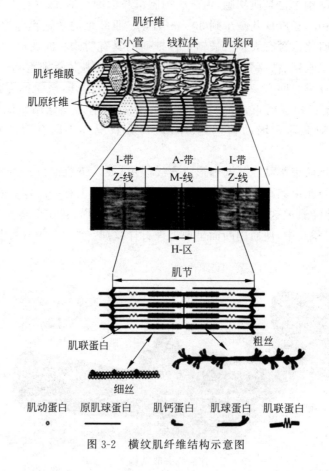

图3-2 横纹肌纤维结构示意图

3.2.2 肉的化学组成

肉的化学组成主要有水分、蛋白质、脂肪、无机物、维生素和微量元素等。这些成分因动物的生物学因素而有所不同,而且宰后动物受内源酶、微生物等的作用,亦会发生复杂的生物化学变化,影响肉的化学成分和含量。

一般来说,猪、牛、羊的分割肉块含水量在55%~70%,粗蛋白在15%~20%,脂肪在10%~30%。家禽肉水分在73%左右,胸肉脂肪少,为1%~2%,而腿肉在6%左右,前者粗蛋白约为23%,后者为18%~19%。肌肉的典型化学成分见表3-1。

表3-1 典型的成年哺乳动物在宰后僵直但未降解前的肌肉化学成分

	成　分	含量/%
1	水分	75.0
2	蛋白质	19.0
	(a) 肌纤维	11.5
	肌球蛋白[a](H、L酶解肌球蛋白及其相关的轻链组分)	5.5
	肌动蛋白[a]	2.5
	肌联蛋白(titin)	0.9
	N2线蛋白(伴肌动蛋白,nebulin)	0.3
	原肌球蛋白	0.6
	肌钙蛋白C、I和T	0.6
	α、β和γ肌动素	0.5
	肌间蛋白(M-线蛋白)和C-蛋白	0.2
	肌间线蛋白、F-和I-蛋白、黏着斑蛋白(vinculin)、talin等	0.4
	(b) 肌浆	5.5
	磷酸甘油醛脱氢酶	1.2
	二磷酸果糖酶	0.6
	肌酸激酶	0.5
	其他糖酵解酶(磷酸化酶)	2.2
	肌红蛋白	0.2
	血红蛋白及其他胞外蛋白	0.6
	(c) 结缔组织和细胞器	2.0
	胶原蛋白	1.0
	弹性蛋白	0.05
	线粒体等(包括细胞色素C和不溶性酶)	0.95
3	脂类	2.5
	中性脂肪、磷脂、脂肪酸、脂溶性物质	2.5
4	碳水化合物	1.2
	乳酸	0.90
	葡萄糖-6-磷酸	0.15
	糖原	0.10
	葡萄糖、微量糖酵解中间产物	0.05
5	其他可溶性非蛋白物质	2.3
	(a) 含氮物	1.65
	肌酸酐	0.55
	肌苷一磷酸	0.30
	二、三磷酸吡啶核苷酸	0.10
	氨基酸	0.35
	肌肽、鹅肌肽	0.35

续表

成　　分	含量/%
(b)无机物	0.65
可溶性总磷	0.20
钾	0.35
钠	0.05
镁	0.02
钙、锌等微量金属	0.03
6　维生素	
微量各种脂溶性和水溶性维生素	

注：a 肌动蛋白和肌球蛋白结合形成肌动球蛋白。

1. 蛋白质

根据肌肉中蛋白质在肌纤维中所处的位置和在盐溶液中的溶解度，可将肌肉蛋白分为如下三类。

(1) 结构性蛋白质，占肌肉蛋白质总量的 40%～60%。

(2) 肌浆蛋白质，占肌肉蛋白质总量的 20%～30%。

(3) 肉基质蛋白质，占肌肉蛋白质总量的 10%。

上述蛋白质的含量因动物种类、解剖部位等不同而有一定差异。

1) 肌原纤维蛋白

肌原纤维蛋白是肌肉的结构性蛋白质，支撑着肌纤维的形状，具有将化学能转变为机械能的功能，主要包括肌球蛋白、肌动蛋白、原肌球蛋白等，此外还包括少量调节性蛋白质。本节仅介绍构成肌原纤维蛋白的几种大分子蛋白质。

(1) 肌球蛋白。肌球蛋白是肌肉中含量最多的一种蛋白质，约占肌原纤维蛋白的 54%，是构成肌原纤维微观结构中粗丝的主要成分。其分子量为 470～510 kDa，具有黏性，易形成凝胶。肌球蛋白微溶于水，可溶于盐溶液中，等电点为 pH5.4，在 55～60 ℃时发生凝固。肌球蛋白头部具有 ATP(三磷酸腺苷)酶活性，可分解 ATP，并可与肌动蛋白结合形成肌动球蛋白，与肌肉的收缩直接相关。

(2) 肌动蛋白。肌动蛋白是构成细丝的主要组分，约占肌原纤维蛋白的 20%。肌动蛋白只由一条多肽链组成，分子量为 41.8～61 kDa。肌动蛋白可溶于水及稀溶液中，等电点为 pH4.7。该分子单体为直径 55 Å 的球形，称为 G-肌动蛋白，在磷酸盐和 ATP 的存在下，G-肌动蛋白可聚为 F-肌动蛋白。肌动蛋白易形成凝胶，热凝温度为 30～35 ℃。

(3) 原肌球蛋白。原肌球蛋白是由两条多肽链胶合而成的长约 385 Å 的纤维状蛋白，它们彼此相连，嵌在 F-肌动蛋白分子链的螺旋沟内，构成了细丝的支架，占肌原纤维蛋白的 4%～5%，分子量 65～80 kDa。

2) 肌浆蛋白

肌浆是在肌纤维细胞中，分布在肌原纤维之间的细胞质和悬浮于细胞质中的各种有机物、无机物以及亚细胞结构的细胞器等。肌浆中的蛋白质占肌肉中蛋白质总量的20%～30%，其种类包括肌红蛋白、肌浆酶和肌粒蛋白等。这类蛋白基本上溶于水或低离子强度的中性盐溶液中，是肌肉中最容易提取的蛋白质。肌浆中蛋白质的主要功能是参与肌肉纤维中的物质代谢。糖酵解过程的酶构成了肌浆蛋白的主要组成部分，并且可能以多种形式（同工酶）存在。糖酵解酶可与肌原纤维蛋白中的肌动蛋白结合，糖酵解刺激时结合比例增加。糖酵解酶类也可与肌肉细胞的其他部位结合，包括肌膜、肌浆网、细胞核膜和线粒体等。

3）结缔组织蛋白

肌内结缔组织是一种复杂的细胞外蛋白网络，可维持肌肉结构并将收缩力传送到肌腱和骨骼。结缔组织主要由胶原蛋白、弹性蛋白、蛋白多糖和糖蛋白组成。后两种蛋白质都带有很强的负电荷，可产生斥力，并具有能保持水分的伸展结构。胶原蛋白的氨基酸序列呈规律性排列，其中甘氨酸、脯氨酸和羟脯氨酸含量很高，这类氨基酸属于非必需氨基酸，营养价值较低。这种特殊的排列使分子和分子间的交联随时间的推移而趋于稳定，从而增加了肉的韧性，降低消化率。

2. 水分

尽管肌肉结构坚实，但肌肉和肉中含有较高比例的水（表3-1）。水是一种偶极分子，它可与蛋白质和其他带电分子发生相互作用。因此，水可以分为结合水和非结合水，而非结合水又可在细胞结构中以固定或游离形式存在。水分虽然不是肉品的营养物质，但肉中水分含量及其持水性能直接关系到加工和贮藏过程中肉与肉制品的组织形态、品质，甚至风味。

由于蛋白质约占肉湿重的20%，水与蛋白质结合的重量约为蛋白质重量的一半，因此与蛋白质结合的水约占肉中总水量的13%。结合水与蛋白质紧密结合，即使使用冷冻干燥的方法，也不容易使水分子在肌纤维间发生流动。蛋白质变性可影响带电基团的暴露，并导致失去与水结合的能力。肌原纤维和肌浆中的蛋白组分在动物死亡后可发生不同程度的变性，这主要取决于宰后pH值下降、温度和氧化作用的结合，从而使之失去部分与水结合的能力。另外，随着畜禽年龄的增长，肉类蛋白的降解增加了带电基团的数量和保持水分的能力。

大部分水主要存在于肌纤维的致密蛋白质网络中（约85%），通常称为截留或不易流动水。这部分水位于细丝和粗丝之间，并被毛细作用力保留。肉的最终pH值可影响肌原纤维间的保水能力。在pH值接近蛋白质等电点（5.5）时，肌原纤维间的空隙很小，而在pH值较高时，滞留水含量则显著增加。其余水则位于细胞核、细胞器、肌浆、肌纤维之间和肌束之间，这部分水通常被称为自由水，在加工和贮藏过程中很容易流失。

水分是活肌肉中的动态成分，因为收缩会导致肌纤维内水体积的减小，从而导致水分转移到肌纤维外的空间，并暂时保留在细胞结构中，直到肌肉放松时水分恢复到原来的位置。宰后初期肌原纤维的收缩也可使水分从细胞内流出到细胞外的腔室，这部分水可能被膜结构保留或丢失。细胞膜也可能发生改变，使水分流出细胞，磷脂成分和抗氧化状态在维持宰后膜结构中起关键作用。研究发现，除细胞膜结构的完整性外，宰后初期细胞骨架蛋白的主动水解可破坏细胞膜表面的肌原纤维张力,使细胞膜和肌原纤维分离,从而提供了能够保持水分的空间。若肌原纤维在没有脱离细胞膜的情况下发生收缩,则细胞收缩后会导致明显的水分渗出。另外,有研究表明,随着宰后成熟时间的延长,猪肉的持水能力也会增强。

3. 脂肪

脂肪是仅次于肌肉的另一个重要组织,对肉的食用品质影响较大,肌肉内脂肪的多少直接影响肉的多汁性和嫩度。肉中脂肪的含量与畜禽的营养状况有密切关系,也与胴体的不同部位有关。动物体内的脂肪可分为两类。

1) 蓄积脂肪

蓄积脂肪存在于皮下、肾周围、肌肉块间,主要成分为中性脂肪,蓄积脂肪的含量和性质会随动物种类、年龄、营养状况等变化,通常占总脂肪酸的 75%~80%。与极性脂类相比,中性脂肪的含量变化范围很广,特别是在单胃动物中。中性脂肪即甘油酸三脂,其中主要行使功能的是脂肪酸。脂肪酸可分为两类,即饱和脂肪酸和不饱和脂肪酸。所有动物的脂肪都是混合脂肪酸甘油酯。肉中脂肪含有 20 多种脂肪酸,但最主要的有四种,即饱和脂肪酸棕榈酸和硬脂酸,不饱和脂肪酸油酸和亚油酸(表 3-2)。

表 3-2　不同畜禽脂肪中的主要脂肪酸含量(每 100 g 总脂肪酸)

脂肪酸	结　构　式	猪	牛	羊	鸡
棕榈酸	$CH_3(CH_2)_{14}COOH$	28	29	25	18
硬脂酸	$CH_3(CH_2)_{16}COOH$	13	20	25	8
油酸	$CH_3(CH_2)_7CH=CH(CH_2)_7COOH$	46	42	39	52
亚油酸	$CH_3(CH_2)_4(CH=CH-CH_2)_2(CH_2)_6COOH$	10	2	4	17

亚油酸、亚麻油酸和花生四烯酸等不饱和脂肪酸是人体细胞膜和各种细胞器的重要组成部分,人体不能合成,必须从食物中获取。经测定,猪瘦肉中亚油酸含量比牛肉和羊肉都高,这种差异也体现在肝和肾上。此外,所有动物的肝脏和肾脏都含有一定的不饱和脂肪酸。

2) 肌内脂肪

肌内脂肪是存在于肌肉内的组织脂肪,磷脂含量较高。研究发现,一定量的肌内脂肪沉积不仅可提高肌肉的外观吸引力,还能增强肉的风味、嫩度以及多汁性。肉中脂肪酸的沉积尤其是必需脂肪酸的沉积取决于饲料中脂肪酸的量和组成,因此,可在畜禽饲养过程中在饲料中添加脂肪酸来提高肉的品质,从而提高肉的营养价值。但不饱和脂肪酸的增加可使脂肪变软,降低肉的外观吸引力,并且在加工和贮藏过程中脂肪氧化酸败程度增加,容易产生异味而降低品质。

此外,脂肪组织中可溶解有少量的脂溶性物质,如维生素 A、维生素 D、维生素 E、维生素 K 和胆固醇衍生物。

4. 浸出物

肉的浸出物是指肉中除蛋白质、盐类和维生素外能溶于水的浸出性物质。新鲜肉中浸出物占 2%～3%。其中,浸出物又分为含氮浸出物和无氮浸出物两种。含氮浸出物是肌肉中各种非蛋白质的含氮化合物,多以游离状态存在,与肌肉代谢有密切关系,是蛋白质代谢的降解产物,也是肉品呈味的主要成分。

1) 含氮浸出物

含氮浸出物主要包括游离氨基酸、磷酸肌酸、核苷酸类(ATP、ADP、AMP、IMP)、肌苷、尿素等。这类物质为肉滋味的主要来源,如动物宰后肌肉中的 ATP 在 ATP 酶的作用下分解成 ADP(二磷酸腺苷),进一步分解成 AMP(一磷酸腺苷),AMP 脱氨基后生成 IMP(肌苷酸),最后降解为次黄嘌呤,后两种物质参与肉风味的形成。又如磷酸肌酸分解为肌酸,在加热条件下则形成肌酐,可提高熟肉的风味。肉中主要含氮浸出物含量见表 3-3。

表 3-3　肉中主要含氮浸出物含量

含氮浸出物	含量/(mg/100 g)	含氮浸出物	含量/(mg/100 g)
肌苷	250.0	氨基酸	85.0
肌苷酸	76.8	磷酸肌酸	67.0
尿素	9.9	ATP	8.7

2) 无氮浸出物

无氮浸出物主要包括糖类和有机酸,主要种类有糖原、葡萄糖和核糖。葡萄糖含量约占肌肉总量的 1%,是动物组织中提供肌肉收缩的能量来源。糖原则主要存在于肝脏和肌肉中,肌肉中含 0.3%～0.8%,肝中含 2%～8%。宰前动物受到刺激或疲劳,则肉中糖原储备减少。肌糖原含量的多少,对宰后肉 pH 值、保水性和肉色等均有影响,并且影响肉的贮藏性。

5. 无机物

肌肉中含有各种矿物质,含量为 1%～2%,主要包括钠、钾、钙、镁、铁、磷、硫等元素。胴体中的钙大部分存在于骨组织中,肉中含量极微,但瘦肉中铁的含量较高。各种生肉中无机矿物质含量见表 3-4。

表 3-4　各种生肉中主要无机矿物质含量　　　　　　　　　　mg/100 g

肉种类	钠	钾	钙	镁	铁	磷	铜	锌
牛肉	69	334	5	24.4	2.3	276	0.1	4.3
羊肉	75	246	13	18.7	1.0	173	0.1	2.1
猪肉	45	400	4	26.1	1.4	223	0.1	2.4

6. 维生素

肉中脂溶性维生素含量较少,但 B 族维生素含量较多,也是人们获取此类维生素的主要来源之一。另外,动物脏器中含有大量的维生素,尤其是脂溶性维生素,如肝脏中含有较多的维生素 A。生肉和器官组织中维生素含量见表 3-5。

表 3-5　生肉和器官中维生素含量　　　　　　　　　　　mg/100 g

维生素	牛肉	猪肉	羊肉	羊肝	牛肝	猪肝	羊肾
A(I. U)	微量	微量	微量	20 000	17 000	10 000	100
B_1(mg)	0.07	1.00	0.15	0.27	0.23	0.31	0.49
B_2(mg)	0.20	0.20	0.25	3.3	3.1	3.0	1.8
尼克酸(mg)	5.0	5.0	5.0	14.2	13.4	14.8	8.3
泛酸(μg)	0.4	0.6	0.5				
生物素(μg)	3.0	4.0	3.0	41.0	33.0	39.0	37.0
叶酸(mg)	10	3	3	220	330	110	31
B_6(mg)	0.3	0.5	0.4	0.42	0.83	0.68	0.30
B_{12}(μg)	2	2	2	84	110	25	55
C(mg)	0	0	0	10	23	13	7
D(I. U)	微量	微量	微量	0.5	1.13	1.13	微量

3.3　肉在低温下的生理生化变化

低温控制是大多数肉制品加工的必需条件。肉的宰后成熟、分割、腌制、绞碎、斩拌、发酵初期等处理加工过程均需要保持低温条件,方可使物料呈现最佳的工艺特性。尤其是原料肉中,冷却、冷冻和冷藏是保证原料品质和供给的最佳方法,因此冷藏和冷冻是肉类原料生产中最重要的工艺。

3.3.1　肉的冷却和冷藏

肌肉宰后并不是立即停止所有活动,而是在几小时甚至十几天内发生各种物理变化和化学变化,这些变化受很多因素的影响。经过宰后一系列的生化过程,肌肉将逐渐转变为食用肉。研究表明,即便在低温条件下,宰后肌肉中的生化反应依然在进行,只是进行速率较常温下慢而已。因此,有必要对宰后肌肉的变化进行了解,从而有助于对宰后冷却肉的品质安全进行控制。

1. 宰后 pH 值下降和产热

活体动物在屠宰放血后,由于肌肉组织内部氧气供应停止,肌肉中的无氧糖酵解逐渐代替了有氧代谢过程,从而引起乳酸的不断积累,导致肌肉 pH 值下降,这是动物宰后最重要的变化之一。但放血后 pH 下降速率和程度受宰前管理、畜禽品种等因素的影响较大。另外,由于宰后肌肉持续的代谢作用会使肉的温度不断升高,升高的程度依代谢的产热速度和持续时间而定。因此宰后产热会导致胴体冷却速率变慢,肌肉大小和所在部位以及表面、内部脂肪的多少也会影响最终的温度升高和散热速率。此外,与屠宰操作相关的外界因素也会影响热量的散失。比如,燎毛和烫洗处理可引起胴体温度升高,从而降低散热速率,屠宰间的温度、修整时间、制冷设备的温度等均会对胴体温度的降低产生重要影响。因此,为避免温度升高对肌肉蛋白的变性作用,必须采取加快肌肉散热的措施。

2. 宰后尸僵

宰后肌肉向食用肉转化过程中发生的另一种强烈变化是肌肉的宰后僵直,原本柔软松弛的肌肉逐渐失去弹性,关节无法活动而变得僵硬。畜禽宰后僵直大体上可分为三个过程。

1) 尸僵迟滞期

宰后直到开始出现尸僵现象为止,这期间肌肉的弹性以缓慢的速度消失,称为尸僵迟滞期。畜禽死后的早期阶段,为了维持肌肉组织蛋白质的有序结构和肌肉的温度,消耗的 ATP 由糖原酵解过程和磷酸体系提供,肌肉内的 ATP 水平可维持相对较高的水平,因此没有尸僵现象发生,肌肉依然具有一定的延展性和弹性。当肌肉的磷酸肌酸体系消耗尽后,仅靠糖原酵解系统提供的 ATP 不能满足肌肉的需要,肌球蛋白和肌动蛋白逐渐结合形成肌动球蛋白,肌肉开始出现僵直。

2) 尸僵急速形成期

当肌肉内糖原耗尽或由于乳酸的蓄积使糖酵解酶系钝化,糖酵解过程无法继续供给 ATP,此时肌肉内 ATP 含量急剧减少,肌球蛋白和肌动蛋白迅速大量结合,肌肉弹性迅速消失而导致肌肉变硬。

3) 尸僵后期

肌肉在尸僵急速形成期后,维持延伸性非常小的状态的一段时间称为尸僵后期。肌肉达到最大尸僵后,肉的硬度可增加 10~40 倍。

3. 肉的解僵和成熟

当肌肉在宰后僵直达到最大限度并维持一段时间后,僵直状态逐渐解除,肉的质地逐渐变软,这一过程称为解僵。在 0~4 ℃条件下,猪肉解僵需要 2~3 天,牛肉则需要 7~10 天。

成熟(aging)是指尸僵完全的肉在冰点以上温度条件下,由于肉中的酶类所引起的乳酸、糖原、呈味物质之间的变化,使原有尸僵状态的肉变得柔软有弹性,表面微干,带有鲜肉的自然风味,味鲜而易烹调,这种变化即为肉的成熟作用。由此可见,肉的成熟过程实际上包括肉的解僵过程,两者所发生的许多变化是一致的。

肉在成熟过程中,肌肉微观结构的完整性遭到破坏,最主要的变化是 Z-线的降解,导致肌原纤维在受外力的冲击时可发生断裂,使整个肌肉松软,嫩度改善。另外,成熟过程中,肌肉的结缔组织会松散。由于结缔组织起着连接支持肌肉的作用,它的松散使整个肌肉嫩度得到改善。研究表明,结缔组织松散的原因主要在于起连接作用的交联和基质黏多糖的水解。此外,已经证明肌细胞骨架及有关蛋白的一些主要化学键被打开,某些蛋白质的水解变性即可导致僵直肌肉嫩度的改善,如肌钙蛋白 T、肌间线蛋白、肌间隙纤维、M 线蛋白等,而无须使大量蛋白水解。这些蛋白的水解破坏,将削弱肌节之间的连接、肌原纤维间的联系以及肌肉的整体完整紧凑性,这被认为是导致肌肉嫩度改善的主要原因。

肉的成熟作用与外界温度条件有着密切关系。温度低时,成熟作用缓慢;温度高时,成熟作用加快。然而,当肉的成熟作用完成后,肉中的生物化学变化将转为"自溶作用",这是肉品腐败的前奏。作为零售鲜销的肉类,应尽可能地控制成熟作用的进行,防止其过早地进入自溶阶段。因此,零售鲜肉在未出售时应尽可能地置于冷链低温中以控制成熟作用的进行。

4. 肉的腐败

自溶过程进行时,肉的 pH 反应开始趋于向中性发展,这就为各种微生物的繁殖创造了适宜的条件。当鲜肉未在低温下进行运输贮藏或贮藏温度较高、时间较长时,肉表面和环境中存在的微生物可大量繁殖从而导致肉中的蛋白质、脂类以及糖类的分解,形成各种低级产物,使肉品质发生根本性变化。

污染肉并引起肉变质的微生物主要包括两大类群。一大类群是腐生微生物,主要有:假单胞菌属、无色杆菌属、变形杆菌属、芽孢杆菌属、埃希氏杆菌属、梭状芽孢杆菌属等细菌,假丝酵母属、芽枝霉属、卵孢霉属、枝霉属、毛霉属、青霉属等真菌;另一大类群是病原微生物,如沙门氏菌、金黄色葡萄球菌、结核杆菌、布鲁氏杆菌和炭疽杆菌等,这类微生物不仅使肉发生腐败,更严重的是传播疾病,造成食物中毒。肉在任何腐败阶段,对人的健康都会产生危害。无论是参与腐败的微生物及其产生的毒素,还是腐败产生的有毒分解产物,都能影响消费者的健康。因此,为保持肉的新鲜度应注意以下两点:①肉在流通过程中应始终保持卫生,即宰前、屠宰加工、冷却、运输等环节都要注意防止肉受到污染和二次污染;②在整个流通过程中要使肉始终处在低温环境中,抑制腐败菌的繁殖。

 3-1

美召回 3 000 多吨牛肉　或受沙门氏菌污染

2018 年 10 月 4 日,美国农业部食品安全及检验局发布声明说,肉类加工企业 JBS 生产的近 700 万磅(约 3 135 吨)牛肉制品或受沙门氏菌污染,因此予以召回。声明说,召回产品为牛肉馅等加工处理过的生牛肉制品,食用或接触这些产品可能导致严重健康问题甚至死亡。

这些肉制品由巴西肉类生产巨头 JBS 的美国子公司生产,生产地点位于亚利桑那州西南部的托尔森市。此次召回产品的包装日期范围是 7 月 26 日至 9 月 7 日,销售范围涉及全美。食品安全及检验局呼吁消费者将召回产品退还给商家,烹饪生肉时也要充分加热。

食品安全及检验局在声明中说,自 9 月以来已经收到来自 16 个州 57 例沙门氏菌感染的报告,其中 8 名患者提供了购买托尔森加工厂所生产的牛肉制品的发票或其他购买证明,食品安全及检验局据此认为所涉牛肉制品或是导致食物中毒的起因。

人类感染沙门氏菌后的 12~72 h 内,通常会出现腹泻、发烧、呕吐与腹痛的症状。这些症状一般会持续 4~7 天,即使没有接受治疗,绝大多数患者也可以自行痊愈。某些状况下患者可能因严重腹泻而导致脱水,必须送医院治疗。老人、婴儿等免疫系统功能不佳的人可能会发展出严重并发症。

资料来源:美召回 3 000 多吨牛肉 或受沙门氏菌污染.新浪网,http://k.sina.com.cn/article_2011075080_77de920802000ciwd.html.

3.3.2 肉的冷冻和冻藏

1. 物理变化

经冷冻贮藏的肉在低温冻藏过程中的物理变化,主要是硬度、颜色和重量的变化。冻结肉在冷冻库中长期冷冻贮藏时,由于水分升华作用使肌肉组织变薄,肌肉纤维垂直切断时彼此容易分开,脂肪呈原颗粒状且易破碎。随着时间的延长,表面逐渐变为暗褐色,这主要是由于肌肉组织中的肌红蛋白被氧化和表面水分蒸发而使血红素浓度增加。同时,由于氧化作用,冻肉脂肪由白色逐渐变为黄色。

在冻藏过程中,冷冻库外的热量传入库内,库内温度发生波动,可引起肉表面水分蒸发或升华,使肉的重量减少。水分蒸发时重量损失多少取决于肉的肥瘦程度、冻藏条件和贮藏期限的长短。肉的肥度越高,干耗越小;贮藏温度低,相对湿度高,则干耗小;冻藏期限越长,干耗越大。经过长期保藏的冷冻肉,表面可形成一层脱水的海绵层,并产生较强的氧化作用。

2. 化学变化

冻肉在冻藏期间的化学变化主要是脂肪的氧化以及酶对蛋白质、糖原等的催化作用。冻肉在冻藏中不稳定的成分是脂肪,易受空气中的氧及微生物酶的作用而发生氧化反应。这种变化程度与冻藏温度有关。比如,猪肉在$-8\ ℃$的冷藏库中贮藏6个月后脂肪表面变成黄色并产生油腥气味,贮藏12个月后这种变化深度可达$2\sim 4$ mm,但将同样的肉放在$-18\ ℃$的冷藏库中贮藏,12个月后在脂肪上未发现变质现象。冻肉在贮藏时,蛋白质变性仍在继续。蛋白质胶体中水分外析,蛋白质的质点逐渐相互集结而凝固,致使肉的质量降低。冻肉冷库温度越高,冷藏期限越长,肉的蛋白质变性程度就会越严重。但在低温冷冻贮藏时,蛋白质的分解作用可忽略不计。冷冻肉在冻藏期间随着糖原的分解,乳酸量继续增多,使肉的pH值逐渐下降。冻藏6个月后,肉的pH值一般为$5.6\sim 5.7$。

3. 组织变化

冻肉在冻库冻藏时的组织变化与冻结条件和冻藏温度有关。肉在缓慢冷冻过程中,可在细胞组织内部和周围形成大冰晶,从而造成细胞组织的破裂,致使解冻后有多余的汁液流出。若采用快速冻结方法,则可减少由细胞破裂引起的汁液损失。在贮藏过程中,冷藏库内空气温度的波动可引起肉中水分的重结晶。当温度升高时,处于肌肉纤维中间的冰晶融化成水,随即透过肌纤维膜而扩散至纤维的间隙中。此时若温度再次降低,这部分水即在纤维间隙内重新结成冰晶,从而使原冰晶体积增大。大冰晶体具有挤压作用,导致肌纤维被破坏。当解冻时,冰晶融化成的水又不能被肉体组织吸收,而造成肉的汁液流失,这样既降低了肉的营养成分,又降低了肉的重量。为此应尽量保持冷冻库温度稳定,避免波动。

4. 微生物的变化

冻结肉在 −18 ℃ 温度条件下贮藏时,微生物生长繁殖几乎完全停止。但如果肉在冷藏前已被细菌或霉菌污染,或冷藏条件达不到要求,冻结肉的表面就会出现细菌和霉菌的菌落。尤其是在空气不流通的地方,更容易引起霉菌繁殖。对有较大面积霉菌繁殖的冻肉,必须经过化学和微生物的检验,确保无问题后,方能食用。

3.4 肉与肉制品的冷链流通

优质肉制品需要一个完整的冷链物流系统对其进行全程温度控制,以确保食品安全。这其中包括冷却肉的冷却、生畜禽装卸时的环境、鲜肉及产品的储存和运输条件等,亦即从原料到消费者之间的所有环节,要求在加工、运输、贮藏、销售流通的整个过程始终保持合适的低温条件,这种连续的低温环节称为肉品的冷链,其中任何一个环节出现问题都可能对肉的品质和安全造成不利影响。因此,完整的生产储运技术是肉与肉制品从生产到销售整个链条中确保食品安全的重要因素。

随着人们生活水平和肉类消费知识的提高和普及,冷却肉将取代热鲜肉和冷冻肉成为现代生鲜肉市场的主流。冷却是肉制品短期保存的重要手段,经冷却处理的肉一般可保存 2 周左右。若需要进一步长期保藏肉类,则需采用冷冻的方法。

本节将对肉品冷链中的低温加工、冷冻保藏、冷藏运输和冷冻销售四个方面进行介绍。

3.4.1 肉类低温加工

1. 肉类冷却工艺

目前我国肉类的冷却方法主要是冷风冷却法,即将屠宰修整后的胴体由吊轨送入冷却间,其内设有吊顶式或落地式风冷机,产生冷空气吹过肉品表面实现冷却。在冷却工艺上,我国肉类加工企业多采用一次冷却工艺。实践发现,1/4 牛胴体和猪胴体的冷却时间一般为 20 h 左右,羊胴体为 10~12 h,当肉最厚部位的中心温度达到 0~4 ℃ 时,即可结束冷却过程。部分肉类的一次冷却技术参数见表 3-6。

表 3-6 部分肉类的一次冷却技术参数

冷却过程	1/4 牛胴体		半片猪胴体		羊 胴 体	
	库温/℃	相对湿度/%	库温/℃	相对湿度/%	库温/℃	相对湿度/%
进冷却间之前	−1	90~92	−4~−3	90~92	−1	90~92
进冷却间之后	0~3	95~98	0~3	95~98	0~4	95~98
冷却 10 h	−1~0	90~92	1~2	90~92	−1~0	90~92
冷却 20 h	−1~0	90~92	−3~0	90~92		

在国际上,较为常用的是两段式冷却工艺,即在冷却开始时采用较低的温度(一般为 −10～−5 ℃),使胴体表面迅速降低至冰点附近,表面形成干膜,然后再采用一般冷却方法进行第二段冷却,冷却间温度逐步升高至 0～2 ℃,防止肉表面冻结。当肉表面温度与中心温度相等并达到 2～4 ℃时即可完成冷却,时间通常为 14～18 h。在第二段冷却过程中,冷却间空气循环速度应随温度的升高而降低。表 3-7 为猪肉白条两段快速冷却工艺的技术参数。

表 3-7 猪肉白条两段快速冷却工艺的技术参数

阶 段	质量/kg	冷却间温度/℃		冷却间平均温度/℃	冷却时间/h	终温/℃			
						猪腿		猪颈	
		初温	末温			内部	表面	内部	表面
第一阶段	55	−19.5	−15.0		5.0	17.6	−4.5	17.2	−2.0
	52/55	−18.0	−13.1		5.0	18.5	−3.8	16.4	−2.4
	52/55	−16.9	−13.3		4.0	22.6	−3.6	22.1	−1.2
第二阶段				−1.0	10.0	4.0	1.6	0.4	0.1
				−1.2	14.5	3.3	2.0	0.2	0.1

与传统冷却方法相比,两段式快速冷却工艺的特点如下。

(1) 要求冷却间的单位制冷量较大。

(2) 肉表面微生物数量较少,且由于胴体表面温度快速下降,肉干耗较少,一般比传统的冷却方法干耗降低 40%～50%。

(3) 提高了冷却间的生产能力,一般比传统冷却方法提高 1.5～2 倍。

在进行冷却操作时应注意以下事项。

(1) 冷却室放入货物前应保持清洁并进行消毒。

(2) 肉胴体应吊挂而不相互交叠,若胴体相互接触则影响冷空气流通,使冷却速率降低,甚至会导致胴体局部温度过高使肉自溶和腐败。

(3) 冷却过程中,应尽量减少开门次数和人员出入,以维持冷却条件和降低微生物污染的机会,可在冷库内安装紫外灯进行辐射灭菌。

2. 肉类冷冻工艺

肉的冷冻是肉冷却的继续,是让已降温至冰点附近的肉继续降温使其进入冻结状态。虽然在 −12 ℃时可抑制绝大多数微生物的生长繁殖,但在此温度下,肉中酶和非酶化学作用以及物理变化还无法得到有效控制,因此在实践中常采用更低的温度,企业中一般采用 −18 ℃。

冻结方法可分为慢速冻结和快速冻结两种。慢速冻结得到的肉在解冻后会导致细胞汁液的大量流失;快速冻结能在肉内形成很多小冰晶,对肌纤维细胞破坏较小。因此,快速冻结比慢速冻结能更好地恢复肉本来的性质。

在冷冻介质的选择上,一般常采用冷空气进行空气冻结,操作方式和设备与肉品冷却类似,区别在于需要采用更低的温度和更高功率的风冷机。在冻结工艺上,其也可分为一次冻结工艺和二次冻结工艺。一次冻结工艺是指将加工整理后的肉胴体不经冷却直接送入冷冻间进行冻结,但其缺点在于肉胴体易产生冷收缩现象,对冻结设备和工艺要求严格,冻藏期间的干耗较大。二次冻结工艺是将冷冻分为冷却和冷冻两个过程进行,即先将肉冷却至 0~4 ℃,再将其送入冷冻间进行冻结,这种方式需要的总冻结时间较长,冻结效率低。此外,也有人采用浸渍冻结技术进行快速冷冻,该技术是利用低温的冷冻液与肉品直接接触,在肉品浸入液体后表层瞬间冻结,从而实现快速冷冻,是一种冻结速度快、低能耗的加工技术。浸渍冻结中常用的载冷剂包括醇类、糖类和盐类的水溶液等。

肉品中的水分一般在 −2.5~−0.5 ℃时开始冻结,至 −65~−62 ℃达到完全冻结。冻结时应尽可能采用较低的温度,以减少肉中的液态水含量。在实际操作中,推荐采用 −23 ℃以下的温度,当肉中心与表面温度一致时即完成冻结。冷冻后的肉应恒定在 −18 ℃左右保藏。

3.4.2　肉类冷冻保藏

将冻结后的肉送入低温条件下的冷藏库中进行低温保藏是肉类冷加工的最终目的。在冻藏过程中,由于冻藏条件、方法和设备的不同,冻肉的品质和安全性也会发生变化。对于商品冻肉,要求解冻后肉的食用价值、外形、风味和滋味等不应发生明显改变。需要长期贮藏的肉,在放入冷冻库前应将其中心温度降低至 −15 ℃以下,冷库温度不得超过 −18 ℃,且温度应保持恒定,波动范围不超过 1 ℃。冷库湿度一般应保持 95%~98%,波动范围不超过 5%。在此条件下,肉表面和内部的微生物和酶活性均受到抑制,对于设备运行成本而言也是较为经济的选择。目前,我国一些大型储备性冷库常采用 −20 ℃的库温,以保证长期储存的肉类产品质量。部分冻藏肉与肉制品的冻藏温度和时间见表 3-8。

表 3-8　部分冻藏肉与肉制品的冻藏温度和时间

肉品种类	温度/℃	冻藏时间/月	肉品种类	温度/℃	冻藏时间/月
牛肉	−15	6~9	羊肉	−18	8~10
牛肉	−18	8~12	羊肉	−23	9~12
肉酱	−12	5~8	猪肉	−18	4~6
肉酱	−18	8~12	猪肉	−23	8~12

3.4.3　肉类冷藏运输

肉类的流通运输是联系冷链各个环节的纽带,也是现代化冷链系统的核心部分。冷链运输对硬件设备要求较高,既要保持内部环境的稳定,又要使其不受外界环境条件的影响。肉类的冷藏运输包括生鲜肉品和熟肉制品的中、长途运输和短途配送等物流环节,主要涉及冷藏汽车、冷藏船、冷藏集装箱、铁路冷藏车等低温运输工具。不同运输方式的优势见表 3-9。

表 3-9 不同运输方式的优势

运输方式	优　　势
公路冷藏运输	1. 公路网密度大于水路和铁路。 2. 公路建设成本低于铁路,又不像水路那样易受环境影响。 3. 灵活性高,不需要像铁路和水路那样进行编组、装卸、转运等。 4. 周转环节少,可实现"门到门"服务。 5. 运输周期短。 6. 运输距离短且数量少时,公路运输经济性较高
铁路冷藏运输	1. 运输量大、速度较快。 2. 安全性较高。良好的铁路冷藏车具有良好的隔热、气密性能,并设有加热、制冷和通风装置,可适应铁路沿线各个地区的条件变化,保持车内食品必需的储运条件。 3. 对于远距离、大批量货物。铁路冷藏运输经济性较高
水路冷藏运输	1. 运量大且长距离运输货物时经济性较高。 2. 对于远洋渔业,水路冷藏运输是其必不可少的运输方式。 3. 对于由水路运输的易腐食品,也需要水路冷藏运输才能保证其品质
航空运输	1. 运输速度快但成本较高。 2. 适用于运输附加值较高且质量降低较快的易腐货物,可保证产品品质,防止产品在运输途中的破损

在冷藏运输过程中,温度波动是引起肉品质量降低的原因之一,所以运输工具应具有良好的性能,既要保证足够低温,又要保持温度稳定,这在远途冷藏运输中尤为重要。

生鲜肉在屠宰、冷却和冷冻过程中,由于其自身携带和暴露于外界环境,肉表面不可避免地会带有部分微生物,若在运输过程中卫生管理不完善,将极大地影响肉的保存性。因此,对于需要长途运输的肉,应特别注意以下几点。

(1) 运输车或船内表面以及可能与肉表面接触的部分必须采用无毒、易于清洗消毒的材料制成。

(2) 运输途中,车船内温度应按照冷却或冷冻贮藏的要求维持一定的温度和湿度。

(3) 运输车或船在装卸货物时应尽可能地使用机械方式,尽可能缩短交运时间。

(4) 配备适当的装置,防止肉品与水、昆虫和灰尘等接触。

3.4.4　肉类冷冻销售

冷冻销售是肉品冷链的最后一个环节,包括各种冷链生鲜食品进入批发零售环节的冷冻贮藏和销售,它由生产厂家、批发商和零售商共同完成,是连接生产和消费的桥梁。随着大中城市各类连锁超市的快速发展,各种连锁超市成为冷链肉品销售的主要渠道。在这些零售终端中,肉品需要和消费者接触,不仅要看得见,还要摸得着,这对冷链末端的设备提出了特殊的要求,因此在销售环节需要大量使用冷藏陈列柜和冷藏库。

1. 冷藏陈列柜中货品陈列方式

冷藏陈列柜通常是指采用制冷方法为批发或零售的食品提供适宜保存环境的隔热箱体,它是肉品零售部门展示和销售产品所必需的设备。这就要求冷藏陈列柜不仅能够保证良好的制冷效果,还能够保证肉与肉制品的陈列便于消费者的选择,因此冷藏陈列柜中货物的摆放应遵循如下原则。

(1) 充分利用开放空间。

(2) 易于选择商品的设计。将最易选购商品放置于合适高度和黄金陈列区域,使畅销商品尽可能集中陈列。

(3) 充分考虑照明对产品外观的影响。柜内照明不仅应起到照明效果,而且应安装在使商品最显新鲜、诱人的位置,既能突出商品的新鲜度,又能达到引人注目的效果。

(4) 均匀的制冷效果。通过设计风幕隔绝外部空气的影响,达到柜内均匀制冷的目的。

(5) 容易产生品质差异的商品必须批进批出,维持排面商品品质的一致性。

2. 冷藏陈列柜的陈列温度

冷藏陈列柜作为冷链的最后环节,如果不能对温度形成有效控制,前面所有环节的努力都将白费。不同肉品所需的温度环境不同,要保证肉品品质,需要根据产品的形态和保藏温度选择合适的陈列温度。

通常来讲,生鲜肉类适宜保藏的温度为$-2 \sim 2\ ℃$。生鲜肉类虽然色泽鲜艳,品质较好,但是货架期短,不适合长期陈列销售。生鲜肉类销售时一般采用卧式冷藏陈列柜,可使消费者通过近距离观察来判断生鲜肉的品质。

对于冷冻肉,适宜的保存温度为$-20 \sim -18\ ℃$。当冷藏陈列柜温度较高时,产品的部分解冻会引起肉品的挤压变形,甚至可能导致产品的物理、化学变化和微生物的腐败变质;当冷藏陈列柜温度较低时,部分肉品可能会发生干耗增大,氧化程度增大,影响产品的口感和安全性,此外还会增加不必要的能耗,成本上升。表3-10 为美国采暖制冷空调工程师协会推荐的常见肉制品的陈列温度。

表3-10 美国采暖制冷空调工程师协会推荐的常见肉制品的陈列温度

肉制品种类	陈列方式	最低温度[1]/℃	最高温度/℃
无包装肉(封闭陈列)	陈列区[2]	2	—
熏肉	多层	0	1
带包装肉(敞开陈列)	单层	−4.5	−3.5
	多层	−4.5	−3.5
冻结肉[3]	单层	—	−25
	多层(敞开陈列)	—	−23.5
	玻璃门陈列柜	—	−21

注:1. 在送风口处测得的温度,温度计不与商品接触。

2. 无包装新鲜肉只陈列在封闭式冷藏陈列柜中。放入前应先将其冷却到2 ℃,且柜内温度应保持在该温度以下。依生产厂家不同,柜内温度稍有变化。

3. 对冻结肉品来说,最低温度不是关键,最高温度才是影响产品品质的最主要因素。

冷冻肉＝僵尸肉？关于冷冻肉的几点疑问

什么是冷冻肉？现实生活中，我们能买到的肉基本有三种：热鲜肉，冷鲜肉，冷冻肉。其中，冷冻肉指的是屠宰后经过－25 ℃以下快速冻结，然后在－18 ℃以下环境中贮藏、运输和销售（冻结状态）的肉。虽然冷冻肉由于长期处于冷冻状态，水分容易挥发，肉纤维变粗，口感会打一点折扣，但其安全性高和储存期长等特点也是值得肯定的。

关于冷冻肉的几点疑问：

(1) 冷冻肉没营养？吃肉主要是补充蛋白质与铁等矿物质，而冷冻肉在解冻一次后，这两种营养成分与其他两种肉差别并不大。此外，冷冻肉解冻导致的营养流失，尤其是B族维生素损失，与日常烹调对营养的损失相比，是可以忽略不计的。

(2) 冷冻肉质量缺乏保障？规模化生产的冷冻肉，有一套严格的生产规范和安全标准，外包装上的食品标签，也会对生产厂家与产品信息都有明确标示。冷冻肉是经屠宰分割后，直接放入低于－18 ℃的冷冻库里。这样有利于抑制绝大多数微生物的生长繁殖，同时也可延缓许多不利的化学反应。因此，选择正规工厂生产且正规途径购买的冷冻肉，安全方面是有保障的。

(3) 冷冻肉口感太硬？冷冻肉口感差，可能和反复冻融有关。特别是部分商家为了省电，断电导致冻肉反复冻融，破坏了肉的口感、风味和安全。肉的冷冻过程中，细胞中的水会结成小冰晶，破坏了肉的细胞结构。反复冻融，致使水分大量流失，肉的表面形成许多小空洞，使得肉吃起来又干又柴。所以，冷冻肉不好吃，可能真不是它的错。

资料来源：冷冻肉＝僵尸肉？肉在冰箱到底可以放多久？中国互联网联合辟谣平台（中央网信办违法和不良信息举报中心），https://www.piyao.org.cn/2020-11/05/c_1210872721.htm.

3.5 肉与肉制品的品质劣变与控制

3.5.1 低温肉品的异常现象

1. 冷鲜肉

在冷鲜肉生产过程中，由于贮藏温度相对于冷冻处理较高，尚无法完全抑制微生物的生长，同时冷鲜肉销售周期较短，因此，生物因素——微生物污染是造成冷鲜肉质量下降的主要原因，而物理因素和化学因素对冷鲜肉的品质影响较小。刚屠宰的健康动物内部组织没有细菌，但在冷却、排酸、运输和零售等过程中，鲜肉不可避免地与环境中的各种微生物相接触。鲜肉中含有丰富的营养成分，并且水分活度很高，是微生物生长、繁殖的理想培养基，若冷链温度控制不当，微生物会在短时间内大量繁殖，从而引起腐败变质甚至引起食源性疾病，其中在屠宰分割过程微生物污染概率最大。因此，采用规范的操作规程、改善加工环境的卫生可有效抑制有害微生物的生长，延长货架期，保证冷鲜肉的安全质量。

微生物的大量生长繁殖不仅使肉的感官性质诸如颜色、风味和质地等发生恶化,同时破坏了肉的营养价值,而且会产生大量毒素,引起食品腐败和安全问题。冷鲜肉常见的异常现象主要包括以下几种。

1) 表面发黏

肉品表面发黏的主要原因在于吊挂冷却时,胴体间密度过大,相互接触导致通风不良,从而引起假单胞菌、明串珠菌、无色杆菌、细球菌等的繁殖,并在肉品表面形成黏液样的物质,手触有黏滑感,同时伴有陈腐气味。发黏肉若发现较早,无腐败现象,则清洗或分割修整后即可食用,但若发生腐败现象则不能食用。

2) 发霉

霉菌可在肉品表面生长形成白色或黑色斑点。白色斑点主要是由白色分枝孢霉菌引起的,菌落直径 2~6 mm,这种白点多在肉表面,擦拭后不留痕迹。黑色斑点是由蜡叶芽枝霉菌引起的,菌落直径 6~13 mm,这类菌落可深入肉内部达 1 cm,不易抹去。其他如青霉、曲霉、毛霉等也可在肉表面生长,形成不同大小和颜色的霉斑。已发霉的肉若无腐败现象,除去表面霉层后可供食用;若霉菌已深入肉内层,可将霉变部分剔除后立即加工食用;若霉菌繁殖使肉出现明显的霉败气味或腐败特征,则应予废弃无害化处理,不得食用。

3) 变色

肉中微生物的生长繁殖在引起肉品腐败的同时,也可造成肉的变色。冷却肉中的好氧性微生物主要有假单胞菌属的一些细菌、无色杆菌等,它们在对数生长期时大量增殖,使肉表面的氧分压降低,促进了高铁肌红蛋白的形成,使肉变质的同时也使肉表面变色。除了细菌引起的冷却肉表面变色外,一些细菌在生长繁殖过程中的副产物会氧化肌红蛋白中的铁原子,并结合在血红素中的自由结合位点而使冷却肉变色。最常见的细菌副产物为硫化氢和过氧化氢,它们与不稳定的肌红蛋白结合,分别生成硫肌红蛋白和胆绿蛋白而使肉变色。

2. 冷冻肉

肉冷冻后,肉中微生物的生长繁殖受到抑制,部分微生物由于其本身的水分被冻结,破坏了菌体结构从而失去活力。但是低温对微生物的致死作用较小,特别是一些耐低温的微生物,往往在温度和水分条件适宜的时候,又可在肉上恢复生长繁殖能力,使冷冻肉品出现异常现象。冷冻肉常见的异常现象主要包括以下几种。

拓展阅读 3.1 家中冷冻肉也有保质期

1) 异味

异味是指除腐败以外的污染气味,如鱼腥味、脏器味、氨味、汽油味等。如异味较轻,修割后进行煮沸试验,若无异常气味者可供熟肉制品原料。

2) 脂肪氧化

凡畜禽生前健康状况不佳、加工场所卫生不良、冻肉存放过久或日光照射均可使脂肪变为淡黄色。低温时脂肪也可发生缓慢氧化,当产生酸败气味时表明脂肪氧化程度较为严重。如氧化仅限于表层,可将表层削去后熬工业用油,深层经煮沸试验无酸败者可供加工食用。

3）变色

肉的色泽变化除一部分是由于生化作用外,常常是某些细菌所分泌的水溶性或脂溶性色素的结果,这些细菌包括假单胞菌、产碱杆菌、明串珠菌、变形杆菌等。变色的肉若如无腐败现象,可清除和修割后加工食用。

4）发光

在冷库中常见肉上有磷光,这是由一些发光杆菌引起的。肉表面有发光现象时,一般无腐败菌生长,一旦有腐败菌生长,磷光便消失。在鸡肉上有时也会出现荧光,常促使假单胞菌、产碱杆菌、黄色杆菌等产生混合荧光。发光的肉经卫生消毒后可供食用。

5）干枯

冻肉存放过久,特别是反复冻融,肉中水分丧失,可使肉表层色泽深暗,形成一层脱水的海绵状表层。轻度干枯的肉,可去除表面干枯部分后食用,但干枯严重者味同嚼蜡,营养价值极低,无法食用。

3.5.2 肉与肉制品的品质控制

对于冷链中鲜肉和冻肉的品质控制,已有国家标准《鲜、冻肉生产良好操作规范》(GB/T 20575—2019)予以规范和说明,该标准针对冷链中鲜、冻肉生产的选址及厂区环境、厂房和车间、设施与设备、生产原料要求、检验检疫、生产过程控制、包装、储存与运输、产品标识、产品追溯与召回管理、卫生管理及控制、记录和文件管理等方面进行了要求。此外,对于各环节中肉品品质、微生物、兽药、重金属等方面的含量要求和检测方法也可参见相关国家标准,如《食品安全国家标准 肉和肉制品经营卫生规范》(GB 20799—2016)、《食品安全国家标准 熟肉制品》(GB 2726—2016)、《食品安全国家标准 食品微生物学检验 肉毒梭菌及肉毒毒素检验》(GB 4789.12—2016)、《食品安全国家标准 肉及肉制品中双硫磷残留量的检测方法》(GB 23200.80—2016)等。本节仅介绍肉与肉制品品质控制的一些基本原则。

拓展阅读 3.2 肉与肉制品的品质控制相关标准

1. 原料品质控制

肉品原料的性质与产品的质量和安全性有密切关系。肉品原料可以是鲜肉、冻肉或初步加工的产品,但都要保证在不受污染、不变质的条件下短期储存。对加工需要的原料要进行认真筛选,必须使用外观好、鲜度高、品质优的原料。原料肉除应满足一定的感官和理化质量标准外,还应重点关注肉品的微生物状况:通常规定鲜肉的菌落总数检出值不得大于 10^6(CFU/g),大肠菌群不得超过 10^4(MPN/100 g);冻肉的菌落总数检出值不得大于 10^5(CFU/g),大肠菌群不得超过 10^3(MPN/100 g),沙门氏菌和腹泻性大肠杆菌不得检出。

2. 前处理控制

对于肉品原料,在冷却和冷冻前都要进行前处理,包括除内脏、放血、洗净、选择分类等。为了保证原料的品质,肉类原料必须处在半解冻状态下进行前处理,且处理后温度仍需保持在－5～－3 ℃。

在前处理以及整个肉品冷链的各个环节,除应考虑所选设备能否完成加工任务、设备的效率、清洗维护的难易程度之外,还要考虑设备的卫生安全设计。如斩拌后的肉糜很容易携带微生物,在贮藏期间很容易发生微生物腐败变质,因此肉品的前处理必须设有冷却装置,以将肉品的温度保持在 10 ℃ 左右。此外,不合格或设计存在缺陷的设备也容易导致产品的微生物污染。比如,设备结构缺陷或材料选择不当引起的清洗困难,部分管件(如阀门、弯头、泵等)的不合理设计和安装造成的卫生死角等。

在屠宰、清洗等加工过程中,水质管理至为重要,所有的加工用水都必须符合生产用水的基本要求。水质的好坏对肉品的保藏性影响很大,可影响肉品的物理、化学变化进而影响到产品的色香味和营养价值。生产用水在使用前可根据需要进行消毒、杀菌处理和调整 pH 值。生产过程中,水压和流量的调节,清水及污水输送设备等的卫生也是重要的控制内容。

3. 生产过程中的品质控制

在肉品冷链中,主要对冷冻肉进行品质控制。前已述及,冷冻速度是影响冻肉的关键因素。肉经冷冻后,品质多少会有所降低,主要原因在于肉中的蛋白质在冻结过程中会发生变性,采用快速冻结或深度冻结的方法可有效降低这种影响,操作时应确保肉品尽快地通过－5～－1 ℃ 温度范围的冰晶生成带。

4. 冷冻肉品的包装和控制

冷链中肉品包装对产品品质的影响不可忽视。合格的包装既可减缓肉品在装卸、销售过程中与外界环境的能量交换,又可通过一定的包装强度使肉品在贮藏、运输中免受机械损伤,还可隔绝外界环境对产品的污染、串味、脱水的影响。

对于包装材料,可采用塑料袋包装,兼用纸箱外包装,所有包装材料还应满足规定的卫生安全标准。在包装操作时,应保证包装材料无异物、灰尘和异味。包装结束时,应再次检查有无异味传递给产品。同时,还应经常对包装机械进行检查,如制造时间的印记状况、封印状况、密封效果等。

冷冻肉品的包装的原则如下。

(1) 应采用较高质量的包装材料和储存容器包装冷冻肉品,防止产品变质,同时也要保证产品运输和储存过程中产品的完整性。

(2) 包装编码应该能够有效辨识产品。

(3) 外部储存容器的标签应易于撕下,使容器可循环利用。

(4) 储存容器外部应标明"－18 ℃ 储存或温度更低"。

5. 冷藏、运输和销售环节控制

1) 冷藏控制

肉品冷藏库应确保有足够的库存容积和能维持低温的制冷设备,从而保证肉品在运进运出高峰的情况下持续维持一定的低温。在冻品储存区域应安装至少两个经校准的测温仪器,记录库内各个区域的温度,及时发现温度异常的区域并进行调整。另外可在冷库中安装报警设备,当冷冻库温度异常或制冷系统出现故障时自动启动,从而提高制冷设备的反应速度。

2) 运输控制

为保证肉品品质,运输冷冻产品的车辆应满足以下要求。

（1）车辆货物仓内应保持干净,不应有污物、肉屑、血水、异味或其他能够引起产品变质的物质。

（2）货物仓应进行良好的结构设计,采取绝缘措施,装备具有足够制冷能力和空气输送的设备以维持货仓内温度处于 $-18\ ℃$ 或以下。

（3）货舱内安装温度监控器和报警器,实时显示舱内温度变化并及时采取措施。

（4）运输货仓的6个面应安装合适的空气循环通道。

3) 销售控制

冷冻肉品一旦卸载,应立即送入冷藏室或者零售展示柜中。为保证产品的安全性和应有的品质,应在销售环节实施低温控制。冷冻肉品应在低温陈列柜中出售,温度控制在 $-15\ ℃$,在实际运行中允许陈列柜内的温度有短暂的升高,但不能高于 $-12\ ℃$。货物的周转应该遵循"先进先出"的原则,新放进的产品应该放在出口货架的下面,如果是竖直布置的展示架,应将其放在展示架的后部。当发生不同程度的电路供应故障时,销售商应该参考生产厂商的建议来管理和销售陈列柜内的冷冻产品。负责仓库的工作人员应该了解肉品的管理要求、卫生处理程序以及在出现设备故障或者产品损坏情况下的紧急处理步骤。

【本章小结】

根据不同处理方式可将肉与肉制品大致分为以下四类:热鲜肉、冷却肉、冷冻肉和肉制品。畜禽在屠宰后,肌肉向食用肉转化过程中将发生一系列变化,包括:宰后pH值下降和产热;宰后尸僵;肉的解僵和成熟;肉的腐败等。其中,肉的成熟是指尸僵完全的肉在冰点以上温度条件下,由于肉中的酶类所引起的乳酸、糖原、呈味物质之间的变化,使原有尸僵状态的肉变得柔软有弹性,带有鲜肉的自然风味,味鲜而易烹调的过程。肉在冷冻和冻藏中的变化主要包括物理变化、化学变化和微生物引起的品质和安全性变化。肉品的冷链主要指从原料到消费者之间的所有环节,要求在加工、运输、贮藏、销售流通的整个过程始终保持合适的低温条件。冷鲜肉常见的异常现象主要包括:①表面发黏;②发霉;③变色。冷冻肉品出现的异常现象有:①异味;②脂肪氧化;③变色;④发光;⑤干枯等。

【本章习题】

一、名词解释

1. 宰后僵直
2. 肉的成熟

3. 冷冻干耗

4. 冷收缩

5. 肉品冷链

二、简答题

1. 肉类的蛋白质包括哪些？

2. 肉品在冷却和冷冻时会发生哪些变化？

3. 低温肉制品的异常现象有哪些？

三、论述题

根据本章所学内容，论述如何控制冷链中鲜肉和冻肉的品质。

【即测即练】

第 4 章

乳与乳制品

【本章导航】

本章主要介绍乳的概念和基本性质;乳制品的分类和生产工艺;乳的污染和检验。最后介绍了乳制品的低温保藏和冷链流通。

保障乳品"新鲜",听听他们的举措——"乳品原料供应与冷链物流现代化论坛"

奶源是保障乳制品质量安全的基础,只有原料乳质量好,才能生产出好的乳制品。"乳品原料供应与冷链物流现代化论坛"于 2019 年 9 月 1 日在河北正定召开。中国乳制品工业协会奶源基地建设委员会副主任、国际乳品联合会(IDF)中国国家委员会牧场管理工作委员会特聘专家邓荣臻指出,在经历了"市场为王""奶源为王"两个阶段后,中国奶业已经迈进第三阶段"供应链为王",这是本次论坛举办的原因,也是行业首次聚焦乳业全产业链,从供应链、冷链和物流等方面充分进行经验交流。中国乳制品工业协会副秘书长刘超在发言中谈到,目前,各大乳企充分看到奶源的重要性,或参股,或独资,大力发展规模饲养,大力发展自有奶源,从牧草饲料种植、奶牛饲养到乳制品加工,实施全产业链管理新模式,使原料乳的质量安全得到了很好的保障,大有"得奶源者得天下"之势。从国家市场监督管理总局国家抽检结果得知,我国生鲜乳质量水平已达到世界先进水平,我们的生鲜乳、乳制品合格率都保持着相当高的水平。刘超副秘书长还强调,我们也应看到,中国奶业在冷链物流、运输设施等方面还需进一步完备。2019 年 8 月 16 日,国务院办公厅也发布了 42 号文,即《国务院办公厅关于加快发展流通促进商业消费的意见》,提出加快农产品冷链物流,完善农产品流通体系。

资料来源:保障乳品"新鲜",听听他们的举措——"乳品原料供应与冷链物流现代化论坛"召开。乳业时报,https://www.sohu.com/a/338112203_796172.

4.1 乳的基本概念及物化特性

4.1.1 乳的基本概念

原料乳,广义上通常指的是生乳、还原乳和复原乳;狭义上指的是生乳,即哺乳动物分娩后从乳腺分泌的一种乳白色或微黄色的不透明液体。《食品安全国家标准 生乳》

(GB 19301—2010)将"生乳"定义为:"从符合国家有关要求的健康奶畜乳房中挤出的无任何成分改变的常乳。"生乳具有乳固有的香味,无异味。它含有幼儿(畜)生长发育所需要的全部营养成分,是哺乳动物出生后最适于消化吸收、利于生长发育的全价食物。

采用一定的加工方式即可将原料乳制成乳制品。乳制品是指以牛乳或羊乳及其加工制品为主要原料,加入或不加入维生素、矿物质和其他辅料,使用法律法规及标准规定所要求的条件,经加工所得的产品。乳制品的种类非常丰富,可满足不同人群的营养需求,如婴幼儿配方乳粉、中老年成人奶粉等。

乳按照来源分为牛乳、羊乳、马乳等,按照分泌时间分为初乳、常乳、末乳,按照加工性质分为正常乳和异常乳。通常所说的乳即是正常乳,它的化学组成和性质都比较稳定,是乳制品生产的主要原料,其质量应该符合《食品安全国家标准 生乳》(GB 19301—2010)的要求。当乳牛受到疾病、气温及其他各种因素的影响时,乳的成分和性质会发生变化,这种乳称为异常乳,不适于生产优质的乳制品。异常乳可分为生理异常乳(如营养不良乳、初乳、末乳)、化学异常乳(如低酸度酒精阳性乳)、微生物异常乳、病理异常乳(如乳房炎乳)及人为异常乳(掺水或添加防腐剂等的乳)。

4.1.2 乳的物化特性

乳的主要物化特性包含光学性质、热力学性质、电学性质、流变学性质、酸度、密度和相对密度、滋味和气味、表面张力、渗透压等,具体参数见表 4-1。

表 4-1 乳的主要物化特性

物 化 性 质	参 数	单 位
折射率	1.344~1.348	nD^{20}
沸点	100.55	℃
比热容	3.931	kJ/(kg·K)
冰点	−0.560~−0.500	℃
电导率(25 ℃)	0.004 0~0.005 0	S/cm
氧化还原电势(25 ℃,pH 值 6.6)	0.23~0.25	V
黏度	0.001 5~0.002	Pa·s
滴定酸度	牛乳 12~18 羊乳 6~13	°T
密度(20 ℃)	1 030	kg/m³
相对密度(20 ℃)	1.027	—
表面张力(20 ℃)	0.046 0~0.047 5	N/m
渗透压	700	kPa

1. 乳的光学性质

正常新鲜的牛乳呈不透明的乳白色或淡黄色。乳中酪蛋白酸钙—磷酸钙胶粒及脂肪球等微粒对光的不规则反射使牛乳呈乳白色。乳略带淡黄色是因为牛乳中含有脂溶性胡萝卜素和叶黄素。水溶性的核黄素使乳清呈荧光性黄绿色。牛乳的折射率由于有溶质的存在而比水的折射率大,但在全乳脂肪球的不规则反射的影响下,不易正确测定。由脱脂乳测得的折射率较准确,为 1.344~1.348,此值与乳固体的含量有一定比例关系,可用于判定牛乳是否掺水。

2. 乳的热力学性质

(1) 沸点:101.33 kPa(1个大气压下)牛乳的沸点为100.55 ℃,乳的沸点受其固形物含量的影响,如在浓缩过程中,水分不断减少,固形物含量不断增高,沸点不断上升。浓缩到原体积一半时,沸点上升到101.05 ℃。

(2) 比热容:牛乳的比热容是牛乳中含各成分比热容的总和。在各种乳品生产过程中,乳与乳制品的比热容常用于加热量与制冷量的计算,对加热机械的设计和燃料的节省都有重要的作用。各种乳制品的比热容见表 4-2。

表 4-2 各种乳制品的比热容　　　　　　　kJ/(kg·K)

乳 制 品	比 热 容	乳 制 品	比 热 容
牛乳	3.94～3.98	稀奶油	3.68～3.77
炼乳	2.18～2.35	干酪	2.34～2.51
加糖乳粉	1.84～2.01		

(3) 冰点:牛乳的冰点一般在-0.560～-0.500 ℃范围内。导致牛乳冰点下降的主要因素是牛乳中含有的乳糖和盐类。正常的牛乳中乳糖和盐类的变化很小,所以冰点较为稳定。如果在牛乳中掺水,会导致冰点升高,而酸败的牛乳冰点则会下降。另外,杀菌与贮藏条件对乳的冰点也有影响。

3. 乳的电学性质

(1) 电导率(γ):乳中因溶解有电解质而能导电,但乳并不是电的良好导体。牛乳的电导率与所含有的氯离子和乳糖的含量有关。正常牛乳在 25 ℃时,电导率为 0.004～0.005 S/cm。电导率会上升是因为乳中 Na^+、Cl^- 等离子增多,若电导率超过 0.06 S/cm,则可认定为患病牛乳。将牛乳煮沸时,由于 CO_2 消失、磷酸钙沉淀,电导率会降低。乳在蒸发过程中,干物质浓度在36%～40%时电导率增高,此后又逐渐降低。因此,在生产中可利用电导率来检查乳的蒸发程度。

(2) 氧化还原电势(Eh):乳的 Eh 取决于乳中所含物质的种类及性质,即氧化型或还原型物质的含量和比例。乳中含有很多具有氧化还原作用的物质,如维生素 B_2、维生素 C、维生素 E、酶类、溶解态氧、微生物代谢产物等。Eh 可反映乳中进行的氧化还原反应的趋势和强度,一般牛乳的 Eh 为 0.23～0.25 V。乳的 Eh 直接影响着乳中微生物的生长以及乳成分的稳定性。如果牛乳受到微生物的污染,氧的消耗和还原性代谢产物的产生,可使 Eh 降低。因此,Eh 可用于指示乳受到微生物的污染程度。

4. 乳的流变学性质

牛乳大致可认为属于牛顿流体。正常乳的黏度为 0.0015～0.002 Pa·s,牛乳的温度越高,黏度越低。黏度会随着含脂率、乳固体含量的升高而升高,初乳、末乳的黏度都比常乳高。在加工中,黏度受到杀菌、脱脂、均质等操作的影响,同时黏度也会影响乳制品的加工。比如,在生产乳粉时,黏度过高可能影响喷雾干燥,产生雾化不完全及水分蒸发不良等现象,因此为保证雾化充分需要控制适当的黏度;生产甜炼乳时,黏度过低可能发生分离或糖沉淀,黏度过高则可能发生浓厚化。

5. 乳的酸度

乳的酸度是反映牛乳新鲜度和热稳定性的重要指标,乳的酸度越高,新鲜度越低,热稳定性越差。乳的酸度包括固有酸度和发酵酸度,两者之和为总酸度。固有酸度是指刚挤出的新鲜乳的酸度,主要由乳中的蛋白质、柠檬酸盐、磷酸盐及 CO_2 等酸性物质所造成,与贮存过程中因微生物繁殖所产生的酸无关。发酵酸度是由于挤出的乳在微生物的作用下,发生乳酸发酵,导致乳的酸度逐渐升高。一般以标准碱液滴定法测定的滴定酸度来表示乳的酸度,也可用吉尔涅尔度(°T,TepHep)或乳酸百分率(乳酸％)来表示滴定酸度。其中,乳酸(％)=°T×0.009。

6. 乳的密度和相对密度

《食品安全国家标准 食品相对密度的测定》(GB 5009.2—2016)中,规定了生乳相对密度的测定方法。20 ℃时,常乳的密度和相对密度分别为 1.030 kg/m^3 和 1.027 kg/m^3。乳的密度是由乳中所含各种成分的量所决定的,乳中各种成分的量有一定变动幅度,但总体上较稳定,所以乳的密度比较稳定,可以作为评定生乳成分是否正常的指标之一。

7. 乳的滋味和气味

新鲜纯净的乳由于含有乳糖而稍带甜味,乳糖甜度约为蔗糖的 1/6。乳也会因为含有氯离子而稍带咸味,一般咸味会被其他成分调和而不易察觉,但是异常乳中氯离子含量较高,所以咸味很重。乳中的苦味主要来自 Mg^{2+}、Ca^{2+},酸味由柠檬酸及磷酸所产生。此外,乳中含有挥发性脂肪酸及其他挥发性物质,由此产生了乳制品特定的风味。牛乳除了原有的风味,很容易受外界因素影响吸收各种气味,如牛舍中的牛粪味和饲料味、贮存器的金属味、消毒温度过高产生的焦糖味等。因此,乳制品的每一个加工过程都必须注意周围环境的清洁以及各种因素的影响。

8. 乳的表面张力

在 20 ℃时,牛乳的表面张力为 0.046 0~0.047 5 N/m。牛乳温度上升时表面张力降低,牛乳含脂率减少时表面张力增大。乳经均质处理后,脂肪球的表面积会增大,由于表面活性物质吸附于脂肪球界面处,因而增加了表面张力。但如果不将脂肪酶先经热处理而使其钝化,均质处理会使脂肪酶活性增加,乳脂水解生成游离脂肪酸,导致表面张力降低。牛乳的表面张力还与起泡性有关。在加工冰淇淋时希望产生浓厚而又稳定的泡沫,而在运送、净化及杀菌时则不希望形成泡沫。另外,牛乳的表面张力与乳浊状态、微生物的生长发育及风味等有密切关系,测定表面张力可以鉴别乳中是否混有其他添加物。

9. 乳的渗透压

牛乳的合成起源于血液,乳和血液被一个渗透膜所分离,因此两者具有相同的渗透压。牛乳的渗透压非常恒定,总渗透压由如下几部分组成:乳糖(约 303 kPa)、氯化钠

(133 kPa)和其余盐类(242 kPa)。渗透压取决于分子或粒子总数,与溶质重量无关。在一定重量下,粒子越小,渗透压越大。

4.2 乳的主要成分及营养特性

4.2.1 乳的主要成分

原料乳的成分复杂,多达几百种,主要包括蛋白质、乳脂质、碳水化合物、水分、无机盐和维生素、酶类、气体等。这些成分易于被人体消化吸收,为人体提供能量和营养,使得乳成为理想的天然食品之一。表 4-3 所示是不同来源的乳的总成分比较。

表 4-3 不同来源的乳的总成分比较

来源	含量百分比/%				
	蛋白质	脂质	水	乳糖	盐类
人	1.0	4.5	87.1	7.1	0.2
奶牛	3.2	3.9	87.3	4.6	0.7
水牛	3.8	7.4	82.8	4.8	0.8
牦牛	5.8	6.5	82.7	4.6	0.9
山羊	3.2	4.5	86.7	4.3	0.8
绵羊	4.6	7.2	82.0	4.8	0.9
马	2.5	1.9	88.8	6.2	0.5
驴	2.0	1.4	88.3	7.4	0.5
猪	4.8	6.8	81.2	5.5	1.0

1. 蛋白质

蛋白质是乳与乳制品中最重要的成分之一。乳中含有 3.0%~3.5% 的含氮化合物,其中 95% 是乳蛋白质,在乳中含量为 2.8%~3.8%。另外,还有约 5% 的非蛋白态含氮化合物,如氨、游离氨基酸(如酪氨酸、色氨酸和胱氨酸)、尿素及嘌呤碱等。牛乳中的蛋白质主要是酪蛋白和乳清蛋白(表 4-4),还含有少量的脂肪球蛋白。

表 4-4 牛乳中主要的蛋白质的特征

蛋白种类		性质	蛋白质	相对分子质量	乳中含量 /(g·L^{-1})
总蛋白 (100%)	酪蛋白 (80%~82%)	pH4.6 时沉淀,不同蛋白的区别在于磷的含量	αs1-酪蛋白	23 164	10
			αs2-酪蛋白	25 388	2.6
			β-酪蛋白	23 983	9.3
			κ-酪蛋白	19 038	3.3
	乳清蛋白 (18%~20%)	粒子水合能力强,分散度高,在 pH4.6 时不会沉淀	α-乳白蛋白	14 175	1.2
			β-乳球蛋白	18 277	3.2
			牛血清白蛋白(BSA)	66 267	0.4
			免疫球蛋白	1 430 000~103 000	0.8

乳中含有的丰富蛋白质可以被酶、酸或碱水解,水解的中间产物为胨、肽等,最终产物为氨基酸,包括构成蛋白质的 20 种基本氨基酸,其中缬氨酸、异亮氨酸、苯丙氨酸、亮氨酸、色氨酸、苏氨酸、赖氨酸和蛋氨酸 8 种氨基酸人体不能自身合成,必须依靠膳食摄取,被称为必需氨基酸。乳中不仅含有蛋白质水解成的氨基酸,也含有一些游离氨基酸,对人体有重要作用如增强新陈代谢。

2. 乳脂质

乳中含有乳脂质,97%～99%是乳脂肪,约 1%是磷脂和少量的固醇、游离脂肪酸、脂溶性维生素等。牛乳中的脂肪含量在 2%～8%,除去脂肪后,乳的其余部分称为乳浆。乳脂质中主要含有短链脂肪酸(少于 8 个碳原子的脂肪酸),也含有一些 10～14 个碳原子的脂肪酸,包括豆蔻酸和庚酸。牛乳中的长链脂肪酸主要是不饱和脂肪酸,如亚油酸、亚麻酸和花生四烯酸,这三种脂肪酸人体自身不能合成,只能来源于膳食乳制品的补充,因此称为必需脂肪酸。乳脂肪是牛乳中主要的能量成分,影响乳与乳制品的许多物理特性、加工特性和感官特性。乳脂肪主要由甘油三酯组成(98%～99%),并含有少量的甘油二酯、甘油单酯和类脂物,如磷脂、胆固醇和甾醇等。乳脂肪是组成和结构最复杂的脂类化合物,固态脂肪和液态脂肪共存,因此具有较大的熔点范围(−40～37 ℃),5 ℃以下呈固态,5～11 ℃呈半固态。乳脂肪易受光、空气中氧、热、金属铜、铁的作用而氧化,从而产生脂肪氧化味。

乳脂肪是中性脂肪,不溶于水,以微小脂肪球状态分散于乳浆中,呈水包油(O/W)型乳浊液,对牛乳的风味起重要作用。脂肪球表面被脂肪球膜包裹着,使脂肪保持稳定的乳浊液状态。脂肪球膜由磷脂、蛋白质固醇、维生素等复杂的化合物组成,膜的内侧为磷脂层,疏水基朝向脂肪球在中心,亲水基朝向乳浆,并连接着具有强大亲水基的蛋白质,构成膜的外层(图 4-1)。乳在静置时,脂肪球逐渐上浮形成稀奶油层,经过均质处理,脂肪球的平均直径变为 1～2 μm,此后乳可长时间保持不分层。

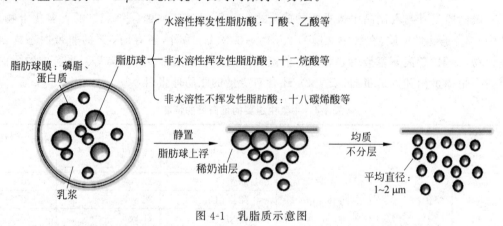

图 4-1 乳脂质示意图

3. 碳水化合物

1) 乳糖

乳糖是乳中的主要碳水化合物,也是乳中特有的糖类,其他动植物的组织中不含有乳糖。乳糖是乳固形物中质量分数最大的一种成分,在牛乳中约占 4.5%,占总干物质的 38%～39%。乳糖作为一种有益的膳食能源,可以促进食物中钙的吸收,是婴幼儿及动物幼崽哺乳期的主要糖原。乳糖经乳糖酶的水解形成半乳糖后才被吸收,半乳糖对初生婴儿很重要,是形成脑神经中糖脂质的主要来源,因此有利于婴儿的脑神经发育。乳糖是一种还原糖,在某些情况下,它可与游离氨基酸发生美拉德反应。该反应的显著特点是褐变,引起乳的风味缺陷。在反应初期,必需氨基酸如赖氨酸与乳糖反应,会使乳的营养价值大大降低。

然而,对于缺少乳糖水解酶的人群而言,在摄入乳糖后,未被消化的乳糖可直接进入大肠,刺激大肠蠕动,出现腹鸣、腹泻等症状,称为乳糖不耐受症。食用酸奶、低乳糖牛奶可以减缓乳糖不耐受症。在乳制品加工中利用乳糖酶,将乳中的乳糖分解为葡萄糖和半乳糖,或利用乳酸菌将乳糖转化为乳酸,不仅可以预防乳糖不耐受症,还可以提高乳糖的消化吸收率。

2) 其他糖类

除了乳糖,牛乳中还有其他糖类如葡萄糖、半乳糖、低聚糖等。牛乳中的葡萄糖含量为 20～150 mg/100 mL,会随泌乳期延长以及乳牛年龄增长而增加。在生产乳制品时,葡萄糖有时会作为碳水化合物而添加到产品中。牛乳中的半乳糖含量为 0.1 g/L。通常乳糖含量较低的牛乳中低聚糖的含量较高,但人乳中乳糖和低聚糖含量都较高。牛初乳和常乳中低聚糖含量分别为 2.5 g/L 和 1 g/L。

4. 水分

水分是乳中的主要组成部分,占乳总成分的 85.3%～88.7%,可分为自由水(也称游离水)、结合水、膨胀水和结晶水。其中,自由水占乳中总水分的 95%～97%,结合水占 2%～3%。自由水具有常水的性质,可溶解矿物质和气体,也能被微生物充分利用。结合水以氢键与蛋白质、乳糖或盐类结合而存在,无溶解其他物质的特性,在自由水结冰的温度下也不结冰。结合水在乳品生产中很难被除去,如在生产乳粉时,即使在良好的干燥条件下还可保留约 3% 的水分。若要完全除去,则需继续升温至 150～160 ℃ 或长时间保持在 100～105 ℃,但这样处理,乳的营养成分会受到破坏,乳糖焦化,蛋白质变性,脂肪氧化。膨胀水存在于凝胶粒结构的亲水性胶体中,由于胶粒膨胀程度不同,膨胀水的含量也不同。影响膨胀程度的主要因素有盐类、酸度、温度及凝胶的挤压程度。比如,在制造融化干酪时,由于柠檬酸盐及酒石酸盐形成阳离子促进膨胀;在乳酸菌发酵中获得的膨胀水是由乳酸阴离子导致;在生产稀奶油时,pH 降低会促进稀奶油膨胀。结晶水存在于结晶性化合物中,并不是液态水。在生产乳粉、乳糖等产品时,溶质从溶液里结晶析出,就会产生带一分子结晶水的乳糖($C_{12}H_{22}O_{11} \cdot H_2O$)。

5. 无机盐和维生素

乳中的无机物主要有磷、钙、镁、氯、硫、铁、钠、钾等(表 4-5),大部分以无机盐或有机盐的形式存在,其中,以无机的磷酸盐和有机的柠檬酸盐存在的数量最多。牛乳是重要的钙源,牛乳中钙的含量为人乳的 3～4 倍,而钙与磷酸化的酪蛋白相结合,会改善胃肠道对钙的吸收。钠和钾是以氯化物、磷酸盐和柠檬酸盐的自由离子存在于乳清中,可全部被吸收利用。钙镁的磷酸盐及柠檬酸盐,部分以溶解状态存在于乳清中,部分以胶体状态存在于酪蛋白胶粒中。除此之外,乳中的微量元素如锰、铁、碘等对于人体健康也具有重要意义。比如,锰在人体的氧化过程中起催化剂的作用,并且为维生素 D、B 族维生素的形成及作用所必需;牛乳中铁的含量比人乳少,人工哺育时应补充铁;碘是甲状腺素的结构部分,若不足会引起甲状腺肿。

表 4-5　牛乳中主要的盐类含量

成分	总钙	镁	钠	钾	总磷	柠檬酸盐	氯	碳酸盐	硫	铁
含量范围/(mg·L^{-1})	1 090	140	540	1 580	910	—	990	—	50	100～900

注:总磷包括胶体无机磷、酪蛋白结合磷、可溶性无机磷、磷酸酯以及磷脂。

乳中含有人类所必需的各种维生素,包括脂溶性维生素和水溶性维生素,是维生素的良好来源。其中,维生素 B_2 含量丰富,但维生素 D 含量不多,若作为婴儿食品,应予以强化。乳中的维生素部分来自饲料,如维生素 E;部分靠乳牛自身合成,如 B 族维生素。维生素能调节体内的新陈代谢,但是分布不稳定,特别是维生素 C。维生素 C 受光照时易受损,在刚挤出的生乳中为还原态,可氧化为脱氢抗坏血酸,脱氢抗坏血酸可进一步水解成 2,3-二酮古洛糖酸,该反应不可逆,此时抗坏血酸的生物活性丧失。乳在加工中维生素往往遭受一定程度的破坏而损失,但发酵法生产的酸乳由于微生物的生物合成,会使一些维生素含量增高。此外,一些维生素如维生素 B_2 对乳的颜色也有一定影响。

6. 酶类

牛乳中酶的种类很多,酶与乳的保存有关。在乳品生产中,有的酶可作为巴氏杀菌的指示酶如过氧化氢酶,有的酶具有抑菌作用如溶菌酶。乳中酶的种类、基本性质及作用见表 4-6。除了少数几种酶(过氧化氢酶、溶菌酶)外,酶类对乳和乳制品的营养和感官特性并无益处,因此,在加工过程中应尽可能使之灭活。

表 4-6　乳中酶的种类、基本性质及作用

分类	酶	基本性质		作用
		最适 pH	耐热性	
水解酶类	血纤维蛋白溶酶	8.0	耐热	引起 UHT 灭菌乳凝胶老化
	乳浆脂酶	8.5～9.2	最适温度 37 ℃	催化脂肪水解生成游离脂肪酸,产生酸败气味
	碱性磷酸酶	7.6～10.5	经 63 ℃/30 min 可钝化	加热钝化的性质可用于检验牛乳巴氏杀菌程度是否完全

续表

分 类	酶	基本性质		作　用
		最适 pH	耐热性	
氧化还原酶类	过氧化物酶	6.8	较耐热,最适温度 25 ℃;钝化温度为 80 ℃/2.5 s	测定该酶活性可判断巴氏杀菌温度是否到 80 ℃以上
	过氧化氢酶	7.0	75 ℃/20 min 可 100%钝化	作为乳房炎乳的诊断标准;指示巴氏杀菌的效果
	还原酶	来源于微生物,最主要的是脱氢酶		判断乳被微生物污染的程度

7. 气体

乳中的气体占鲜牛乳体积的 5%～7%,主要有二氧化碳、氧气和氮气等,其中二氧化碳最多、氧气最少。在挤乳及贮存过程中,氧气、氮气因与大气接触而增多,而二氧化碳因逸出而减少。牛乳在输送和贮存过程中应尽量在密闭的容器内进行,因为牛乳中氧气的存在会导致维生素和脂肪氧化变质。此外,在生产发酵乳时,某些以溶解和分散的形式存在于牛乳中的气体会导致乳清分离,使发酵乳制品的稳定性降低。因此,牛乳在加工前需要进行脱气处理。

4.2.2 乳的营养特性

乳被公认为一种比较理想的完全食品,具有以下特点:牛乳经杀菌后,不需要进行任何调理即可直接供人食用;牛乳中含有能促进人类生长发育以及维持健康水平的几乎一切必需的营养成分,如蛋白质、脂肪和乳糖等,且这些营养成分比例适合,能被人体很好地消化吸收,并无废弃排泄物(牛乳蛋白质在人体内的消化率高达 100%,而黄豆中蛋白质为 80%,鸡蛋中蛋白质为 95%,乳脂肪的消化率在 95%以上);乳中含有丰富的优质蛋白,被人体摄入后,转化为氨基酸,是人体合成肌肉蛋白和免疫球蛋白等多种蛋白质的来源;乳中有大量的钙质,且其浓度和比例适合人体吸收,并促进骨骼生长;乳中含有乳糖、脂类、维生素等营养物质,能给人体提供能量;乳中还含有保护幼小动物免受感染的多种抗体;其他食品添加牛乳后,其蛋白质的营养价值可显著提高;为了获得与牛乳等量的营养成分,需消耗比牛乳多几倍的谷物类食品。

乳可以经过一系列的加工操作制成乳制品。乳制品种类繁多,包括以巴氏杀菌乳为代表的液态乳、以酸乳为代表的发酵乳和以脱脂乳粉为代表的乳粉制品等。各种乳制品因加工方式的不同,所含的营养成分也有所不同,但总体都富含蛋白质、脂肪、碳水化合物,可预防我国居民缺乏三大营养素。乳制品含有丰富的钙质,可以促进机体骨骼的生长。针对特殊人群有不同的乳制品,如婴幼儿配方奶粉、脱脂乳粉等,可满足他们对于高蛋白的要求。某些乳制品如酸乳,富含乳酸菌如双歧杆菌、嗜酸乳杆菌、干酪乳杆菌等,可促进体内消化酶的分泌和肠道蠕动,清除肠道垃圾,抑制腐败菌的繁殖和作用。

总之,乳的营养成分比较全面,这些成分既能为人体提供能量,又能为人体提供生长所需的营养。因此，乳是一种理想的天然食品，人们在膳食中应该适当补充乳。

4.3 乳的污染

原料乳在生产过程中，极易受到来自动物本身和环境的污染，对乳及乳制品的质量都会产生不利影响。根据乳中有害物质的性质，污染可以分为生物学污染、化学性污染和物理性污染。根据有害物质的种类，污染又可分为微生物、异物残留、过敏物质和污染物四大类(表 4-7)。

表 4-7 乳中常见有害物质的来源及危害

种类	有害物质	代表物质	主要污染途径	危害
微生物	真菌毒素	黄曲霉毒素（AFT）、赫曲霉毒素 A、单端孢霉烯族毒素（TS）、杂色曲霉素	乳牛饲料、干酪发酵成熟	毒害作用、致癌作用
异物残留	有机氯化合物	滴滴涕、六氯苯、狄氏剂	水源、饲料、兽药	抗微生物降解
	抗生素	青霉素、头孢菌素、四环素、磺胺类药物	治疗乳牛疾病、人为添加（防腐）	过敏反应、致癌作用、降低免疫力、增加细菌耐药性
	兽药	非固醇类抗炎药物、β-肾上腺兴奋剂、激素	治疗乳牛疾病、人为添加（促进泌乳）	食物中毒、儿童肥胖
	消毒剂和杀菌剂	碘、次氯酸盐、季胺化合物	乳牛皮肤消毒、乳品车间消毒	甲状腺功能紊乱（高碘）
	植物毒素	欧洲蕨毒素	饲料	致癌作用
过敏物质	乳糖	乳糖	乳牛自身合成	过敏反应
污染物	重金属	铅、汞、砷、铬和镉	加工设备、金属接触、含重金属的饲料、化肥和农药	对婴儿危害很大，长期食用，导致智力受损、行为异常
	硝酸盐和亚硝酸盐	亚硝酸盐	饲料和水源、清洁剂残留、食品添加剂	亚硝酸盐与氨基酸反应产生具有致癌作用的亚硝胺尤其对新生婴儿健康危害大
	放射性物质	^{89}Sr、^{90}Sr、^{131}I、^{134}Cs、^{137}Cs	含有放射性的尘埃、土壤	致癌作用
	二噁英	2,3,7,8-四氯苯并二噁英（TCDD）	生活废弃物焚化炉、金属回收厂、水泥厂，经过大气尘埃传播	强致癌作用、使机体免疫功能降低、生殖和遗传功能改变、恶性肿瘤易感
	聚氯联苯	聚氯化双苯唑呋喃（0.8～5 mg/kg）	大气环境、生物富集	致癌作用

1. 微生物

牛乳营养丰富且配比合理,是一种天然的微生物培养剂。因此,多种细菌、酵母、霉菌及病毒都极易在其中生存并高速繁殖。这些存活在牛乳中的病原菌一旦进入人体,就会引起食物中毒或使人染上疾病。乳中的微生物主要是真菌毒素,如黄曲霉毒素、赫曲霉毒素 A、单端孢霉烯族毒素以及杂色曲霉素。其中,$AFTB_1$ 在已发现并研究的真菌毒素中毒性、致癌性、致突变性、致畸性最高。因此,要避免使用被真菌毒素污染过的花生、大米、小麦、高粱等农作物作为饲料饲养乳牛。

2. 异物残留

根据残留物的不同来源,其可分为以下几类:饲料农药残留物、饲料变质残留物、饲料不洁残留物和接触残留物。对于乳与乳制品而言,抗生素残留是一个普遍的现象。抗生素残留的原因是非治疗目的用药、治疗目的用药和为防止牛乳酸败而非法人为掺杂。抗生素过敏体质的人服用残留抗生素的乳制品后会发生过敏反应,正常饮用者,低剂量的抗生素残留会抑制或杀灭人体内的有益菌,并可使致病菌产生耐药性,一旦患病,再用相同的抗生素则没有显著治疗效果。

3. 过敏物质

乳中引起过敏的物质主要是乳糖。人体内乳糖酶的活力在刚出生时最强,断乳后下降,成年时人体内的乳糖酶的活力仅是刚出生时的10%,因此,部分成人会丧失消化乳糖的功能,他们食用乳制品会出现呕吐、腹胀、腹泻等症状,即乳糖不耐受症。若将乳糖水解成可消化的单糖,这些症状就会消失。但是,乳糖的水解会引起乳制品某些性质如感官特性的改变。因此,对这类特殊人群食用的乳制品要采取特殊措施处理乳糖以保证其营养价值。另外,有些人对牛乳中的蛋白质或其他物质过敏,会出现呕吐、腹泻、气喘甚至休克等症状。

4. 污染物

乳制品中的污染物主要包括重金属(主要有铅、汞、砷、铬和镉)和硝酸盐及亚硝酸盐类。重金属元素广泛分布于自然界并被应用于各种人类活动,如冶炼、生产农药、杀虫剂等,使得重金属进入土壤、水和大气并进行循环,最终进入食物链,造成乳牛产出的原料乳被污染。硝酸盐、亚硝酸盐是日常饮食和饮用水中常见的无机盐类,过量摄入该类物质可能导致高铁血红蛋白血症,并在体内转变成致癌性的亚硝胺。

4.4 乳制品的加工

4.4.1 乳制品的分类

乳制品是以牛乳或羊乳及其加工制品为主要原料,加入或不加入维生素、矿物质和其他辅料所得的产品。乳制品的种类很丰富(表 4-8),可以满足不同人群的需求。

表 4-8 乳制品的主要种类

类别	乳制品	定义	益处	参考国标
液态乳	巴氏杀菌乳	仅以生牛(羊)乳为原料,不添加任何其他物质,经预处理、巴氏杀菌等工序制得的液体产品	巴氏杀菌后,生乳中的蛋白质及大部分维生素基本无损,其风味和营养价值与生乳相差很小	《食品安全国家标准 巴氏杀菌乳》(GB 19645—2010)
	灭菌乳	以生乳或复原乳为主要原料,添加或不添加辅料,经灭菌制成的液体产品	蛋白质含量比较高,每 100 g 乳中含量约为 3.3 g	《食品安全国家标准 灭菌乳》(GB 25190—2010)
	复原乳	把牛奶浓缩、干燥成为浓缩乳或乳粉,再添加适量水,制成与原乳中水、固体物比例相当的乳液	经超高温灭菌后,不会破坏营养成分,营养价值和生鲜奶基本一样	《巴氏杀菌乳和 UHT 灭菌乳中复原乳的鉴定》(NY/T 939—2016)
	调制乳	以不低于 80% 的生牛(羊)乳或用脱脂乳粉和奶油制成的复原乳为主要原料,添加其他原料或食品添加剂或营养强化剂,采用适当的杀菌或灭菌等工序制得的液体产品	调制乳中的某些营养成分得到增强,更符合人体的需要	《食品安全国家标准 调制乳》(GB 25191—2010)
奶油	稀奶油	乳经分离后得到的含脂率较高的部分,是一种 O/W 型乳状液	奶油的脂肪含量比牛乳高 20~25 倍,在人体的消化吸收率达 95% 以上,富含脂溶性的维生素 A、维生素 D 和维生素 E	《食品安全国家标准 稀奶油、奶油和无水奶油》(GB 19646—2010)
	奶油	稀奶油经成熟、搅拌、压炼而制成的乳制品		
	无水奶油	是一种浓缩的乳脂产品,其成分几乎完全是乳脂肪		
发酵乳	酸乳	以生牛(羊)乳或乳粉为原料,经预处理、杀菌、接种嗜热链球菌和保加利亚乳杆菌发酵制成的 pH 值降低的产品	产生蛋白水解酶水解蛋白,提高蛋白质的消化率;提高矿物质的吸收率;产生较多的维生素;改善肠道环境,抑制肠道有害菌的生长;提高免疫力;乳糖转化为乳酸,预防乳糖不耐受症	《食品安全国家标准 发酵乳》(GB 19302—2010)

续表

类别	乳制品	定 义	益 处	参考国标
炼乳	甜炼乳	将原料乳中加入17%左右的蔗糖,经杀菌、浓缩至原体积的40%左右而成的制品	有补虚损、益肺胃、镇静安神、滋养肌肤、强化骨骼、提高免疫力的功效	《食品安全国家标准 炼乳》(GB 13102—2010)
	淡炼乳	将牛乳浓缩至原体积的40%,装罐后密封并经灭菌而成的制品		
	调制炼乳	炼乳中添加蛋白质、植物脂肪、饴糖或蜂蜜等营养物质,制成适合不同人群的乳制品		
乳粉	全脂乳粉	仅以乳为原料,添加或不添加食品添加剂、食品营养强化剂,经浓缩、干燥制成的粉状产品	全脂乳粉基本保持了牛乳的营养成分,蛋白含量约24%,脂肪含量约26%,乳糖含量约37%,还含有维生素A和B族维生素	《食品安全国家标准 乳粉》(GB 19644—2010)
	脱脂乳粉	仅以乳为原料,添加或不添加食品添加剂、食品营养强化剂,脱去部分脂肪,经浓缩、干燥制成的粉状产品		
	配方乳粉	针对不同人群的营养需要,以生乳或乳粉为原料,去除了乳中的某些营养物质或强化了某些营养物质,经加工干燥而成的、乳固体含量不低于70%的奶粉		
干酪	天然干酪	以乳、稀奶油、部分脱脂乳、酪乳或混合乳为原料,经凝固后、排出乳清而获得的新鲜或成熟的干酪产品,允许添加天然香辛料以增加香味和口感	干酪中乳蛋白和脂肪的含量相当于将原料乳中的蛋白质和脂肪浓缩10倍;富含钙、磷等矿物质成分;富含维生素A;干酪中的蛋白质在酶作用下分解成氨基酸等可溶性物质,极易被人体消化吸收	《食品安全国家标准 干酪》(GB 5420—2021)
	溶化干酪	用一种或一种以上的天然干酪,添加或不加添加剂,经粉碎、混合、加热熔化、乳化后而制成的产品,含乳固体40%以上		
	干酪食品	用一种或一种以上的天然干酪或溶化干酪,添加或不加添加剂,经粉碎、混合、加热溶化而制成的产品		

续表

类别	乳制品	定义	益处	参考国标
其他乳制品	冰淇淋	以饮用水、乳和(或)乳制品、蛋制品、水果制品、豆制品、食糖、食用植物油等的一种或多种为原辅料,添加或不添加食品添加剂和(或)食品营养强化剂,经混合、灭菌、均质、冷却、老化、冻结、硬化等工艺而制成的体积膨胀的冷冻饮品	一般冰淇淋的脂肪含量为6%～12%,蛋白质含量为3%～4%,蔗糖含量为14%～18%;原辅料丰富多样,且味道、口感独特	《冷冻饮品 冰淇淋》(GB/T 31114—2014)
	干酪素	利用脱脂乳为原料,在皱胃酶或酸的作用下生成酪蛋白凝聚物,经洗涤、脱水、粉碎、干燥生产出的物料	在食品中主要应用于冰淇淋、发酵乳制品、婴儿食品、干酪制品等	《食品安全国家标准 酪蛋白》(GB 31638—2016)

4.4.2 乳制品的加工工艺

1. 乳的典型生产工艺

乳的典型生产工艺流程如图4-2所示。

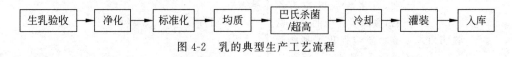

图4-2 乳的典型生产工艺流程

2. 巴氏杀菌乳的生产工艺及要求

巴氏杀菌乳的生产工艺及要求见表4-9。

表4-9 巴氏杀菌乳的生产工艺及要求

工序序号	工 序	实施方法	要求及目的
1	原料乳验收	(1)原料乳的收集:挤奶,冷却。 (2)原料乳的运输:使用奶桶或奶槽车。 (3)原料乳的接收:脱气处理。 (4)原料乳的验收实验:①酒精试验;②磷酸盐试验;③滴定酸度;④抗生素残留量检验;⑤细菌检查;⑥体细胞数检验;⑦乳成分的快速测定。 (5)原料乳的贮存:使用奶罐	(1)不得收购:病牛乳;初乳和末乳;颜色有明显变化的牛乳;有凝块或絮状沉淀的牛乳;异味乳;用药治疗期间及停药后3天内的乳;添加防腐剂的乳; (2)运输容器保持清洁卫生、严格消毒; (3)保持良好冷却状态

续表

工序序号	工　序	实 施 方 法	要求及目的
2	过滤或净化	(1) 过滤法(常压、减压和加压过滤)：除去大部分的杂质； (2) 离心法(离心净乳机)：除去乳中90%的细菌	(1) 净乳温度一般为30~40 ℃； (2) 也可用40~60 ℃，但净化后应直接加工，不再冷藏
3	预杀菌	多数乳品厂为节约成本,省略该工序	
4	标准化	(1) 前标准化：在杀菌之前把全脂乳分离成稀奶油和脱脂乳，通过添加稀奶油和脱脂乳与原料乳混合以达到要求的含脂率； (2) 后标准化：在杀菌之后进行上述操作； (3) 直接标准化：将牛乳加热至55~65 ℃，按预先设好的脂肪含量分离出稀奶油和脱脂乳，然后根据最终产品含脂率的要求，由设备自动控制稀奶油和脱脂乳的回流量	我国规定脱脂杀菌乳的含脂率小于0.5%，全脂杀菌乳的含脂率不低于3.0%，凡不合乎标准的原料乳都必须进行标准化
5	均质	65~70 ℃/10~20 MPa	(1) 乳品厂多使用部分均质； (2) 均质温度不能太低
6	巴氏杀菌	高温短时巴氏杀菌：72~75 ℃/15~20 s	杀死所有的致病菌，但允许保留部分乳酸菌和酵母菌等非致病菌，产品在货架期内不会产生缺陷
7	冷却	(1) 热回收换热：最大效率为94%~95%，即冷却获得的最低温度为8~9 ℃； (2) 若将牛乳冷却至4 ℃，则需2 ℃的冷却介质如冰水，若要更低温度，则需盐溶液或酒精溶液	抑制细菌生长，钝化磷酸酶，延长保存期
8	灌装	灌装容器：玻璃瓶、聚乙烯塑料瓶、塑料袋、复合塑纸袋和纸盒等	(1) 容器保证卫生和清洁，对产品没有任何污染； (2) 避光性、密封性好，有一定的机械抗压能力； (3) 便于运输、携带和开启； (4) 有一定的装饰作用
9	装箱	使用塑料箱或纸箱	清洁、无污染、无破损
10	库存与销售	(1) 存放在2~6 ℃库房(保持清洁、卫生，严防鼠害)内； (2) 分销时，保持2~4 ℃； (3) 避光、避免产品强烈震荡	冷链运输系统

3. 灭菌乳的生产工艺要点

1）原料乳的质量

灭菌乳对原料乳的质量要求很高，除要符合《食品安全国家标准 生乳》(GB 19301—2010)的微生物限量要求外(表 4-10)，还要求原料乳中的蛋白质能经得起剧烈的热处理而不变性，为此，原料乳要在 75% 的酒精中保持稳定。不适宜生产灭菌乳的原料乳包括：①酸度偏高的乳，热稳定性极差，会沉淀并焦糊在换热器表面，导致生产时间缩短、清洗困难；②盐类不平衡的乳，易形成软凝块，易在杀菌器内形成乳石；③含有过多的乳清蛋白的初乳或末乳，耐热性差；④乳房炎乳，含菌高，且含有大量耐热的蛋白酶，使产品在贮存时变苦、形成凝块等；⑤含有抗生素的乳，耐热性差。

表 4-10 用于灭菌乳加工的原料乳的微生物限量

指标	限量/[CFU·g(mL)$^{-1}$]
菌落总数	$\leqslant 2.0 \times 10^6$
耐热芽孢数	$\leqslant 100$
嗜冷菌数	$\leqslant 1\,000$

2）灭菌

灭菌方法有两种：保持灭菌和超高温瞬时灭菌(UHT)。保持灭菌有两种方法：批量灭菌和连续灭菌。批量灭菌是一种常用于罐装食品的技术，在装罐后进行灭菌可以减少无菌操作的麻烦，但要用热稳定的包装材料。UHT 是一种连续灭菌过程，在灭菌设备中，牛乳被泵入一个密闭系统，在流经途中牛乳被预热、高温处理、均质、冷却和无菌包装。

芽孢不能在高酸产品如果汁中生长，因此高酸产品用一般的高温巴氏杀菌(90~95 ℃/15~30 s)处理即足够达到商业无菌，而低酸产品必须通过 UHT 处理才能成为商业无菌产品。与保持灭菌相比，UHT 处理可节省时间、能源和空间，并且 UHT 是一个高速加工过程，对牛乳风味的影响要远远小于保持灭菌。

3）无菌包装

UHT 技术必须与无菌包装技术配合才能实现产品的长期保存，即产品在高温处理后、包装完成前的中间任何过程必须保持无菌条件。无菌包装就是将灭菌后的牛乳，从无菌冷却器冷却后流入包装线，在无菌环境下装入预先已灭菌的容器内进行无菌包装。无菌包装的要求是：①罐满，无顶隙；②封合必须在无菌区域内进行；③容器和产品接触的表面在灌装前必须经过灭菌；④包装必须完全防光和防氧气。

4. 酸乳的生产工艺

1）发酵酸乳的工艺流程

发酵酸乳按照成品组织状态可分成凝固型酸乳、搅拌型酸乳和饮用型酸乳。三种类型的发酵酸乳的工艺流程如图 4-3 所示。

2）凝固型酸乳的工艺要求

凝固型酸乳的工艺要求见表 4-11。

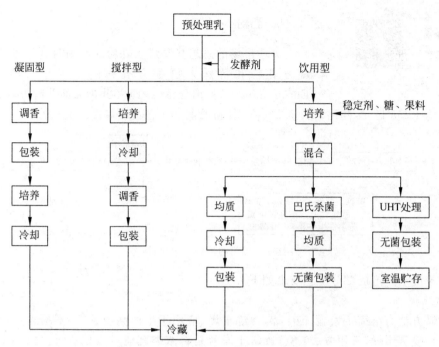

图 4-3 三种类型的发酵酸乳的工艺流程

表 4-11 凝固型酸乳的工艺要求

工 序	要 求
原料乳	(1) 选用符合质量要求的新鲜乳、脱脂乳、再制乳为原料,干物质含量不少于 11.5%; (2) 不能选用患乳房炎的原料乳和残留有效氯等杀菌剂的乳
标准化	总乳固体的含量要复合要求
脱气	去除挥发性异味
配料	将鲜奶加热到 40 ℃ 左右时加入奶粉搅拌,当温度达 50 ℃ 时加蔗糖溶化,到 65 ℃ 时过滤净化
均质	均质前预热至 55~65 ℃,然后进行 16~18 MPa 均质处理
热处理	均质后的物料升温至 90~95 ℃,保持 30 min
冷却	冷却至 41~43 ℃
接种	(1) 接种前将发酵剂进行充分搅拌; (2) 一般接种量为 2%~3%; (3) 常用的发酵剂为保加利亚乳杆菌和嗜热链球菌按 1:1 混合菌种
灌装	经过接种并充分搅拌的牛乳要立即连续地灌装到容器中,在灌装前,容器要蒸汽灭菌
培养	(1) 温度保持在 41~44 ℃,培养时间为 2.5~4.0 h; (2) 避免震动,温度要恒定,发酵时间适当
冷却与后熟	冷藏温度:2~8 ℃,一般冷藏 24 h 后出售

拓展阅读 4.1 不同家畜乳粉化学成分和矿物元素含量比较分析

5. 乳粉

乳粉市场的总趋势是成人乳粉的市场明显下降,婴幼儿配方乳粉和特殊人群配方乳粉的市场相对稳定。据 Euromonitor 的数据显示,2019 年我国婴幼儿配方乳粉的市场规模达 1 755 亿元,同比增长 7.8%。① 乳粉的湿法工艺流程如图 4-4 所示。

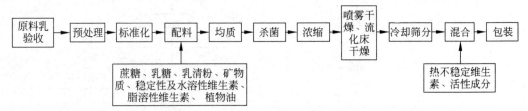

图 4-4　乳粉的湿法工艺流程

乳粉湿法生产的部分工艺要求如下。

1) 干燥

干燥方法有滚筒干燥、发泡干燥、冷冻干燥(应用于生产高质乳粉,不损害蛋白质,但能耗高)、喷雾干燥(常用方法)等。喷雾干燥就是将浓缩乳通过雾化器,使之分散成雾状乳滴,极大地增大了蒸发表面积,乳滴分散得越细,就越能有效干燥,此时在干燥室内与热风接触,表面水分瞬间蒸发完毕,雾滴被干燥成粉粒落入干燥室底部。

2) 冷却

干燥后的乳粉从干燥室出来的温度约为 65 ℃,需冷到<28 ℃,过筛后包装。冷却方式一般有两种:一是气流出粉冷却,二是流化床出粉冷却。

6. 硬质或半硬质干酪

生产工序主要有原料乳验收、标准化、杀菌、冷却、添加发酵剂、调整酸度、加氯化钙、加色素、加凝乳酶、凝块切割、搅拌、加温、乳清排出、成型压榨、盐渍、成熟、上色挂蜡、制成成品。

固定的保温条件下,巴氏杀菌的加热温度越高,得到的凝块越软,这在生产硬质和半硬质干酪时是不希望发生的,因此,生产干酪用的原料乳应避免巴氏杀菌,或者至少温度不超过 72 ℃/15～20 s。

7. 淡炼乳

淡炼乳的生产工艺流程如图 4-5 所示。

案例分析 4-1

如何正确挑选乳制品?

乳制品的品种很多,常见的有婴幼儿奶粉、鲜牛奶、酸奶、纯牛奶等,它是优质蛋白质

---

① https://www.sohu.com/a/443576383_120868906.

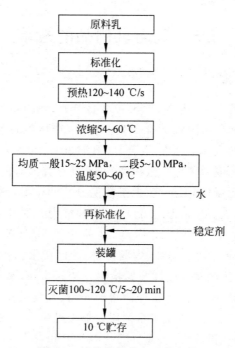

图 4-5 淡炼乳的生产工艺流程

的来源之一,家家户户不可或缺。那么,如何选择市面上琳琅满目的乳制品呢?

根据中国居民平衡膳食宝塔(2022)建议,每日应摄入 300~500 g 的奶和奶制品。除婴儿外,鲜牛奶、纯牛奶和酸奶基本适合各个年龄段人群饮用,也是日常摄入奶和奶制品的首选。当然,如果你更喜欢喝羊奶、水牛奶也是可以的,各种奶的主要营养成分差别不大。在购买鲜牛奶时,应秉持"就近"原则,也就是居住地附近牧场和工厂生产的,包装也最好是避光的,这样的牛奶才更"鲜"。与鲜牛奶不同,纯牛奶的保质期更长,因此更推荐选择自有牧场的乳企,奶源质量相对更有保障。

由于我们喝奶主要为了摄入优质蛋白和钙,从这两方面来看,鲜牛奶与纯牛奶并无差别。酸奶的选择则应该秉持"纯粹"二字,挑选酸奶时,规避了"风味"二字,也就避免了在不知不觉中摄入大量的糖。可以优先选择名称为酸奶(乳)、酸牛奶(乳)或发酵乳等字样的产品。如果觉得这类酸奶适口性一般,可以搭配水果和坚果一起吃,尤其是口味偏甜的杧果、火龙果都是不错的选择。

每次喝完奶,肚子又疼又涨,严重还会腹泻……这些都是乳糖不耐受的表现,这一症状并非小孩的"专属",很多成年人也会如此。不过对于成年人来说,乳糖不耐受的话,选择零乳糖的奶制品即可。

乳制品种类繁多,以蛋白质含量划分,有纯牛奶和含乳饮料。从生产工艺上,纯牛奶又分为巴氏杀菌奶和高温灭菌奶。每个人的饮食习惯不同,有的人喜欢巴氏杀菌奶,有的人愿意喝高温灭菌奶,这和个人的口味和喜好有关。

资料来源:如何正确挑选乳制品?跟着老爸评测学,心里更有数!中国经济导报,http://www.ceh.com.cn/syzx/1459529.shtml.

4.5 乳与乳制品的检验

4.5.1 原料乳的检验

为确保原料乳的质量安全,从 20 世纪 80 年代开始,我国陆续发布了一系列乳品相关标准,乳品生产企业必须按照国家标准和企业标准,严格检查原料乳。2010 年 3 月 26 日,卫生部公布了《食品安全国家标准 生乳》(GB 19301—2010),该标准规定了生乳的感官要求,如色泽(呈乳白色或微黄色)、滋味和气味(具有乳固有的香味,无异味)以及组织状态(呈均匀一致液体,无凝块、无沉淀、无正常视力可见异物),还规定了理化指标(如冰点、相对密度、蛋白质、脂肪、杂质度、非脂乳固体和酸度)、微生物限量[菌落总数≤2×10^6 CFU/g(mL)]。《食品安全国家标准 食品微生物学检验 乳与乳制品检验》(GB 4789.18—2010)规定了菌落总数、大肠菌群、沙门氏菌、金黄色葡萄球菌、霉菌和酵母、单核细胞增生李斯特氏菌和双歧杆菌的检测方法。此外,原料乳的来源即牛、羊等动物的健康安全也应得到保证,包括严格控制兽药残留。《食品安全国家标准 畜禽屠宰加工卫生规范》(GB 12694—2016)规定了畜禽屠宰加工过程中畜禽验收、屠宰、分割、包装、贮存和运输等环节的场所、设施设备、人员的基本要求和卫生控制操作的管理准则。《食品安全国家标准 乳制品良好生产规范》(GB 12693—2010)规定了以牛乳(或羊乳)及其加工制品等为主要原料加工各类乳制品的生产企业的乳制品生产规范,包括厂房车间、设备和卫生管理。

4.5.2 乳的掺杂作伪检验

拓展阅读 4.2 原料乳中"二合一"掺假检测方法

乳制品质量受到乳源质量的影响。不良厂商为了提高经济效益可能会对牛乳进行掺杂作伪,严重影响原料乳的质量。因此,原乳验收人员应采用定量或定性分析方法对掺假物质的种类和含量进行分析,通过综合检验与分析,判定乳中是否掺假。牛乳掺假情况极其复杂,掺假物有 50 余种,其中以掺水、电解质(碱、盐、亚硝酸钠等)、非电解质(尿素、蔗糖等)、胶体物质(豆浆、明胶等)、淀粉和防腐剂等物质较为常见。可以先对牛乳进行感官检验,搅动牛乳观察其色泽是否带红色、绿色或明显的黄色;判断牛乳是否有异味(如酸味、牛粪味、腥味等);观察牛乳是否发黏或有凝块;观察牛乳中是否有杂质(如煤屑、豆渣、昆虫等)。此外,可以对生鲜牛乳进行质量评价,包括冰点、相对密度、电导率、酸度、脂肪含量、乳糖含量等的测定。

4.5.3 乳制品的检验

原料乳的质量将直接决定乳制品的质量,生产出的乳制品根据品种不同也要进行严格检查。例如,《食品安全国家标准 巴氏杀菌乳》(GB 19645—2010)对原料要求、感官要求(色泽、滋味、气味、组织状态)、理化指标(脂肪、蛋白质、非脂乳固体、酸度)、污染物限量、真菌霉素限量、微生物限量提出要求和规定。《食品安全国家标准 灭菌乳》

(GB 25190—2010)对全脂、脱脂和部分脱脂灭菌乳的原料要求、感官要求、理化指标、污染物限量、真菌霉素限量和微生物限量提出要求。《食品安全国家标准 发酵乳》(GB 19302—2010)还对乳酸菌种和菌数,以及食品添加剂和营养强化剂含量提出要求。《食品安全国家标准 乳制品良好生产规范》(GB 12693—2010)则进一步对以牛乳(或羊乳)及其加工制品等为主要原料加工各类乳制品的生产企业,提出了选址及厂区环境、厂房和车间、设备、卫生管理、原料和包装材料的要求、生产过程的食品安全控制,检验,产品的贮存和运输,产品的追溯和召回,培训,管理机构和人员,记录和文件的管理等明确规定。

4.6 乳制品的低温保藏和冷链流通

4.6.1 乳在低温下的变化

1. 风味变化

(1) 乳长时间冷藏后,往往产生苦味,原因是低温菌或某种酵母使牛乳产生肽类化合物,如残留在 UHT 乳中的血纤维蛋白溶酶会使蛋白质水解产生苦味。另外,冷藏库会具有一些特有的臭味,俗称冷臭,也会影响乳的风味。

(2) 冷冻保存的牛乳,经常出现氧化味、金属味及鱼腥味,这主要是处理时混入金属离子,进而促进不饱和脂肪酸的氧化所致。

2. 成分变化

1) 冷加工对蛋白质的影响

牛乳的冷冻加工主要是指冷冻升华干燥和冷冻保存的加工方法。冷冻保存时,牛乳若在 $-5\ ℃$ 贮存 5 周以上,或在 $-10\ ℃$ 贮存 10 周以上,解冻后酪蛋白会产生沉淀。冻结初期,融化后的牛乳有微量的羽毛状沉淀(为酪蛋白酸钙),机械搅拌或加热即可除去,随着不稳定现象的加剧,即使加热、搅拌也难以分散。乳中酪蛋白胶体溶液的稳定性与钙的含量有密切关系,钙的含量越高,稳定性越差,可以通过除去部分钙或添加四磷酸钠等可以和钙螯合的物质来改善其稳定性。此外,浓缩乳冻结时,乳糖结晶会加剧蛋白质的不稳定现象,添加蔗糖则可增加酪蛋白复合物的稳定性,机制在于添加蔗糖可使乳黏度增大,导致冰点下降,同时能有效防止乳糖的结晶。

2) 冷加工对脂类的影响

牛乳冻结时,脂类会发生自动氧化作用,导致乳制品出现异味。脂类还会发生降解作用,游离脂肪酸的含量随冻藏时间的增加而增加。乳中的固形物含量与脂类氧化的敏感性有关,浓缩乳(3∶1)的非脂固形物低于 38% 时,$-27\ ℃$ 冻藏 24 个月也没有氧化味产生。牛乳的冷冻会导致脂肪发生如下变化:①冻结产生冰的结晶,对脂肪球产生机械压迫,碰撞成多角形,形成蜂窝状团块;②解冻失去水分,失去弹性;③脂肪球内的脂肪形成结晶,产生挤压,将液体脂肪从脂肪球内挤出而破坏了球膜,乳化状态被破坏。为防止冷冻对乳中脂肪造成影响,冷冻前应进行均质处理($60\ ℃/22\sim25\ MPa$),可减少金属离子的浓度,抑制脂类氧化作用。

3) 冷加工对牛乳成分分布的影响

冻结的牛乳,其成分分布呈不均匀状态。在冻结乳的周围是透明的冰结晶层,乳固体含量和酸度均最低。冻结乳的上层因有脂肪上浮,组织结构比较柔软,下层乳固体含量较高,中间层蛋白质、盐类、乳糖含量较高,可形成白色核心,这部分酸度也较高,此现象主要是冻结过程由外向内逐步进行所致。

4) 冷加工对牛乳中微生物的影响

(1) 在冷藏条件下,适合室温下繁殖的鲜乳中的微生物生长被抑制,而嗜冷菌却能生长,但生长速度非常缓慢。这些嗜冷菌包括假单胞菌属、无色杆菌属、黄杆菌属和克雷伯氏杆菌属。

(2) 牛乳冷冻保存时,菌落数几乎不增加,与冻结前牛乳相似。冻结阻止了细菌的生长、繁殖,由于细菌产生的酶仍有活性,尽管活性很小但仍有作用,可以促进生化过程缓慢进行,因此,冻结也需要有一定期限。

4.6.2 乳制品的低温保藏

1. 冷却保藏

冷却是将温度降低到某一指定温度,但不低于乳制品冻结点的过程。冷却的温度通常为$-2 \sim 4\ ℃$。在冷却温度下细菌、霉菌等微生物仍能生长繁殖,因此冷却的乳制品只能短期贮藏。原料乳的贮存时间与冷却温度间的关系见表4-12。

表4-12 原料乳的贮存时间与冷却温度间的关系

贮存时间/h	6~12	12~18	18~24	24~36
应冷却温度/℃	8~10	6~8	5~6	4~5

常见的冷却方法有冷藏间冷却和冷水冷却。

(1) 冷藏间冷却:将需冷却的乳制品放在冷藏库内预冷却,为室内冷却。该方法以冷藏为目的,以空气为冷媒,库内制冷能力小,冷却速度慢,但操作简单,由自然对流或小风量风机送风。

(2) 冷水冷却:用$0 \sim 3\ ℃$的低温水作为冷媒,把乳制品冷却到要求温度。常用的冷水冷却设备是喷水式,主要由冷却水槽、传送带、冷却隧道、水泵和制冷系统等部件组成。冷却水从上到下喷淋到食品表面,冷却速度快,无干耗。

2. 冷冻保藏

当温度降至$-18\ ℃$以下时,乳制品中90%以上的水分都会结冰,形成的冰晶可以刺破微生物细胞,使微生物失去养料且脱水死亡。因此,对乳制品进行冷冻处理可以更长期地保持原有品质。冷冻的方法有以下两种。

(1) 接触式冻结:将乳制品放置在两块金属平板之间,依靠导热来传递热量。半接触式冻结法是将乳制品的下部与金属板直接接触,靠导热来传递热量。其上部由空气强制循环,进行对流换热,加快乳制品冻结。

(2)沉浸式冻结:将乳制品直接沉浸在不冻液(乙二醇、丙二醇、酒精溶液或糖溶液)中进行冻结。由于液体的表面传热系数比空气大几十倍,所以该方法冻结速度快,但不冻液要满足食品安全的要求。

4.6.3 乳制品的冷链流通

由于牛乳营养丰富,是最接近营养完善的食品,同时也极易腐败变质,因此乳的质量和饮用的安全越来越受到全社会的普遍关注。在完整的奶业产业链即采购、加工、运输、贮藏及销售过程中,乳与乳制品的冷却和冷冻处理直接关乎最终到达消费者手中的乳制品的品质与安全特性。只有建立健全的冷链系统,才能更好地发展乳制品产业。

拓展阅读 4.3 乳制品的冷链物流发展策略研究——以糟粕醋为例

1. 乳制品的冷链物流模式

目前市场上主要有两种乳制品冷链物流模式:①以生产企业为核心的冷链物流模式。在该模式下,生产企业自建冷链物流中心统一配送。其从奶农处收购奶源,至奶站贮藏,进而在企业内加工,最后分销至各零售企业,保证了生产的可持续性,但同时提高了企业的管理成本、增加了风险。②以物流中心为核心的冷链物流模式。这种模式实现了生产企业和消费市场的有效配送,减少了流通环节,提高了反应速度。物流中心与生产企业的联系采用先进的信息技术,根据销售订单及销售计划进行发货。以巴氏杀菌乳为例,冷链流程如图 4-6 所示。

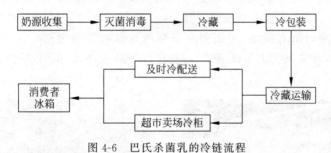

图 4-6 巴氏杀菌乳的冷链流程

2. 乳制品的冷藏运输方式

根据运输方式,乳制品的冷藏运输可分为公路冷藏运输、铁路冷藏运输、海上冷藏运输和航空冷藏运输。据中物联冷链网不完全统计,2018 年,冷链运输有接近 90% 的货运量是由公路冷藏运输来完成的,乳制品占冷链运输总量的 4%。[①] 随着"公转铁"改革的深化实施,未来铁路冷藏运输市场份额会逐渐增大,但目前还是以公路冷藏运输为主。冷藏汽车具有使用灵活、投资少、操作管理方便的特点,既可以单独进行乳制品的短途运输,也可以配合铁路冷藏车、水路冷藏船进行短途转运。铁路冷藏车具有良好的隔热性能,并设有制冷、通风和加热装置,能适应铁路沿线各个地区的气候条件,保持乳制品的贮存品质。集装箱现已成为国内外公认的一种经济合理的运输工具,具有良好的隔热性、气密性,且

---

① https://baijiahao.baidu.com/s?id=1652587837377663112&wfr=spider&for=pc.

能维持一定低温,适用于各类易腐食品的运输和贮存。

3. 乳制品的冷藏销售

在超市或零售商店中,用于陈列、销售乳制品的存放设备一般为陈列柜。

1) 陈列柜的温度要求

不同乳制品对陈列柜温度的要求见表 4-13。

表 4-13 不同乳制品对陈列柜温度的要求

乳 制 品	陈列柜类型	温度/℃
冰淇淋	冷冻式	$-25\sim-20$
其他乳制品	冷藏式	$2\sim8$

2) 陈列柜的乳制品存放要求

应注意陈列柜使用的温度,冰淇淋不能放在冷藏柜中,液态乳等冷藏乳制品不能放在冷冻柜中,以免结冰爆裂。陈列柜中的乳制品应尽快出售,不宜长时间冷藏,要按"先存先销"的原则摆放。乳制品之间应留有空隙,以利于冷风循环。乳制品和其他冷藏食品应隔开,以便销售。不能将高于柜温的食品放入陈列柜中,以免引起柜温升高,影响乳制品质量。乳制品的包装必须良好,否则极易污损柜内部件,甚至引起故障。

3) 陈列柜的节能措施

陈列柜外部的温湿度条件很容易造成柜内蒸发器表面结霜,使蒸发器传热不良,能耗增加。定时融霜可以化去蒸发器表面的霜,保证蒸发器具有良好的传热性能。选用高效压缩机和冷凝器可以节省能源,采用多台压缩机并联可以避免制冷剂启闭频繁的现象。商店停止营业时,在陈列柜上盖夜间罩,可防止冷气逃逸,保持柜温,减少冷耗。市售乳制品陈列柜如图 4-7 所示。

货架式陈列柜　　　　　　　　闭式陈列柜

图 4-7 市售乳制品陈列柜

案例分析 4-2

一杯"鲜"奶背后的硬核守护

乳业是关系国计民生的重要产业。目前我国乳业已经进入高质量发展新阶段,乳业品牌、奶源、渠道、研发与创新能力等各方面成绩显著。与此同时,物流供应链配套服务方面的需求也快速增加。由于大部分生鲜乳制品需要在恒温、冷藏或冷冻环境中保存、运输及售卖,全程冷链物流的配套服务成为乳制品安全、品质的重要保障。因此针对我国乳业冷链物流话题,发起了一次"云圆桌"论坛,以期为行业健康发展带来更多有益启示。

该论坛了解到我国乳制品冷链物流发展现状。伊利集团副总裁赵昕指出,在冷链物流运输中成本较高,集采程度较低,伊利集团每年在低温乳制品运输过程中投入较大,与伊利集团合作的承运商全部具备冷链服务能力,均配置有冷藏车辆。北京三元物流管理负责人张晓平也指出,尽管我国冷链物流产业在政府和企业的大力支持下稳步前进,但因为起步较晚,冷链物流基础设施较为缺乏。目前我国乳制品冷链物流,包括原料奶运输、成品运输和终端陈列等环节,均由乳企负责。

在本次论坛中,我们了解到各乳企在产品冷链物流方面的投入情况。如蒙牛公司2019年全国标准冷藏库房约4.2万平方米,配送分仓1.07万平方米,货位约3.2万个,可存储9000吨左右,日常运营运力池1200台,遍布33个省、区、市,公司通过SAP系统打通上下游全供应链数据集成,通过SAP-LIMS(SAP-实验室信息管理系统)产品质量制动检测放行,实现产品100%质量保障;仓储方面通过WCS(仓库控制系统)、WMS(仓储管理系统)与SAP系统接口,实现信息化和智能功化产品100%可追溯。目前服务伊利集团的冷藏车有3700余台,均配置有GPS温度监控设备,借助GPS管理平台,做到冷链物流管理的信息化,实时监控物流运输过程的温度,确保运输过程环境温度适宜。在客户配送物流方面,公司开展对客户的冷藏车辆购置补贴,通过返款形式,减轻客户在冷链运输方面的资金压力,提振配送过程的运输保障能力。公司提供低息贷款业务,扶持承运商车辆升级。

君乐宝积极优化供应链业务流程,与冷链物流企业共建、共享冷链信息化系统(GPS在途追踪、温度监控平台),探索"商贸+互联+物流"融合发展新模式,提高物流到货准确性,拓展冷链增值业务,降低物流整体运营成本。此外,君乐宝首创低温乳制品24小时不间断发运模式,增加夜间发货900吨/日,到货时间提升6~8小时,提升产品新鲜度。同时24小时配送业务提升物流商车辆运行周转率23%,缩短车辆整体配送周期3天/月,提升单车辆月均使用率17%,提升供应链服务水平,降低物流整体运营成本。

三元2011年和2016年分别在北京工业园与河北建成投产了冷藏库房,总面积达到了10000多平方米,采用了先进的温度控制系统,确保了低温产品贮存温度和条件。低温产品配送全部采用冷藏厢式货车,并且所有冷藏车辆加装了GPS和温度监控系统,能够实时监测车辆行驶路径和车厢温度,保障低温产品安全、高效送达。公司针对终端销售投入了大量的冰箱和制冷设备。同时,三元及递购置了大量的保鲜盒,确保顾客每天喝到三元新鲜、美味、健康的牛奶。

资料来源:一杯"鲜"奶背后的硬核守护。新浪网,http://k.sina.com.cn/article_1703371307_6587622b02001ufuv.html?from=society.

【本章小结】

原料乳,广义上通常指的是生乳、还原乳和复原乳;狭义上指的是生乳,即哺乳动物分娩后从乳腺分泌的一种白色或微黄色的不透明液体。原料乳的成分复杂,多达几百种,主要包括蛋白质、乳脂质、碳水化合物、水分、无机盐和维生素、酶类、气体等,营养丰富,被公认为一种比较理想的完全食品。乳制品是以牛乳或羊乳及其加工制品为主要原料,加入或不加入维生素、矿物质和其他辅料,使用法律法规及标准规定所要求的条件,经加工所得的产品。原料乳在生产过程中,极易受到来自动物本身和环境的污染,对乳及乳制品的质量都会产生不利影响。乳制品的低温保藏有两种方式:一是冷却,将温度降低到某一指定温度,但不低于乳制品冻结点;二是冷冻,方法有接触式冻结和沉浸式冻结。目前,市场上主要有两种乳制品冷链物流模式,分别是以生产企业为核心的冷链物流模式和以物流中心为核心的冷链物流模式。

【本章习题】

一、名词解释
1. 生乳
2. 乳制品
3. 异常乳
4. 调制乳

二、简答题
1. 不适宜生产灭菌乳的原料乳有哪些?
2. 乳制品在冷加工时会出现哪些问题?
3. 为什么会出现乳糖不耐受?有什么症状?
4. 在生产巴氏杀菌乳时,标准化涉及哪些流程和具体的工艺要求?

三、论述题
请结合本章内容,论述我国乳制品冷链运输中存在哪些问题,有什么发展对策。

【即测即练】

第 5 章

蛋与蛋制品

【本章导航】

本章主要介绍蛋与蛋制品的结构;化学成分及营养价值;蛋制品的分类与加工技术。最后介绍禽蛋储运特性和腐败变质机制,蛋与蛋制品的冷链物流。

大胆创新 开发适合国内市场需求的蛋制品

《国际家禽》:"目前看国内蛋鸡行业在横向产业链方面做得非常好了,但是在纵向市场方面如何,比如像蛋品消费方面还存在需要解决的问题?"杨宁:"鸡蛋消费市场,关系到的不仅仅农业这块。其中,重要的一点就是国内冷链体系不完善。国外发达国家鸡蛋是走完整的冷链系统。国内多数超市系统里头并没有把鸡蛋归到做冷链的哪个部门去。所以说冷链环节是断链的,很难做起来。还有一点,就是因为国内农业、商业对接的链条没有协调好。国内鸡蛋在流通环节加价总体偏小,增值部分太少。况且,国内大量的鸡蛋是在农贸市场买到的,如果超市里面的太贵就没有多少人愿意去买。"

资料来源:杨宁:大胆创新 开发适合国内市场需求的蛋制品.国际畜牧网,http://www.guojixumu.com/zhuanlan.aspx? id=74.

5.1 禽蛋的构造、化学成分和营养价值

5.1.1 禽蛋的构造

禽蛋通常指禽类所产的卵,如鸡蛋、鸭蛋、鹅蛋、鹌鹑蛋等。禽蛋具有一定形状,一头较大,称为蛋的钝端;另一头较小,称为蛋的锐端。蛋在平面上的投影呈现椭圆形,结构见图 5-1。

禽蛋主要由蛋壳、蛋白、蛋黄和气室四部分组成,各组成部分在蛋中所占的比重取决于家禽的品种、年龄、产蛋季节、饲养条件以及蛋的大小等因素。

1. 蛋壳

蛋壳部分由外蛋壳膜、石灰质硬壳和蛋壳膜构成。鲜蛋的蛋壳表面覆盖一层由黏液

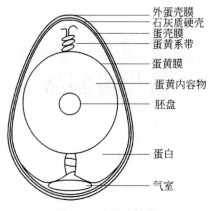

图 5-1　鸡蛋的结构

干燥形成的膜,称外蛋壳膜,也称壳上膜、壳外膜或角质层。它是一种具有无定形结构、透明、不易见、具有光泽的可溶性蛋白质。外蛋壳膜在短时间内可对蛋的质量起一定保护作用,同时一定程度上保证蛋的内在质量。石灰质硬壳是包裹着鲜蛋内容物的一层硬壳,它具有固定形状及保护蛋白、蛋黄的作用,但质脆,不耐碰撞或挤压。蛋壳膜分内、外两层,内层接触蛋白,称为蛋白膜或内壳膜,又称壳下膜,厚度约为 0.05 mm。外层紧贴于蛋壳的内表面叫外壳膜,外壳膜厚度是内壳膜的 3 倍。两层膜的结构大致相同,都是由长度和直径不同的角质蛋白纤维交织成网状结构,每根纤维有一个纤维核心和一层多糖保护层包裹,其保护层厚为 0.1~0.17 μm。不同的是内壳膜共有 6 层纤维,纤维较粗,纤维之间以任何方向随机相交,网状结构粗糙,网间空隙较大,微生物可以直接穿过内壳膜进入蛋内。

2. 蛋白

蛋白也称蛋清,位于蛋白膜的内层,是一层微黄色、半透明的黏性半流动体,占蛋重的 45%~60%。蛋白是一种典型的胶体,可分为浓厚蛋白和稀薄蛋白两种。浓厚蛋白在新鲜的蛋中含量占全部蛋白的 50%~60%,它的含量与家禽的品种、年龄、产蛋季节、饲料和蛋贮存的时间、温度有密切关系。浓厚蛋白中富含溶菌酶,该酶主要分布于蛋黄周围。随着存放时间的延长或受外界气温等条件的影响,浓厚蛋白将逐渐变稀,溶菌酶也逐步失去活性,失去了杀菌和抑菌的能力,最终导致蛋白被污染和腐败变质。因此,浓厚蛋白含量的高低也是衡量蛋新鲜情况的主要标志之一。稀薄蛋白是水样状液体,自由流动,在新鲜的蛋中含量占全部蛋白的 50%,多分布于蛋白的外层,不含溶菌酶,对细菌抵抗力极弱。当蛋的贮藏时间过久或温度过高时,蛋内的浓厚蛋白减少而稀薄蛋白逐渐增加,意味着蛋的品质下降,不能再用于加工。

3. 蛋黄

蛋黄主要由蛋黄膜、蛋黄内容物和胚盘组成。蛋黄膜介于蛋白与蛋黄之间,包裹蛋黄内容物,透明而富有弹性,厚度为 16 μm,占蛋黄重的 2%~3%。蛋黄膜分三层,其中内外两层为黏蛋白,中间为角蛋白,内层和外层之间存在着连续层。内层由一种圆筒状的纤维组成,分叉并在三维方向网络形成网状结构,纤维的直径为 $0.4\sim0.6~\mu m$,纤维之间无填充物质。外层由纤维以二维的格式形成层,重叠堆积形成多层结构,纤维直径为 $0.1~\mu m$,为粗纤维层,纤维束与黏液物组成系带膜状层。蛋黄膜起着保护蛋黄和胚盘的作用,防止蛋黄和蛋白混合。由于它具有很强的韧性,所以新鲜蛋黄紧缩成球形。随着贮存时间的延长,蛋黄膜韧性降低而呈扁平状,蛋黄的体积会因蛋白中水分的渗入而逐渐增大,导致蛋黄膜破裂、蛋黄内容物外溢,形成散黄蛋。因此,蛋黄膜的韧性大小和完整度也是蛋新鲜度的标志之一,常用卵黄指数来判定。

蛋黄内容物是一种浓稠不透明的半流动黄色乳状物,由深、浅两种不同黄色的蛋黄组成,由外向内可分数层。蛋黄之所以呈现颜色深浅不同的轮状,是在形成蛋黄时昼夜新陈代谢的节奏性不同导致的。蛋黄液呈弱酸性,蛋黄的颜色取决于家禽日粮中胡萝卜素的多少,可分为黄色、淡黄色、黄白色三种,形成彼此相间的轮层。蛋黄的中央为黄白色蛋液所在地,呈细颈烧瓶状,瓶颈向外延伸直达蛋黄膜下,托住胚盘。新鲜的禽蛋,蛋黄位于中心部分,拨动时可以使蛋黄的位置改变,但静置后,蛋黄又可位居中央。陈旧的禽蛋因浓蛋白减少,系带变细,固定蛋黄的作用变弱,蛋黄便可以上浮,形成靠黄蛋或贴皮蛋。

在蛋黄表面有一颗乳白色的小点,未受精的呈圆形,叫胚珠;受精的呈多角形,叫胚盘(或胚胎)。受精蛋很不稳定,当外界温度升至 $25~℃$ 时,受精的胚盘就会发育,最初形成血环,随着温度的逐步升高,而产生树枝形的血丝,降低蛋的品质。

4. 气室

在蛋的钝端,由蛋白膜和内壳膜分离形成气囊,称气室。刚产下的蛋没有气室,一旦接触到空气,蛋内容物遇冷发生收缩,蛋的内部暂时形成一部分真空,外界空气便由蛋壳气孔和蛋壳膜网孔进入蛋内,形成气室。新鲜蛋气室小,但由于水分在贮藏过程中逐渐消失,气室会不断增大。因此,气室的大小也是评价和鉴别蛋的新鲜度的主要标志之一。

5.1.2 禽蛋的化学成分

1. 蛋壳与蛋壳膜

蛋壳的主要成分为无机物,占蛋壳的 $94\%\sim97\%$。蛋壳中的无机物主要是碳酸钙(约占 93%),其次还有少量的碳酸镁(约占 1%),少量的磷酸钙、磷酸镁及色素(共计约占 2.8%)。蛋壳中的色素主要是卟啉色素,这种色素能在紫外线照射下发出红色荧光。蛋壳的颜色除了受禽类品种差异影响外,很大程度上还取决于饲料中色素物质的含量及禽类生殖系统的生理状态。蛋壳中的碳水化合物主要是半乳糖胺、葡萄糖胺、糖醛酸及唾液酸等,多糖类中 35% 以 4-硫酸骨素和硫酸软骨素状态存在。除此之外,蛋壳中还有少量的蛋白质、一定量的水及少量的脂质(0.003%)。蛋壳的化学组成主要受饲料中钙含量的影响,若饲料中钙的含量长期严重不足,则容易引起禽类生产软壳蛋或破损蛋。

蛋壳膜厚度大约为 $70~\mu m$,为双层结构。蛋壳外面的一层为外蛋白膜,是一种角质的黏液蛋白，含有 85%～87% 的蛋白质、3.5%～3.7% 的糖类、2.5%～3.5% 的脂肪和 3.5% 的灰分。它的成分主要有胶原蛋白、唾液酸糖蛋白、卵清蛋白、溶解酵素及卟啉等。在蛋壳内面的一层蛋壳膜为内壳膜或蛋白膜，壳下膜主要由蛋白质组成，并附有一些多糖，糖含量少于蛋壳和外蛋壳膜，还含有 1.35% 的脂肪（中性脂肪：复合脂质=83:17)，在复合脂质中约有 63% 是神经鞘磷脂。

2. 蛋白

蛋白的主要成分为蛋白质和水，因此可以把蛋白看成一种以水作为分散介质、以蛋白质作为分散相的胶体物质。以鸡蛋为例，蛋白中的化学成分如下：水分 85%～88%，脂肪 0.02%，蛋白质 11%～13%，灰分 0.6%～0.8%，碳水化合物 0.7%～0.8%。

水分是蛋白中的主要成分，分布如下：外稀薄蛋白层的水分含量为 89%，浓厚蛋白层的水分含量为 84%，内稀薄蛋白层的水分含量为 86%，系带膜状层的水分含量为 82%。大部分水以溶剂的形式存在，少部分以结合水的形式与蛋白质结合。

蛋白中蛋白质的含量为 11%～13%，目前在蛋白中已经发现近 40 种蛋白质，包括卵白蛋白、卵球蛋白、卵黏蛋白、类黏蛋白和卵伴白蛋白等。这些蛋白质可以分为两类，即简单蛋白类和糖蛋白类。简单蛋白类有卵白蛋白、卵球蛋白和卵伴白蛋白，糖蛋白类有糖蛋白、类黏蛋白等。蛋白中含量较多的主要蛋白质及其分子特征见表 5-1。

表 5-1 蛋白中含量较多的主要蛋白质及其分子特征

蛋白质类型	含量/%	等电点	分子量	性　　质
卵白蛋白	54.0	4.5～4.8	45 000	属磷脂糖蛋白
卵伴白蛋白	12～13	6.05～6.6	70 000～78 000	与铁、铜、锌络合，抑制细菌
类黏蛋白	11.0	3.9～4.3	28 000	抑制胰蛋白酶
卵抑制剂	0.1～1.5	5.1～5.2	44 000～49 000	抑制蛋白酶，包括胰蛋白酶和糜蛋白酶
卵黏蛋白	3.5	4.5～5.1	—	抗病毒的血凝集作用
溶菌酶	3.4～3.5	10.5～11.0	14 300～17 000	分裂 β-(1,4)-D-葡萄糖胺
卵糖蛋白	0.5～1.0	3.0	24 400	属糖蛋白
黄素蛋白	0.8	3.9～4.1	32 000～36 000	结合核黄素
卵巨球蛋白	0.05	4.5～4.7	760 000～900 000	热抗性极强
卵球蛋白 G_2	4.0	5.5	36 000～45 000	发泡剂
卵球蛋白 G_3	4.0	5.8	36 000～45 000	发泡剂
抗生物素蛋白	0.05	9.5	53 000	结合核黄素
无花果蛋白酶抑制剂	0.05	约 5.112 88	12 700	抑制蛋白酶，包括木瓜和无花果蛋白酶

蛋白中的碳水化合物主要分为两种状态存在：一种是同蛋白质结合存在，在蛋白中占 0.5%，如与卵黏蛋白和类黏蛋白结合的碳水化合物；另一种是以游离状态存在，在蛋白中占 0.4%。游离糖中的 98% 为葡萄糖，余下为果糖、甘露糖、阿拉伯糖、木糖和核糖。

虽然蛋白中的碳水化合物的含量很少,但是其在蛋品加工尤其是加工蛋白粉、蛋白片等产品中,对产品的色泽有重要影响。

新鲜蛋白中含极少量脂质,约 0.02%,其中,中性脂质和复合脂质的组成比是 6~7:1。中性脂质主要成分为蜡、游离脂肪酸和醇,而复合脂质主要成分为神经鞘磷脂和卵磷脂。

蛋白中维生素含量较少,其中 B 族维生素较多,每 100 g 蛋白中含 B 族维生素 240~600 μg、烟酸 5.2 μg、维生素 C 0~2.1 μg 及少量泛酸。蛋白中色素含量较少,主要是核黄素,所以蛋白呈淡黄色。蛋白中总灰分为 0.6%~0.8%,种类很多,主要有钾、钠、钙、镁、氯等,含量见表 5-2。

表 5-2　蛋白中无机成分含量　　　　　　　　　　　　mg/100 g

K	Na	Ca	Mg	Cl	Fe	S	P	Zn	I	Cu	Mn
138.0	139.1	58.5	12.41	172.1	2.25	165.3	237.9	1.50	0.072	0.062	0.041

蛋白中存在的主要酶类是溶菌酶,此外还发现存在三丁酸甘油酶、肽酶、磷酸酶、过氧化氢酶等。

3. 蛋黄

蛋黄中的脂质广义上通常指蛋黄油,约占蛋黄总重的 30%。从蛋黄中提取脂质时主要包括真脂、磷脂和胆固醇三部分。真脂是蛋黄中的真正脂肪,系由不同的脂肪酸和甘油所组成的甘油三酯,在鸡蛋黄中约占脂质的 62.3%。磷脂由甘油、脂肪酸、磷脂、胆碱组成,蛋黄中约含有 10% 的磷脂,主要包括卵磷脂和脑磷脂两类,这两种磷脂占总磷脂含量的 88%。蛋黄中的胆固醇约占蛋黄中脂质总量的 4.9%。

蛋黄中的蛋白质生化功能几乎和蛋白中蛋白质相同,大多为磷蛋白和脂肪结合而形成的脂蛋白,具体组成与含量为:低密度脂蛋白 65.0%,卵黄球蛋白 10.0%,卵黄高磷蛋白 4.0%,高密度脂蛋白 16.0%,其他 5.0%。

碳水化合物占蛋黄重的 0.2%~1.0%,以葡萄糖为主,也有少量乳糖。碳水化合物主要以与蛋白质结合的形式存在,如葡萄糖与卵黄磷蛋白、卵黄球蛋白等结合存在,而半乳糖与磷脂结合存在。

鲜蛋中维生素主要存在于蛋黄中,蛋黄中维生素不仅种类多,而且含量丰富,其中以维生素 A、维生素 E、维生素 B_2、维生素 B_6 和泛酸最多。蛋黄中色素含量丰富,大部分是脂溶性色素,如胡萝卜素、叶黄素,水溶性色素主要是玉米黄色素,蛋黄因而呈黄色或橙黄色。每 100 g 蛋黄中含有 0.3 mg 叶绿素、0.031 mg 玉米黄素和 0.03 mg 胡萝卜素。

蛋黄中酶的种类很多,目前已经证实蛋黄中的酶主要包括淀粉酶、三丁酸甘油酶、胆碱酯酶、蛋白酶、肽酶、磷酸酶和过氧化氢酶等。禽蛋中常见到各种物理、化学和生物学变化,大多数是禽蛋中各种酶的参与所导致的。比如,禽蛋在较高的温度下容易腐败、变质,这就与蛋中酶的活性增强密切相关。

蛋黄中含有 1.0%~1.5% 的矿物质,其中磷最为丰富,占无机成分总量的 60% 以上;钙次之,占 13% 左右;此外,还含有铁、硫、钾、钠、镁等。

5.1.3 禽蛋的营养价值

食品的热值是评定食品营养价值的基本指标,人体对食品的需要量通常用主要营养物质糖、蛋白质、脂肪所产生的热值来表示。禽蛋的热值是由其含有的脂肪和蛋白质所决定的,禽蛋的热值低于高脂肪含量的猪肉、羊肉,但高于牛肉、禽肉以及乳类。因此,禽蛋的利用价值较高,应用范围很广。

禽蛋中的蛋白质含量丰富,主要是卵蛋白、卵黄磷蛋白和卵黄球蛋白,它们都是完全蛋白质,含有人体所必需的各种氨基酸,而且氨基酸相对组成与人体的组成较为接近,利用程度也较高。蛋类的蛋白质含量较高,鸡蛋的蛋白质含量为 11%～18%,鸭蛋为 12%～14%,鹅蛋为 12%～15%。日常食物中,谷类含蛋白质 8%左右,豆类 30%～40%,蔬菜 1%～2%,肉类 16%～20%,鱼类 10%～12%,牛乳 3.0%。由此可见,蛋类的蛋白质含量仅低于豆类和肉类,高于其他常见食物。

禽蛋含有较丰富的脂质,脂质熔点接近于人体温度,容易被人体消化吸收。禽蛋脂肪中有 58%～62%的不饱和脂肪酸,其中的油酸、亚油酸是必需脂肪酸,含量丰富。蛋中还富含磷脂和固醇类,其中的磷脂(卵磷脂、脑磷脂和神经磷脂)对人体的生长发育非常重要,是构成体细胞及神经活动不可缺少的物质。另外,固醇是机体内合成固醇类激素的重要成分,与性激素也有密切关系。

禽蛋中磷和铁含量较多,还有各种微量元素,也容易被人体吸收利用。蛋黄中的铁含量相对其他食物要高,易被吸收(利用率达 100%),因此蛋黄是婴儿、幼儿以及贫铁患者补充铁的良好食品。禽蛋中的维生素也很丰富,人体每天所需的大部分维生素 A、维生素 B_1 都可由禽蛋提供。虽然禽蛋中所含维生素 C 不足,含钙较少,但其仍可称为具有高营养价值的天然食品。

5.2 禽蛋的储运特性和腐败变质

禽蛋营养丰富、食用方便,但在无保鲜措施的情况下,很容易发生品质变化,严重的可引起腐败变质。目前,我国蛋禽养殖仍然以规模小、群体大、分布广为主要特点,但是正在向规模化、集约化和区域化的方向快速发展。尤其是近年来环保政策的压力更促进了这种趋势的发展,同时规模化、集约化、区域化的发展也给鲜蛋和蛋制品远距离运输带来新的挑战。因此,为了保持鲜蛋在商业流通中的品质及平衡鲜蛋市场中的供求关系,鲜蛋贮藏是非常必要的。

5.2.1 禽蛋的储运特性

禽蛋在储运过程中可发生三类变化:物理化学变化、胚胎生理学变化和微生物作用。

1. 物理化学变化

1) 物理变化

禽蛋在产出后就会通过蛋壳上的气孔与外界进行物质交换,在温度与湿度的影响下,蛋白水分会同时向外逸散和向蛋黄内渗透。环境湿度越高，禽蛋的失重越小。当环境温度升高时，会加剧水分的消失和鲜蛋失重，改变蛋的重量、相对密度和黏度，气室也会不断增大。

拓展阅读 5.1　贮藏环境对鸡蛋新鲜度的影响

2）化学变化

新鲜禽蛋蛋白的 pH 为 7.5～7.6，随着禽蛋在贮运过程中逐渐变质，pH 会逐渐降低，当低于 7.0 时则不宜食用。与此同时，禽蛋内的营养物质也会随着禽蛋本身的呼吸和微生物作用，不断地转化和分解。在储运过程中，禽蛋蛋白质的比例会发生变化，其中卵类黏蛋白、卵球蛋白和低磷脂质蛋白的含量相对增加，而卵伴白蛋白、溶菌酶以及蛋黄中卵黄球蛋白和磷脂蛋白的含量不断减少。此外，微生物也可将蛋白质分解成为氨基酸，再经过脱羧基、脱氨基、水解和氧化还原作用生成多肽、有机酸、吲哚、氨、硫化氢等产物，使蛋产生强烈的臭味。蛋黄中的脂肪容易在微生物产生的脂肪酶的作用下分解成为脂肪酸和甘油，进一步被分解成低分子的醛、酮、酸等刺激性气味的物质。蛋黄中含有丰富的磷脂，磷脂可以被细菌分解生成含氮的碱性有机物质，其中最容易被分解的是胆碱。胆碱无毒，但被微生物代谢后可产生有毒的化合物，如神经碱和蕈毒碱等。蛋中的少量碳水化合物随着贮藏而减少，被微生物分解成有机酸、乙醇、二氧化碳等。微生物分解糖产生的代谢物一般无毒性，但对禽蛋的品质有很大的影响。

2. 胚胎生理学变化

胚胎在 21～25 ℃下开始发育，未受精卵的胚胎有膨大现象，即热伤蛋。受精卵在胚胎周围产生血丝、血圈，甚至血筋，成为胚胎发育蛋，降低了蛋的食用价值。因此，鲜蛋在运输和贮藏时需要注意保持较低的温度。

3. 微生物作用

蛋是营养丰富的食品，含有丰富的有机物、无机物和维生素，极易滋生微生物。一旦微生物侵入蛋内，就会迅速繁殖并分解有机物，造成鲜蛋的腐败变质。常见的微生物主要有细菌和霉菌，多为好气性菌。不良的家禽饲养卫生条件，蛋的保存、包装、运输条件等都会导致微生物的污染。

5.2.2　禽蛋的腐败变质

禽蛋的腐败变质泛指禽蛋在各种因素条件下，降低或失去食用品质的过程。鲜蛋腐败变质主要是微生物因素、环境因素和禽蛋本身的特性三者相互影响、综合作用的结果。其中，微生物是引起鲜蛋腐败变质的主要因素。

1. 微生物因素

禽蛋的腐败变质是一个复杂、多种多样的化学过程，是微生物共同协作的结果。引起鲜蛋腐败的微生物主要是非致病性细菌和霉菌。梭状芽孢杆菌、变形杆菌以及肠道菌科的各种细菌能分解蛋白质，荧光假单胞菌、沙门菌属和产碱杆菌等能分解脂肪，大肠杆菌、枯草杆菌和丁酸梭状芽孢杆菌等微生物能分解糖。此外,变形杆菌能够让禽蛋腐败并产生大量的硫化氢,荧光杆菌能产生人粪气味的红色物质,绿脓杆菌能使蛋腐败并产生绿色物质。霉菌引起禽蛋腐败通常产生褐色或其他状物。霉菌最初主要生长在蛋壳表面,菌丝由气孔侵入蛋内存在于蛋壳膜上,并在靠近气室处迅速繁殖形成稠密分枝的菌丝体,然后破坏蛋白膜进入蛋内形成小霉斑点,霉菌菌落扩大连成片,最终形成霉菌腐败变质蛋。

2. 环境因素

气温是影响禽蛋腐败变质的一个较为重要的环境因素。由于蛋壳内、外的细菌大部分属于嗜温菌,生长所需温度为10~45 ℃(最适温度为20~40 ℃)。较高的温度能促进细菌生长繁殖,细菌入侵蛋内并迅速发育、繁殖,分解蛋液内的营养物质,造成禽蛋腐败变质。因此,夏季最易出现腐败蛋。另外,高温提高蛋内水分向外蒸发的速度导致气室变大,增加蛋白水分向蛋黄的渗入使蛋黄膜过度紧张失去弹性而崩解,形成散黄蛋。高温还能提高蛋内酶的活动,加速蛋中营养物质的分解,促进蛋的腐败变质。

湿度是影响禽蛋腐败变质的另一个环境因素。在气温相同的条件下,湿度越高,禽蛋腐败变质的时间越短。霉菌的生长、繁殖与湿度的关系最密切,只要湿度适宜,即使在较低温度下,也能生长繁殖。所以在湿度较高的环境下,禽蛋最易发生霉菌性的腐败变质。

3. 禽蛋本身的特性

壳外膜是禽蛋防止微生物入侵的第一道防线,能够延缓水分的损失和阻止微生物的侵入。但是,壳外膜很容易消失或脱落,外界的细菌、霉菌等微生物可通过气孔侵入蛋内,加速蛋的腐败变质。同样品质的鸡蛋在相同条件下贮存,由于处理方法不同,微生物侵入禽蛋的速度也不相同,由此导致鲜蛋腐败变质速率的差异。此外,当蛋壳破损后,微生物更易侵入蛋内部,加速禽蛋的腐败变质。

 5-1

圣迪乐村着力打造新零售下的"冷链先行"

坚持行业新标准的定义和研究,圣迪乐村联合盒马鲜生(以下简称"盒马")品牌开发独家可生食鸡蛋,全程冷链可追溯。2020年12月2日,盒马在上海召开第三届新零供大会,圣迪乐村荣获"2020最佳供应链奖"。作为一个以供应链为核心竞争力的企业,盒马给圣迪乐村颁奖,也直接肯定了圣迪乐村在蛋品生产标准和供应配送上的强大优势。值得注意的是,圣迪乐村也是鸡蛋生鲜类目中唯一获奖的企业。

在供应链源头,圣迪乐村建立了一整套全环节的生产链品质控制体系,提高消费者对生鲜产品质量的信任。"从种源安全、生物安全、有害生物防治、环境卫生等多个环节、近百个关键控制点对产品生产进行严格管控。"新兴业务事业部O2O经理李睿玲提到,正是这一整套体系的保障,才使得圣迪乐村作为盒马全国战略供应商,在疫情期间也能够全面保证供应。

"基地当天产出的鸡蛋,经过全自动洁净后,会经过冷藏处理后,再通过全程冷链配送车直接送到盒马冷链仓。"据圣迪乐村品控相关负责人介绍,这样做的目的,一是抑制沙门氏菌的滋生,二是最大限度保证鸡蛋新鲜。2020年,圣迪乐村基于全国自建17个养殖基地带来的供应优势,鸡蛋从基地到盒马冷链仓,最快12小时能完成配送。2020年上线以来,圣迪乐村在盒马平均每月整体销量环比增加30%以上,截至2020年12月,整体实现6倍增长。2020年11月,圣迪乐村大单品OMEGA-3鸡蛋也在盒马系统先行,相继在成都、深圳、广州、上海率先销售。

资料来源:圣迪乐村着力打造新零售下的"冷链先行"。凤凰网,http://biz.ifeng.com/c/823YirKO3KN.

5.3 蛋制品的加工

根据现行的国家标准《食品安全国家标准 蛋与蛋制品》(GB 2749—2015),各种家禽生产的、未经加工或仅用冷藏法、液浸法、涂膜法、消毒法、气调法、干藏法等贮藏方法处理的带壳蛋通常被称为鲜蛋。采用一定的加工方式即可将鲜蛋制成蛋制品。本节主要介绍与冷链配送相关的蛋制品及其加工工艺,如液蛋制品、冰蛋制品和再制蛋等。

5.3.1 液蛋制品

液蛋制品是指以鲜蛋为原料,经去壳、加工处理后制成的蛋制品。其经过预处理和打蛋后分为全蛋液、蛋黄液和蛋白液,后续可以通过冷藏、蛋液杀菌、加糖或加盐的再加工制成不同液态蛋制品。

1. 原料预处理

加工液蛋制品前需要取得半成品即蛋液,然后再加工成各种产品。鲜蛋的预处理是指将鲜蛋制成蛋液半成品前的选择、清洗和消毒过程。

1) 原料蛋的选择

原料蛋的质量直接影响半成品和成品的质量好坏,必须选择清洁、完整、无破碎的鲜蛋为原料。黑蛋、霉蛋、酸蛋、绿色蛋、白蛋、黏壳蛋、异味蛋、胚胎发育蛋、血坏蛋、热伤蛋等不得用作原料蛋。若原料不新鲜则打蛋后蛋白与蛋黄不易分开,导致制成率及作业效率均降低,并使蛋白液中混有较多蛋黄或蛋黄液中混有较多蛋白,由此制成的产品功能特性较差,微生物含量也较高。

2) 鲜蛋整理

鲜蛋从产地运到加工厂后,通常会因运输产生破损蛋,并混有各种包装填充材料如麦秸、稻草、稻壳等,使蛋壳本身受到一定程度的污染。因此,必须及时清除填充物和剔除破损蛋,粗选出适于加工的鲜蛋,随后将鲜蛋送至照蛋车间。

3) 照蛋

鲜蛋在收购、保管、运输过程中,蛋的内容物会发生不同程度的变化,为了能将变质的不适于加工的次、劣蛋挑出来,通常在打蛋前要进行照蛋检查。一般使用照蛋器逐个检查,把散黄蛋、霉蛋、血圈蛋、热伤蛋、孵化蛋、腐败蛋等次、劣蛋剔出。

4) 洗蛋

在产蛋、存放、运输过程中,蛋壳上会沾有许多粪便、泥土以及微生物,蛋壳上的大量微生物是导致打蛋车间微生物污染的主要原因。在打蛋前将蛋壳洗净、杀菌是防止将蛋壳上的微生物引入蛋液中的有效方法。洗蛋的方法有手工洗蛋和机器洗蛋两种,不管采用哪种洗蛋方法,都应避免蛋在污水中停留时间过久。

5) 蛋壳杀菌消毒

清洗后的蛋壳上仍可能带有肠道致病菌,为了保证蛋液的质量,需要对蛋壳消毒,以使蛋壳表面的细菌数减少到最低限度。贮藏间蛋壳的消毒方法有漂白粉溶液消毒法、氢氧化钠消毒法和热水消毒法等。目前,已有专门用作消毒蛋壳的洗洁剂和杀菌剂在打蛋场中使用。

6) 晾蛋

经消毒冲洗后的鲜蛋送晾蛋室晾干,防止打蛋时水珠滴入内容物中造成污染,减小蛋壳表面再次被污染的概率。晾干室应保证通风良好、清洁卫生,温度控制在 45～50 ℃,蛋在 5 min 内被吹干。晾干方法通常有自然晾干法、吹风晾干法和烘干法。

2. 打蛋、去壳与过滤

打蛋、去壳、过滤是所有蛋液制品的必备工序。打蛋是把蛋壳打破将蛋液去除的过程,要求蛋壳只在蛋的钝端附近打开,不应有破碎蛋片,蛋壳内的蛋白应尽可能都取出。

1) 人工打蛋

逐个打蛋去壳并将蛋白、蛋黄分开的方法即为人工打蛋。打蛋所需要的设备及工具有打蛋台、打蛋器、打分蛋器、存蛋杯、蛋液小桶等。打蛋方法分为打全蛋和打分蛋。人工打蛋的优点是可减少蛋白混入蛋黄中或蛋黄混入蛋白中的现象,但人工打蛋的生产效率低,不适于大规模打蛋。

拓展阅读 5.2 鸡蛋分级和鸡蛋加工生产流程图

2) 机械打蛋

打蛋机是于 20 世纪 50 年代发展起来的蛋品加工设备,它可实现蛋清洗、杀菌过程连续化,蛋的清洗、消毒、晾蛋及打蛋几道工序同时在打蛋机上完成。机械打蛋能减轻劳动强度、提高生产效率,但也要求蛋的鲜度高、蛋的大小适当。目前,我国蛋源分散,家禽的品种杂,所产的蛋大小不一,给机械打蛋带来一定困难,故采用机械打蛋同时配合人工打蛋为较可行的方案。

3) 蛋液的混合与过滤

蛋内容物并非均匀一致,为使所得到的蛋液组织均匀,需将打蛋后的蛋液混合,这一过程可通过搅拌实现。蛋液在过滤的同时也是除去碎蛋壳、蛋壳膜以及杂物的过程,并起到搅拌混合作用,搅拌过滤的方法因用具形式不同而有差异。由于蛋液在混合、过滤前后均需要冷却,也会导致蛋白和蛋黄因相对密度差,呈不均匀混合状态,因此需要通过均质机或者添加食用乳化剂的方法使其混合均匀。

3．蛋液的杀菌

原料蛋在预处理以及混合过滤过程中都可能受到微生物的污染，为保证卫生安全，必须经过杀菌处理。蛋液的巴氏杀菌又称为巴氏消毒，是在最大限度地保持蛋液营养成分不受损失的条件下，加热彻底消灭蛋液中的致病菌，最大限度地减少菌数的一种加工措施。未杀菌的蛋液中最常发现的微生物有大肠杆菌、沙门氏菌、葡萄球菌等，污染蛋液的病原微生物主要来源有家禽本身以及蛋液制造厂的设备。蛋液的杀菌方法根据蛋液的组成差异而有所不同。

1) 全蛋液的巴氏杀菌

我国一般采用的是杀菌温度为 64.5 ℃，保持 3 min。经过这样杀菌，一般可以保持全蛋液在食品配料中的功能特性，同时从卫生角度也可杀灭致病菌并减少蛋液内的杂菌数。

2) 蛋黄的巴氏杀菌

蛋液中主要的病源菌是沙门氏菌，沙门氏菌在蛋黄中的热抗性比在蛋白、全蛋液中高，因此蛋黄的巴氏杀菌所需的温度要比全蛋液或蛋白液高。考虑到蛋黄的热敏感性低，因此采用较高的巴氏杀菌温度是可行的。

3) 蛋白的巴氏杀菌

蛋白中的蛋白质更容易受热变性，使其功能特性降低。相关研究表明，对蛋白进行杀菌的同时也要考虑流速、蛋白黏度、加热温度、时间及添加剂等因素能够有效保证蛋白不发生各类机械和物理变化。添加乳酸和硫酸铝（pH=7）后进行巴氏杀菌能够大大提高蛋白对热的抵抗力，进而可以采用与全蛋液一致的巴氏杀菌条件。

4．杀菌后冷却

杀菌后的蛋液需要根据使用目的迅速冷却，如供原工厂使用，可冷却至 15 ℃ 左右。若以冷却蛋或冷冻蛋形式出售，则需迅速冷却至 2 ℃ 左右，然后再充填至适当容器中。

经搅拌过滤的蛋液也要及时预冷，以防止蛋液中微生物的生长和繁殖。预冷是在预冷罐中进行。预冷罐内装有蛇形管，管内有流动着的制冷剂（−8 ℃的氯化钙水溶液），蛋液在管内冷却至 4 ℃ 左右即可。如不进行巴氏杀菌，可直接包装。冷却在冷却器中进行，冷却器的种类和结构与杀菌器相同。在充填前将蛋液移入搅拌器中，再加入一定量的食盐（一般 10% 左右）或砂糖（5%～10%）予以搅拌。加盐或糖尽可能在杀菌前，以免制品产生二次污染，但加盐、糖使蛋液黏度增大，杀菌操作困难。

5．填充、包装及输送

蛋液充填容器容量通常为 12.5～20 kg 包装的方形或圆形马口铁罐，内壁镀锌或内衬聚乙烯袋。

液蛋主要用于食品工业。各类液蛋功能性和成分不同，应用范围也有一定差别，在冰淇淋、糕饼面包、蛋料理、医药品和面类中都有使用。

5.3.2 冰蛋制品

冰蛋制品是指以鲜蛋为原料，经去壳、加工处理、冷冻等工艺制成的蛋制品，如冰全蛋、冰蛋黄、冰蛋白等。其中,鸡全蛋液经巴氏杀菌后加工而成的冰全蛋称巴氏杀菌冰鸡全蛋。制作冰蛋制品的过程中常会加入许多其他物质,如加入食盐和蔗糖等以改善含蛋黄制品的胶化现象。随着我国冷藏技术的发展,冰蛋制品在蛋制品中的比重也有较大幅度增长,是我国出口创汇的主要蛋制品,也是国内调节产蛋季节性的主要蛋制品。

冰蛋制品的前部分加工过程如原料蛋的检查至杀菌结束完全与液蛋加工相同,后期的加工过程还包括包装、冻结。

1. 预冷

均匀纯净的蛋液经搅拌过滤后进入预冷罐,以防止蛋液中微生物繁殖,加快冻结速度,缩短急冻时间。一般蛋液温度降到 4~10 ℃,结束预冷,进行包装。

2. 包装

包装和听装的目的是便于冷冻与贮藏。大部分包装材料以马口铁罐为主,也有许多冰蛋制品加工厂采用塑料袋和纸板盒包装。在充填时,应注意液蛋的容器必须在事先彻底清洗杀菌、干燥后方可使用,并保证液蛋不流出,以免微生物污染。用铁罐则罐内侧必须涂有涂层或内衬聚乙烯袋。

3. 急冻

包装后的蛋液马上送到速冻车间进行冷冻。冷冻时要保证各包装容器之间有一定的间隙,以利于冷气流通,保证冰冻速度。速冻车间的温度应保持在 −20 ℃ 以下,速冻 72 h 即可结束,此时中心温度为 −18~−15 ℃,随后取听装纸箱包装。在冻结过程中,冰蛋制品的冻结速度与蛋液种类和急冻温度有关。温度越低,冻结越快;蛋液所含固体成分越多,冻结越快。在相同温度下,冻结速度由快到慢依次是蛋黄>全蛋>蛋白液。急冻好的冰冻品需尽快送至冷库冷藏,冷藏库内的温度需保持在 −18 ℃,同时冷库温度不能上下波动太大。贮藏冰蛋的冷库不得同时有其他异味腥味的产品。

5.3.3 再制蛋

再制蛋是指以鲜蛋为原料,添加或不添加辅料,经盐、碱、糟、卤等不同工艺加工而成的蛋制品,如咸蛋、咸蛋黄、糟蛋、卤蛋等。

1. 咸蛋和咸蛋黄

咸蛋主要是由鸭蛋或鸡蛋用食用盐腌制而成。食盐在腌制过程中能通过蛋壳上的气孔、蛋壳膜、蛋白膜、蛋黄膜逐渐向内部渗透、扩散,从而使腌蛋具有一定的防腐能力和特殊风味。咸蛋的加工方法有很多,传统的有草灰法、盐泥涂布法、盐水浸渍法、灰浆浸泡法、泥浆浸泡法、白酒浸渍法等。但是,传统的腌蛋腌制周期长,产品口感较咸。为了满足对咸蛋日益增长的需求和实现传统咸蛋生产的工业化,一些新型的咸蛋腌制技术,如压力腌蛋法、超声波辅助腌制法、添加香辛料和添加剂等方法逐渐被开发利用。

咸蛋黄主要用于做月饼、蛋糕、粽子、蛋黄包等我国传统食品的原料,因其营养丰富、口感诱人而广受欢迎,在我国有广泛的市场需求。目前,咸蛋黄加工工艺主要分为传统和现代两大类。传统法是将鲜鸭蛋整蛋腌制后破壳取出咸蛋黄,加热成型,真空包装得到咸蛋黄产品。此法会浪费相当数量的蛋白,且腌制过后的蛋白盐分过高,风味不佳。另外,传统工艺存在卫生条件差、生产周期长、产量低下及产品品质难以控制等诸多问题。针对这些问题,现代工艺单独对蛋黄进行腌制,主要分为直接腌制法、冷—热变性腌制法、半透膜腌制法以及模具定性干腌法等,按照腌制剂的状态又可以分为湿腌法和干腌法。

咸蛋黄的保鲜一般选用较为经济、简便的速冻法,但速冻法容易导致产品质构改变,原有的品质下降,因而许多高要求的商家要求采用其他保鲜方法,如真空包装、充气包装、保鲜液浸泡等方法。

2. 糟蛋

糟蛋是用鲜蛋在糯米酒糟中糟制而成的一类再制蛋,其品质柔软细嫩、滋味鲜美、气味醇香,是我国传统特产之一。糟蛋根据加工方法不同可以分为生蛋糟蛋和熟蛋糟蛋,根据糟蛋制品是否含有蛋壳又可分为硬壳糟蛋和软壳糟蛋,前者不需要经过裂壳处理而后者需要。成熟后的糟蛋必须在密闭环境下保存,可以使用原坛或瓶和塑料袋分装、密封保存。

糟蛋加工的原理通常认为是糯米在酿制过程中受糖化菌的影响,淀粉分解成糖类,再经过酵母发酵产生醇类,一部分醇氧化转变为乙酸,同时食盐通过渗透和扩散作用进入蛋内,发生一系列物理化学变化,使得糟蛋具备一定防腐作用。采用酱卤法生产的卤蛋,含有较丰富的营养物质且食盐含量较低,但常规贮藏期间易发生腐败变质,因此产品多采用巴氏杀菌后真空包装的形式进行运输和销售。

5.4 鲜蛋和蛋制品的检验

在收购、贮存、加工、销售和出口时,禽蛋的品质好坏不一,必须经过严格检验,剔除破、次、劣蛋。禽蛋的质量指标通常分为一般质量和内部品质两种:一般质量是从蛋的外观鉴定,如观察和测定蛋的蛋形指数、蛋重、密度、蛋壳完整、色泽、坚固情况和清洁程度等指标;内部品质是通过光照透过观测禽蛋的气室高度、蛋白指数、蛋黄指数、哈夫单位、血斑和肉斑率、蛋黄百分率、蛋黄色泽、内容物的气味和滋味、蛋白状况和系带状况等指标。常见的降级蛋可粗略划分为次劣蛋、破损蛋和反常蛋三种,通常由机械损伤、自身变化、热伤变化、微生物污染及产蛋家禽的生理缺陷、病理原因或饲料成分的影响等因素造成。目前广泛采用的不破壳的鉴别方法有感官鉴别法和光照鉴别法,特殊情况也可采用理化和微生物检验。

为保证蛋与蛋制品的产品质量,我们国家制定了一系列的国家标准,以规范蛋与制品中各项指标的检验方法。例如,《食品安全国家标准 蛋与蛋制品》(GB 2749—2015)规定了鲜蛋与蛋制品的原料要求、感官要求(色泽、滋味、气味和状态)、污染物限量、农药残留限量和兽药残留限量、微生物限量(菌落总数,大肠菌群)、食品添加剂和食品营养强化剂。《食品安全国家标准蛋与蛋制品生产卫生规范》(GB 21710—2016)规定了蛋与蛋制品的生产过程中原料采购、加工、包装、贮存和运输等环节的场所设施、人员的基本要求和管理准则。

5.5 蛋与蛋制品的冷链流通

由于鲜蛋具有孵育性、潮变质性、冻裂性、吸味性、易腐性和易碎性,环境温度的高低、湿度大小以及污染、挤压碰撞等都会引起鲜蛋质量的变化。冷链技术能提供适宜的温度（－2～－1 ℃）、湿度（85%～90%）以及干净卫生的环境,一方面能够控制鲜蛋在储运过程中不良的物理化学变化和生理学变化,如抑制鲜蛋内的酶活性和新陈代谢、减少干耗率等；另一方面,可以降低微生物污染并抑制鲜蛋内的微生物生长繁殖,延缓蛋内的蛋白质、脂肪和糖的分解,减少微生物造成的腐败变质,从而实现在较长时间内保持鲜蛋的品质。因此,发展和完善蛋与蛋制品的冷链流通对禽蛋产业发展和升级至关重要。

拓展阅读 5.3 禽蛋生鲜产品冷链物流的转型与升级

目前,我国的冷链运输物流产业快速发展,国内的德青源、正大和圣迪乐村等企业也开始使用冷链物流运输鲜蛋。对于冷链中蛋与蛋制品的品质控制和良好流通,已有国标《清洁蛋加工流通技术规范》（GB/T 34238—2017）以及中华人民共和国国内贸易行业标准《洁蛋流通技术规范》（SB/T 10640—2011）予以规范和说明。为进一步引导鲜蛋冷链流通产业的发展、减少鲜蛋运输中的损耗、提高鲜蛋产品质量、保障食品安全、规范鲜蛋市场、满足消费者需求并与国际接轨增加对外贸易,还需要制定更全面的鲜蛋冷链流通规范标准。

 5-2

高效冷链系统 72 小时鲜蛋送您家

为了保障消费者品尝到一日三餐的舌尖美味,天猫与专业的生鲜和物流平台一起,提供"朝发夕食"的高效冷链保鲜能力。在"理想的一日三餐"专享日中,德青源鸡蛋——从下蛋（不是下单哦）到上桌只需 72 小时。据悉,供应商会根据天猫超市的要求,提前一天将当天生产的最新鲜的鸡蛋放入天猫超市生鲜仓内,生鲜仓都是易果生鲜旗下安鲜达运营,入库次日就可以将鸡蛋通过落地配送到各城市消费者手中。

资料来源：72 小时鲜蛋到家 天猫超市给您理想的一日三餐. 北京青年报社,https://baijiahao.baidu.com/s?id=1576959223210644703&wfr=spider&for=pc.

【本章小结】

禽蛋主要由蛋壳、蛋白和蛋黄三部分组成,具有较高的营养价值。在储运过程中,鲜蛋容易发生物理化学变化、胚胎生理学变化和微生物作用,影响禽蛋的品质甚至使其失去食用价值。另外,禽蛋品质很容易受到微生物因素、环境因素和禽蛋本身特性的影响。其中,微生物作用是引起腐败变质的主要原因。

冷链技术能够提供适宜的温度、湿度以及干净卫生的环境,一方面,冷链技术可以抑制鲜蛋在储运过程中的不良物理化学变化和生理学变化；另一方面,冷链技术可以降低微生物污染并抑制鲜蛋内微生物的生长繁殖,延缓蛋内的蛋白质、脂肪和糖的分解,减少微生物引起的腐败变质,从而实现在较长时间内保持鲜蛋的品质。

【本章习题】

一、名词解释

1. 热伤蛋
2. 禽蛋的腐坏变质

二、简答题

1. 蛋的结构与组成包括哪些?
2. 概述蛋制品易腐原因。
3. 蛋制品冷链流通中需要注意哪些问题?

三、论述题

根据本章所学内容,论述我国蛋制品冷链运输中的问题和对策。

【即测即练】

第 6 章　水　产　品

【本章导航】

本章主要介绍水产食品原料的特性;水产原料的一般化学组成及特点;水产品低温保鲜原理及方法;水产品的污染及检验。最后总结水产品的冷链运输。

海南空运出口水海产品快速增长

据海口海关 2020 年 1 月 7 日统计,2019 年我省从海口美兰国际机场口岸出口的水海产品共 150 批次,同比增长 1 倍,货值共计 944.25 万元,同比增长 179.6%。出口水海产品主要为黑斑笛鲷鱼、金鲳鱼、笋壳鱼等,其中鱼苗 198.10 万尾、笋壳鱼 56.47 吨。为推动海南水海产品空运快速走出国门,海口海关主动对接企业需求,采取"优质农产品出口动态认证＋免证书免备案"等利好政策,使企业充分享受通关便利。同时针对水海产品等鲜活类货物保鲜特性,实施"7×24 h"预约通关模式,开通"绿色通道",并全面启用新一代海关查验管理系统推进现场作业无纸化、智能化,确保鲜活类货物快速验放,实现通关"零等待"。

资料来源:我省空运出口水海产品快速增长.海南日报数字报,http://hnrb.hinews.cn/html/2020-01/08/content_4_3.htm.

6.1　水产原料的营养特性及营养价值

6.1.1　水产原料的营养特性

水产食品是以生活在海洋和内陆水域中有经济价值的水产动植物为原料,经过各种方法加工制成的食品。水产动物原料以鱼类为主,其次是虾蟹类、头足类、贝类;水产植物原料以藻类为主。

6.1.2　水产原料的营养价值

鱼类、甲壳类、软体动物的肌肉及其他可食部分富含蛋白质,并含有脂肪、多种维生素、无机质及少量的碳水化合物,这些水产原料对调节和改善食物结构及供应人体所必需的营养素具有重要作用。

一般鱼肉含有15%～22%的粗蛋白质,虾蟹类与鱼类大致相同,贝类的含量较低,为8%～15%,且因种类、季节而异。鱼类、虾蟹类的蛋白质含量按干基计高达60%～90%,与半肥瘦的猪肉、牛羊肉相近,不同的是猪、牛、羊因脂肪多,干物中蛋白质含量仅15%～60%。因此,水产品是一种高蛋白、低脂肪和低热量食物。

1. 蛋白质

水产品中鱼贝类的肌肉蛋白质可以简单地分为细胞内蛋白质和细胞外蛋白质,其中细胞内蛋白质包括肌原纤维蛋白质和肌浆蛋白,而细胞外蛋白质包括肌基质蛋白质(也叫结缔组织蛋白质)。

鱼类等水产品所含必需氨基酸的种类和数量均衡。多数鱼类的氨基酸与猪肉、鸡肉、禽蛋相同,高于牛肉和牛奶。鱼类蛋白质的赖氨酸含量特别高,但鲣、鲐、鲫等鱼类以及部分虾蟹贝类的第一限制氨基酸大多是含硫氨基酸,少数是缬氨酸。因此,对于米、面粉等第一限制氨基酸为赖氨酸的食品,可以通过互补作用有效改善食物蛋白的营养。此外,鱼类蛋白质消化率达97%～99%,与蛋、奶相同,而高于畜产肉类。

2. 脂质

脂质具有许多重要的功能,如作为热源、必需营养素(必需脂肪酸和脂溶性维生素)、代谢调节物质、绝缘物质(保温和断热作用)、缓冲(对来自外界机械损伤的防御作用)及浮力获得物质等。水产动物的脂质在低温下具有流动性,并富含多不饱和脂肪酸和非甘油三酯等,和陆上动物的脂质有较大差异。

鱼贝类脂质大致可分为非极性脂质和极性脂质,非极性脂质中的中性脂质大都为甘油三酯、甘油二酯和甘油单酯,一般含量不高。其中,大多数甘油三酯以贮藏脂质存在于脂肪组织、肝、胰脏等组织中。鱼油的甘油三酯和陆上油脂相比,往往是多种脂肪酸结合的混合甘油酯。与陆上动物的油脂相同的是,甘油三酯的1(α)位结合饱和脂肪酸,2(β)位结合短链不饱和脂肪酸的比例高,3位(α'位)结合长链脂肪酸的比例高。极性脂质以磷脂和固醇为主,作为组织的脂肪,分布于细胞膜和线粒体中。鱼贝类存在的主要磷脂也和其他动物一样,有磷脂酰胆碱、磷脂酰乙醇胺、磷脂酰丝氨酸、磷脂酰肌醇、鞘磷脂等。鱼类肌肉磷脂的75%以上是磷脂酰胆碱和磷脂酰乙醇胺。磷脂酰胆碱的1位多为16∶0,18∶1等饱和脂肪酸与单烯酸;2位往往结合20∶5,22∶6等n-3多不饱和脂肪酸。磷脂又可分为甘油磷脂和鞘磷脂。牡蛎、鲍鱼和扇贝等贝类含有大量的鞘磷脂(占总磷脂9%～36%),主要分布于内脏、外套膜鳃等组织,而闭壳肌含量最多。

鱼贝类的脂质特征是富含n-3系的多不饱和脂肪酸,而且海水鱼贝类的这种倾向比淡水鱼贝类更显著。此外,磷脂中n-3多不饱和脂肪酸的含有率比中性脂质高。因此,越是脂质含量低的种属,脂质中的n-3多不饱和脂肪酸的比例就越高。20世纪80年代以来,二十碳五烯酸(EPA)、二十二碳六烯酸(DHA)在降低血压、胆固醇以及防治心血管病等方面的生理活性被逐步认识,大大提高了鱼贝类的利用价值。

3. 糖类、矿物质和维生素

鱼贝类体内最常见的糖类是糖原。鱼类组织中的糖原和脂肪共同作为能量来源贮存,贝类特别是双壳贝的主要能源贮藏形式是糖原,贝类中的糖类含量往往比鱼类高10倍。除了糖原之外,鱼贝类中含量较多的多糖类还有黏多糖,甲壳类的壳和乌贼骨中所含的甲壳质(又叫几丁质、甲壳素)就是最常见的黏多糖,它是由N-乙酰基-D-葡萄糖胺通过β-1,4-键相结合的多糖,也称为中性黏多糖。

鱼体中的矿物质是以化合物和盐溶液的形式存在,种类很多,主要有钾、钠、钙、磷、铁、铜、碘等元素,它们的含量随鱼种、季节、地理位置和性周期的不同而变化。通常每100 g鱼肉中含有钠250~500 mg、磷100~400 mg、铁0.4~5 mg、铜0.04~0.6 mg、碘0.01~0.2 mg,在鱼的骨骼中含有丰富的钙质。

鱼类的可食部分含有多种人体营养所需的维生素,包括脂溶性维生素A、维生素D、维生素E、水溶性B族维生素和维生素C等,鱼贝类的种类和部位不同,维生素的含量有所差异。鱼类一般肝脏中含有大量的维生素A,可用来制作鱼肝油。鱼类中除八目鳗、河鳗、鲫、鲣等少数鱼肉维生素B_1含量在0.004~0.009 mg/g之外,多数鱼类在0.001~0.004 mg/g范围。不少鱼贝类、甲壳类中含有维生素B_1分解酶-硫胺素酶,造成维生素B_1的损失,但加热可使其失活。

6.2 水产品的低温保藏

6.2.1 水产品低温保鲜的原理

水产品捕捞后,若不立即采取有效保鲜措施,很容易腐败变质。水产品的腐败变质是体内所含酶及体上附着微生物共同作用的结果。微生物和酶的活动都与温度有关,降低温度,微生物就会停止繁殖,甚至死亡,酶的活性就会减弱甚至失去分解能力。因此,当把水产品置于低温环境时,就可抑制微生物的生长和酶的作用,延长水产品的贮藏期限。

鱼贝类的低温保鲜必须在渔获后立即进行,才能取得较好的效果。鱼体死后的生化变化,主要是糖原酵解、ATP分解等放热反应,大量热量的产生,将使鱼体温度升高2~10 ℃,如不及时冷却,必将大大促进鱼体内蛋白质分解酶的作用和细菌的生长繁殖,加速鱼体腐败的进程。

6.2.2 水产品低温保鲜的方法

初期冷却与维持低温对鱼类保鲜效果具有同样重要的意义。鱼贝类低温保鲜的方法主要有冰藏保鲜、冷海水保鲜、冰温保鲜、微冻保鲜和冻结保鲜等。

1. 冰藏保鲜

冰藏保鲜是一种广泛应用于水产品的保鲜方法。它是以冰为介质,将鱼贝类的温度降至接近冰的熔点,并在该温度下进行保藏。由于冰冷和冰藏是两个连续的、难以区分的过程,故通常合称为冰藏。冰藏使用的冰有淡水冰和海水冰两种,熔点分别为 0 ℃ 和 −2 ℃(海水冰通常无固定的熔点)。

冰藏保鲜的鱼类是需要维持低温的鲜嫩商品,应选用具有一定保温性的包装容器。渔业发达的国家研制了各种形式的冷藏集装箱和保温鱼箱,应用于从捕捞到销售的流通体系中。由于鱼货始终在低温下流通,因此能保持其良好的鲜度。我国于 20 世纪 80 年代开始研制和生产适合我国国情的水产品流通保温箱,应用于渔业生产后,延长了鱼类冰藏保鲜的时间,改变了以往烂鱼、臭鱼的状况,使水产资源得到有效的利用,提高了鱼货质量,并减少了用冰量。

冰藏保鲜是世界上历史最长的传统保鲜方法,因冰藏鱼接近鲜活水产品的生物特性,故至今仍是世界范围广泛采用的一种保鲜方法。保鲜期因鱼种而异,通常为 3~5 天,一般不超过 1 周,主要用于渔船上的保鲜。

2. 冷海水保鲜

冷海水保鲜是将渔获物浸渍在温度为 −1~0 ℃ 的冷却海水中进行保鲜的一种方法,主要应用于渔船或罐头工厂内。冷海水因获得冷源的不同,可分为冰制冷海水和机制冷海水两种。冰制冷海水是用碎冰和海水混合制得,机制冷海水是用机制冷却海水制得。

冷海水保鲜的最大优点是冷却速度快,在短时间内可处理大量鱼货,特别适合于品种单一、渔获量高度集中的围网作业渔船。采用冷却海水保鲜的方法操作简单,鱼货能被迅速处理,鱼体冷却快,保鲜效果好。冷海水保鲜的保鲜期因鱼种而异,一般为 10~14 天,比冰藏保鲜延长约 5 天。

冷海水保鲜的缺点是鱼体在冷海水中浸泡,因渗盐吸水使鱼体膨胀,鱼肉略带咸味,表面稍有变色,鱼肉蛋白也容易损失,在以后的流通环节会提早腐烂。国外冷海水保鲜的方法主要应用于围网渔船中、上层鱼类的保鲜和拖网渔船鱼类冻结前的预冷。中、上层鱼类的保鲜也有两种:一种是把鱼体温度冷却至 0 ℃ 左右,取出后改为撒冰保藏;另一种是在冷海水中冷却保藏,但保藏时间为 3~5 天,或者更短。

3. 冰温保鲜

冰温保鲜是将鱼贝类放置在 0 ℃ 以下至冻结点之间的温度带进行保藏的方法。冰温保鲜的温度区间很小,但在 0 ℃ 附近,温度每降低 1 ℃,鱼肉的细菌数就会明显减少,鱼的保鲜期也相对延长。由于冰温保鲜的水产中水分是不冻结的,因此能利用的温度区间很小,温度管理的要求极其严格,也使其应用受到限制。

4. 微冻保鲜

微冻保鲜是将水产品的温度降至略低于细胞质液的冻结点,并在该温度下进行保藏的一种保鲜方法。微冻又名超冷却或轻度冷冻,基本原理是低温能抑制微生物的繁殖和酶的活动能力,特别是在略低于冻结点以下的微冻温度下保藏,鱼体内的部分水分发生冻结,对微生物的抑制作用尤为显著。

拓展阅读 6.1 微冻技术在水产品保鲜中的应用

当鱼类在$-3\sim-2$ ℃的微冻温度下保藏时,鱼体内的一部分水分发生冻结,由于水的性质起了变化,改变了微生物细胞的生理生化过程,有些不能适应的细菌发生死亡,大部分嗜冷菌虽未死亡,但代谢活动更受抑制,几乎不能繁殖。因此,微冻能使鱼类的保鲜期得到显著延长,根据鱼种不同为20~27天,比冰藏保鲜延长1.5~2倍。微冻保鲜归纳起来大致有三种类型:加冰或冰盐微冻、吹风冷却微冻和低温盐水微冻。

5. 冻结保鲜

冻结保鲜是利用低温将鱼贝类的中心温度降至-15 ℃以下,体内组织的绝大部分水分冻结,然后在-18 ℃以下进行储藏和流通的低温保鲜方法。采用快速冻结方法,细胞内外生成的冰晶微细、数量多、分布均匀,对组织结构无明显损伤,冻品质量好。在之后的储藏流通过程中,如能保持连续恒定的低温,可在数月乃至接近1年的时间内有效抑制微生物和酶类引起的腐败变质,使鱼贝类能长时间较好地保持其原有的色香味和营养价值。因此,冻结保鲜适宜于鱼贝类的长期保鲜。

6.3 水产品的污染及检验

6.3.1 水产品的污染物来源

水产品的安全性与原料及其在贮藏、加工等环节受到的化学物质、微生物、外来异物等的污染有关。就目前水产食品危害的数量而言,首先是微生物污染,其次是来自环境的污染物,再次就是加工过程或人为造成的污染。

水产食品危害的潜在来源可以分为三类。

(1) 内源性危害:水产品中天然存在的有毒有害成分,如河豚毒素、组胺毒素及贝类毒素等;存在于食品中的生理作用成分,如硫胺素酶。

(2) 外源性危害:微生物污染,如经消化道传染的病菌(病毒)、细菌毒素、霉菌毒素、寄生虫;有意加入的食品添加剂,如亚硝酸盐;意外进入食品的化学物质,如残留农药、烟熏食品中的多环芳烃;环境污染物,如重金属、多氯联苯。

(3) 诱发性危害:在食品加工、储藏过程中诱发食品内或生物体内生成的有害物质,如亚硝酸盐与胺或酰胺反应生成N-亚硝基化合物等。

为确保水产加工食品的安全,原料是十分重要的,必须把好水产品的原料关。影响水产食品原料卫生及安全性的因素主要有以下几种。

1. 致病菌

来源于水产品中的致病菌通常可分为两种:一种是自身原有的细菌,广泛分布于世界各地的水环境中,并受气温的影响,分为嗜冷菌和嗜热菌两大类;另一种是水产品非自身原有细菌,如沙门氏菌属,这类嗜温菌可生活在被人或动物粪便污染的环境中。早有研究证实,大肠埃希氏菌和沙门氏菌属在港湾环境里可繁殖和存活数周。此外,还有志贺氏菌、金黄色葡萄球菌等。水产品原料中的微生物可以通过控制水产品养殖环境的水质、贝类净化等措施进行控制,利用氯及含氯消毒剂净化、暂养净化、紫外线灭菌净化、臭氧灭菌等贝类净化方法已被证明能够有效降低贝类体内有害微生物的污染程度。

2. 病毒

污染水产品的病毒,主要是甲型肝炎病毒和诺沃克病毒。甲型肝炎病毒在贝类肠道内富集,不繁殖但能存活很长的时间。甲型肝炎病毒是一种耐热性很高的病毒,60 ℃时10 min 后才失去活性,因而用简单的烹调方法处理,病毒仍能存活一部分。诺沃克类病毒能够引起人类胃肠道疾病,即使加热,也很难使此类病毒灭活。

甲型肝炎病毒和诺沃克病毒对极端 pH 有抵抗力,在冷冻和冷却温度下极稳定,并且对热和辐射处理也有抵抗力。流行病学资料表明,食用已蒸煮过的贝类仍有可能传播病毒性疾病。贝类经过 56 ℃、30 min 处理后,甲型肝炎病毒还具有传染性。贝类组织的自身对病毒极具保护性,因此存在于那里的病毒具有很强的抗热性。烹调条件诸如干热、蒸汽加热、烘烤和炖、焖等只能消灭 1% 的病毒。如果将贝类经过完全灭活病毒的热处理,很可能导致产品在感官上不可接受。因此,最有效控制病毒的方法是在第一地点防止病毒污染食物,必须在从未被污水污物污染的水域中捕获贝类。

3. 生物毒素

生物毒素,是由各种生物(动物、植物、微生物)产生的有毒物质,为天然毒素。一种是水生生物中的天然有毒物质,如鱼类毒素中的河豚毒素、胆毒、肝毒等;另一种是由天然海藻产生,通过食物链在水产品体内富集浓缩,如贝类毒素中的麻痹性贝毒、神经性贝毒、腹泻性贝毒、健忘性贝毒等。天然毒素,除鲭鱼毒素外,都与地域、生物种类有关,毒素在捕获之时就已经蓄积体内了。随着人类对海洋生物利用程度的加深,海洋三大生物公害(赤潮、西加毒素和麻痹神经性中毒)的发生率有日趋增加的趋势。现如今,全世界每年由毒鱼、贝类引起的食物中毒事件超过 2 万件,死亡率为 1%。

水生生物中的生物毒素一直备受关注,许多毒素的化学结构、理化性质以及人误食或食用过多时产生的临床症状已被阐明,但对毒素在人体内的代谢与吸收过程以及解毒措施等毒理学性质知之甚少,时至今日,生物毒素中毒的救治与公害防治仍是一大难题。因此,应加强对鱼贝类毒素的监控,同时加快生物毒素快速检测方法的建立,研究利用 HPLC(高效液相色谱仪)、免疫学、生物传感器等先进的检测手段,对毒素进行快速、灵敏、精确的检测,以填补我国乃至世界在此领域的空白。

4. 生物胺

微量生物胺是生物体(包括人体)内的正常活性成分,在生物细胞中具有重要的生理功能。高浓度的生物胺不仅会严重影响食品风味甚至改变其成分,还会毒害人体,引起诸如头痛、恶心、心悸、血压变化、呼吸紊乱等过敏反应,严重的还会危及生命。对食品安全性影响较大的生物胺有组胺、酪胺、腐胺、尸胺、色胺等,其中,组胺对人类健康的影响最大,其次是酪胺,其他生物胺的存在会增强组胺和酪胺的不良作用。

为保障水产品的食用安全,不同国家或组织对水产品中的生物胺尤其是组胺规定了相关的安全限量。美国食品药品监督管理局(FDA)要求进口产品组胺不得超过 50 mg/kg；欧盟规定鲭科鱼类中组胺含量不得超过 100 mg/kg，其他食品中组胺不得超过 100 mg/kg；我国规定鲐中组胺不得超过 1000 mg/kg，其他海水鱼不得超过 300 mg/kg。

5. 化学物质

水生生物中的某些化学物质容易对人体造成化学污染，这些化学物质主要是从生存的自然环境中蓄积或是从水产品加工过程中引入的，包括重金属污染、农药残留、渔药残留等。在这些化学物质中，以汞、镉、铅、锡等重金属以及非金属砷对水产品的污染最为严重。这些有毒元素的半衰期很长，可在人体内蓄积，会产生急慢性毒性反应，严重的还可能致突变、致癌和致畸。另外，多氯联苯、二噁英、多环芳烃等有机物，毒性高，稳定性好，属持久性环境污染物，也能在水生生物体内大量富集，随着食物链的传递，人体内的浓度更高，危害人体健康。

 6-1

河豚毒素

河豚以味道鲜美、营养丰富深得人们喜爱，民间有"一朝食得河豚肉，终生不念天下鱼"的说法，然而很多"吃货"却对其"望而兴叹"，这是为什么呢？原来河豚虽美味至极，但它身上带有一种剧毒物质——河豚毒素！

河豚根据不同品种、不同产地、不同性别以及不同季节，其毒性以及含有毒素的部位也不尽相同。有些人会在解剖河豚过程中避免含有毒素的部位破裂并丢弃，以保证毒素不污染其他可食部位。虽然这不失一种办法，但并不能保证食用河豚的安全性，况且河豚毒素化学性质很稳定，一般烹饪手段并不能除去它。幸运的是人工养殖的河豚已经没有毒素了，这是因为河豚毒素并非鱼类本身所带来的，它是河豚食用水中富含河豚毒素的植物，植物通过食物链富集作用富集在鱼体中。所以如果"吃货"们实在想吃河豚，去专业的正规的场所吃，安全性还是挺高的。

说了这么多，万一不幸吃了河豚出现中毒症状，怎么办呢？首先拨打 120，告知医生有河豚食用史并出现中毒症状；同时马上进行催吐，让胃里的食物全部吐出来，减少毒素摄入；到了医院后听从医生安排接受洗胃、导泻、吸氧、补液、服用拮抗剂等对症治疗。

资料来源：河豚毒素。东莞市疾病预防控制中心，http://dghb.dg.gov.cn/zsjg/dzsjbyfkzzx/jkzt/wsjcjy/lhjy/content/post_3168490.html。

6.3.2 水产品的检验

水产品的品质就是指商品的内在性质和外观，包括水产品的成分、理化性质、生理学特性以及造型、结构、色、香、味等。水产品的检验，多以鲜度、色泽、气味等感官检验为主，辅以理化检验和微生物学检验。

1. 感官检验

感官检验是通过人的五官对食物的感觉来鉴别水产品品质优劣的一种检验方法。感官检验可以在实验室检验,也可以在现场进行检验,是一种比较正确、快速、简便的检验方法,现已被世界各国广泛采用和承认。以下以鲜鱼为例主要介绍感官检验方法及标准。

(1) 鱼眼和鳃:观察眼结膜透明度、眼球突陷情况及周围是否有发红现象;揭开鳃盖,观察鳃片色泽及黏液性状,并嗅其气味。

(2) 鱼的僵硬度及肉质硬度:以手掌托起鱼体,观察头、尾的下垂情况;用手指按压鱼的背部肌肉,感受硬度和弹性。

(3) 体表鱼鳞、黏液和肛门:观察鱼鳞的色泽、完整情况,以及是否紧贴鱼体;观察黏液的性状及透明度,同时注意腹部有无膨胀、肛门是否突出。

(4) 气味:直接嗅闻鱼体表、鳃、肌肉及内脏的气味,也可用竹签刺入肌肉深层,拔出后立即嗅闻;必要时也可取鱼肉放入沸水中嗅检。

(5) 内脏:剪开一侧体壁,暴露全部内脏,观察肝、胃、肠、心、肾等的变化以及胆汁的印染情况;然后横断脊柱,观察有无脊椎旁发红的现象。

表 6-1 为采用感官检验的方法确定带鱼的鲜度等级。

表 6-1 带鱼感官指标

指　　标	一 级 鲜 度	二 级 鲜 度
体表	富有光泽,鳞不易脱落	色泽较差,鳞较易脱落
眼	眼球饱满,角膜透明	眼球稍陷缩,角膜稍浑浊
肌肉	弹性好	弹性稍差

2. 理化检验

水产品的理化检验是水产品检验的重要组成部分,通过测定某些成分的含量来判断水产品的质量,主要包括成分分析、鲜度检验、品质检验等。

水产品的成分分析主要是分析水分、蛋白质、脂质、盐分、灰分等成分,通过比较成分的含量高低评判水产品的品质优劣。

鲜度检验是通过化学分析方法定量测定影响原料鲜度的成分和指标,如挥发性盐基氮三甲胺、氨、pH 值等。水产品死亡后,由于本身的酶和附着微生物的作用,会发生一系列的化学变化,如蛋白质分解、脂肪氧化、色泽减退、臭味等。在化学变化过程中会产生一些正常活品及新鲜品所不含有的分解产物,并以稳步的速度增长或消失,可以采用化学方法定量分析。

水产制品的品质检验除采用感官检验外,组分的含量就要借用化学方法来确定。对于干制水产品的检验,水分含量的高低影响干制品的贮存和货架期。一般而言,水分含量高,微生物容易生长,产品容易腐烂变质。淡干海带曾由于水分含量较高,包装不透气,造成霉烂变质。对于水产腌制品,通过加入食盐脱除水分,增加盐浓度,抑制水产品内酶和微生物的作用,达到保存的目的。因此,可以通过含氨量的测定来判断腌制品品质。另外,虾油、鱼露的鲜味成分来源于氨基酸,通常根据氨基酸态氮的含量评定虾油、鱼露的质量。

3. 微生物检验

微生物检验主要是检测食品中被污染的细菌数量及是否含有致病菌,以便对食品进行卫生学评价,确保消费者的安全。

水产品的微生物检验,一般进行菌落总数和大肠菌群的测定。细菌总数表示细菌污染的程度,即对水产品新鲜程度和腐败状况的影响;大肠菌群表示细菌污染的性质,即水产品有无受肠道致病菌污染的可能。

另外,水产品的微生物检验项目要根据样品的来源、加工状态、食用方式及受验季节加以选择。例如,对鲜活海产品,在夏秋季节要加强副溶血性弧菌的检验;对水产制品则应重点进行沙门氏菌、金黄色葡萄球菌及韦氏梭菌等的检验;对淡水鱼贝类要注意沙门氏菌的检验;对鱼糜制品除了沙门氏菌和金黄色葡萄球菌的检验外,对原料来源的蜡样芽孢杆菌也应予以检验;对鱼肉香肠制品尚应考虑进行肉毒梭菌检验。目前,国外对我国出口水产品除要求测定细菌总数、大肠菌群或大肠杆菌外,主要要求检验沙门氏菌、金黄色葡萄球菌、副溶血性弧菌等。

6-2

"疫情时代"冷冻巴沙鱼柳还能买吗

2020年11月21日上午9点半,几箱越南巴沙鱼柳、澳大利亚去骨牛后腿肉配送到了上海市联华生活鲜福州路店,店长赵琴珍站在门口的进口冷链食品收货专区,核对好进口检疫证明、核酸检测报告及追溯信息三张证明后,才正式验收。近期我国多地通报了在进口冷链食品或包装中检测出新冠病毒核酸阳性,为了让市民吃上更安全、放心的进口冷链食品,2020年11月15日上海市发布《关于对高风险进口冷链食品实行中转查验的通知》,要求凡是进入本市贮存、加工、销售的高风险进口冷链食品,需查验核酸检测和消毒证明。零售企业已经做好了全方位的冷链物流环节管控,保障食品安全。

身穿工作服、佩戴口罩及乳胶手套,赵琴珍核对完毕三张证明后,并未如过去一样,将冷链产品快速送入冷库,而是将其卸载到专用的周转推车上,拿起消毒液,对着外包装箱的表面喷洒消毒。"静置5 min,等消毒液挥发得差不多了,我们还要在15 min内迅速把这批次食品送到进口冷链食品贮存专区,最终出仓配送及继续销售。"她告诉海岸君,接下来还要对收货专区、周转推车等工具进行消毒。"这些收货要求和步骤都写在我们的门店操作规范中,前几天我们已经对员工进行了培训。"与此同时,进入超市冷柜的进口冷链产品的信息已经上"云"。联华会将进口冷链食品相关信息上传至上海市食品安全信息追溯平台,为进口冷链食品的销售提供完备的追溯信息。

"我们在全市的世纪联华、联华超市等门店,为消费者提供来自80多个国家和地区的超万种进口商品。在验收商品和日常门店运营中,防疫工作已经做到常态化。"联华超市股份有限公司副总经理董刚介绍说:对于进口冷链食品,首先政府会把好"国门关",对产品进行严查；联华方面，也会把好供应商“准入关”，选取有资质的企业；另外，在仓库“收货关”时，企业制定了严格的收货规范流程，必须有相关检疫证明；到达“门店关”，同步设立进口冷链食品收货专区，配备专用的收货周转筐、推车等工具，并由专门的收货人员负责收货，只有检测报告与批次相符时，才能让货品上架。他笑言：“四道关的流程，严格程度堪比登机安检，所以市民朋友可以安心购买。”

资料来源：冷冻巴沙鱼柳还能买吗？实测进上海超市前“登机式安检”。光明网，https://m.gmw.cn/baijia/2020-11/21/1301823800.html.

6.4　水产品的冷链运输

水产品是易腐败食品，保管不善就会失去食用价值，其变质速度主要取决于贮藏温度。为了能向消费者提供高质量的水产品，世界各国广泛采用冷冻(冷却和冻结)的方法来保持水产品的质量。然而，水产品又是一种鲜活商品，仅有低温贮藏环节是不够的，它还要经过运输、批发、销售等流通环节才能到达消费者餐桌。如果在流通的某个环节不能保持水产品原有的低温状态，水产品的鲜度很快就会下降，甚至腐败变质。因此，实现渔获物的生产、流通、消费各环节间的冷藏链化，保障消费者随时获得新鲜卫生的水产制品，是水产品发展的必要环节。

拓展阅读 6.2　冷冻水产品的品质变化及调控技术

水产冷藏链是指水产品从捕捞、海陆贮存、周转运输至销售等各个环节，持续在低温下进行，以保证其鲜度和质量的低温流通体系。根据水产品保藏温度的不同，水产冷藏链可分为低温冷链(−18 ℃)和冰鲜冷链(0 ℃)两种。

低温冷链中流通的冻结水产品(包括水产冷冻食品)，须保持在−18 ℃以下，整个流通期较长。以冻鱼块为例，低温冷链通常由图 6-1 所示的几个环节组成。

渔船
冷冻厂
冷冻库
冷冻列车
冷冻船
冷冻汽车
销地冷库
冷藏汽车
菜场冷藏柜
家庭冰箱

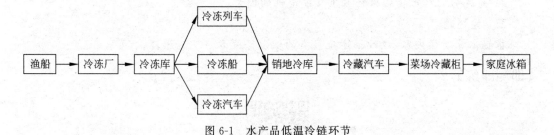

图 6-1　水产品低温冷链环节

冰鲜冷链的水产品不需要冻结和冻藏，它是短期内就近供应沿海大、中城市，其品温通常在 0 ℃左右。冰鲜冷链的流通期短，流通环节少，通常由图 6-2 所示的几个环节组成。

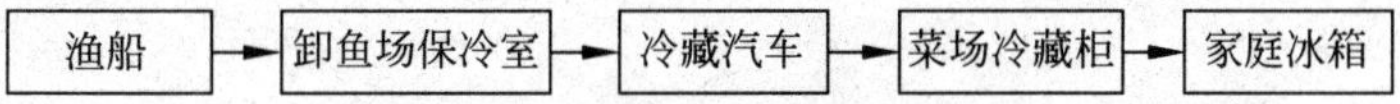

渔船
卸鱼场保冷室
冷藏汽车
菜场冷藏柜
家庭冰箱

图 6-2　水产品冰鲜冷链环节

冰鲜鱼若在渔获时直接加入冰装保温箱保藏，则以后的运输、销售等流通环节就可一箱到底。因减少了温度波动,冰鲜鱼的质量较好。

水产冷藏链中各个环节的温度要严格管理,不同环节间的卸鱼、复转鱼、中转运输等过程均需注意温度的影响。

【本章小结】

水产食品是以生活在海洋和内陆水域中有经济价值的水产动植物为原料,经过各种方法加工制成的食品。因富含丰富的蛋白质、优质脂肪酸、多种维生素和无机盐,以及少量的碳水化合物,易被人体消化吸收等营养特性,成为膳食中的重要组成部分。

水产原料在加工和保藏过程中极易腐败变质,影响水产品质量的污染物来源主要包括内源性的生物毒素、生物胺等有毒有害成分和微生物污染、食品添加剂、农药和环境污染物等外源性的污染物。为确保水产加工食品的安全,必须把好水产品原料的质量关。

水产品的检验,多以鲜度、色泽、气味等感官检验为主,同时辅以理化检验和微生物学检验。感官检验是一种比较正确、快速、简便的检验方法;理化检验是通过测定某些成分的含量来判断水产品的质量,主要包括成分分析、鲜度检验、品质检验等;微生物检验,从鲜度及品质管理方面一般进行菌落总数和大肠菌群的检测。

【本章习题】

一、名词解释

1. 微冻保鲜
2. 水产冷藏链

二、简答题

1. 简述水产动植物与陆上动植物的营养价值差异性。
2. 简述水产品低温保鲜的原理。
3. 简述影响水产食品原料卫生及安全性的因素。

三、论述题

根据本章所学内容,详细描述鱼贝类的低温保鲜方法及其原理。

【即测即练】

第 7 章 豆 制 品

【本章导航】

本章主要介绍豆制品的概念、原料和营养特性；豆制品的消费和流通以及冷链流通规范；豆制品的检验。最后介绍了豆制品的冷链流通。

豆制品的消费提示

豆制品需要妥善贮存。豆制品在夏秋季更应注意存储，避免滋生细菌。豆制品通常含丰富的营养，同时水分含量高，很容易滋生细菌，贮藏不当容易变质。例如豆腐、豆浆、纳豆等生鲜豆制品，需要在 4 ℃条件下冷藏保存。如果豆制品闻起来发酸，豆腐、豆干等豆制品摸起来黏滑，没有弹性，说明已经变质，不要再食用。

自制豆浆须煮开后饮用。当豆浆煮至 80～90 ℃时会产生大量泡沫，形成"假沸"现象，此时应当关火继续煮 5～10 min。由于豆浆中含有凝集素和胰蛋白酶抑制剂，如果饮用未煮开的豆浆，可能导致中毒，症状多为恶心、呕吐，严重者可能呼吸困难，需送医院治疗。

防范致病性微生物中毒。我国部分地区有食用自制发酵豆制品的习惯，如臭豆腐、豆豉等。这些食物容易受到杂菌的污染，可能引起中毒。建议消费者尽量不要自制发酵豆制品，如果食用后出现恶心、呕吐、眼睑下垂、视力模糊、呼吸困难等疑似致病性微生物中毒的症状，应当尽快送医院治疗。

资料来源：【食品安全小知识】豆制品的消费提示. 搜狐网，https://www.sohu.com/a/281402116_100003716?spm=smpc.content.share.1.1647856743394xGZZXdO#comment_area.

7.1 大豆及豆制品的营养特性

大豆属于豆科，蝶形花亚科，大豆属，通常所说的大豆即是指栽培大豆。根据皮色，大豆可分为两类：一类是黄豆，另一类是杂色大豆。由于黄豆产量占大豆总产量的 90% 以上，因此加工中常说的大豆通常指黄豆。杂色大豆的皮色主要有黑、褐、红色等，但子叶一般为黄色。作为大豆原产国，我国栽培大豆的历史悠久，距今已有 5 000 年左右。大豆是我国重要的粮食作物,对保障粮食生产安全有着重要意义。

大豆的营养成分比较全面,而黄豆是豆类中营养价值最高的品种。大豆含有大量的不饱和脂肪酸,多种微量元素、维生素及优质蛋白质,是不折不扣的天然食品。大豆经加工可制成多种豆制品,是高血压、动脉硬化、心脏病等心血管病人的有益食品。大豆富含蛋白质,且所含氨基酸种类较全,尤其富含赖氨酸,可补充膳食中谷类赖氨酸不足的缺陷。

7.1.1 大豆中的营养成分和抗营养因子

1. 蛋白质

大豆中含有丰富的蛋白质,含量通常在35%～45%,是植物中蛋白质数量和质量俱佳的作物之一。若按蛋白含量40%计算,1 kg大豆相当于2 kg瘦牛肉或2.3 kg瘦猪肉,因此人们也将大豆称为"植物肉"。近年来,根据较新的蛋白质消化率修正后的氨基酸得分的评价结果,大豆分离蛋白为满分(1.0),而其他植物蛋白得分较低。从营养学角度来看,大豆蛋白与高质量动物蛋白无显著差异。经测定,大豆蛋白质中赖氨酸含量较高,但蛋氨酸含量较少,因此大豆与富含蛋氨酸的谷类配合食用,可实现蛋白质的互补作用,并使大豆蛋白的生物价达到70以上。这一点对于因各种原因无法摄入足够动物源蛋白的人群来说特别重要。研究表明,食用大豆产品还可预防心血管疾病和骨质疏松症,对于改善肾病和高血压也十分有益。

2. 脂质

大豆中脂肪含量为15%～20%,是我国的主要油料作物之一。构成大豆油脂的主要脂肪酸成分达10种以上。如表7-1所示,大豆油脂的特点是不饱和脂肪酸含量较高,最高可达到85%,其中亚油酸含量达50%以上。此外,大豆油中还含有可预防心血管疾病的ω-3脂肪酸——α-亚麻酸。

表7-1 大豆油脂中脂肪酸组成

脂肪酸种类		含量范围/%	平均值/%
饱和脂肪酸	月桂酸		0.1
	豆蔻酸	<0.5	0.2
	棕榈酸	7～12	10.7
	硬脂酸	2～5.5	3.9
	花生酸	<1.0	0.2
	山嵛酸	<0.5	
	总计	10～19	15.0
不饱和脂肪酸	棕榈油酸	<0.5	0.3
	油酸	20～50	22.8
	亚油酸	35～60	50.8
	亚麻油酸	2～13	6.8
	花生四烯酸	<1.0	
	总计		80.7

大豆中也含有较多的磷脂,占脂质含量的 2%～3%。磷脂中的主要成分为卵磷脂、脑磷脂和磷脂酰肌醇。豆油精制过程得到的磷脂可用于生产食品用乳化剂、抗氧化剂和营养强化剂等。

3. 碳水化合物

大豆中碳水化合物的含量约为 25%,碳水化合物的组成成分较为复杂,除少量蔗糖外,大部分为人体所不能消化的多糖。大豆多糖主要包括两种:一种是不溶性的碳水化合物——食物纤维素,主要存在于种皮中,含量约为 5 g/100 g 大豆;另一种是可溶性碳水化合物,主要由棉子糖、水苏糖以及由阿拉伯糖和半乳糖构成的多糖等组成。此外,成熟大豆中几乎不含淀粉(0.9%以下)。

由于大豆中的多糖无法被人体直接吸收,而肠道内又缺乏水解多糖所必需的糖苷酶,因此它们可在肠道内被微生物发酵产生气体,引起腹胀等症状。近些年研究表明,大豆中的低聚糖是肠道内双歧杆菌的生长促进因子,因此国内外市场上也出现了大豆低聚糖保健产品。在豆制品加工过程中,上述糖类可溶于水而被除去,因此食用豆制品不会引起严重的腹胀反应。

4. 矿物质和维生素

大豆中含有丰富的矿物质,可达干重的 4.5%～5%。其中,钙和磷的含量显著高于普通谷类食品,钙含量是大米的 40 倍,铁含量是大米的 10 倍。大豆中的矿物质含量总体呈现高钾、高镁、低钠的特点。此外,锰、锌、铜、硒等微量元素也较多。大豆中的磷,75%为植酸钙镁态,13%是磷脂态,其余 12%为各种有机态和无机态。由于大豆中植酸和含磷蛋白质的存在,大豆中的矿物质生物利用率较低,通常在 3%左右。但大豆在发芽过程中,植酸酶被激活,进而将矿质元素游离出来,使矿物质的生物利用率提高。大豆中部分矿物质含量见表 7-2。

表 7-2　大豆中部分矿物质含量　　　　　　　　　　　　　　　%

元素	钾	钠	钙	铁	磷	锰	锌	铜
含量	1.67	0.343	0.275	0.223	0.659	0.002 8	0.002 2	0.001 2

大豆中 B 族维生素和 E 族维生素含量丰富,维生素 B_1 和维生素 B_2 含量是面粉的两倍以上,但 B 族维生素易被加热破坏。大豆中维生素 A 的含量较少,但含有胡萝卜素,这是豆油呈黄色的原因。此外,干大豆中不含维生素 C 和维生素 D。大豆中部分维生素含量见表 7-3。

表 7-3　大豆中部分维生素含量　　　　　　mg/100 g 可食部

维 生 素	含　　量	维 生 素	含　　量
维生素 B_1	0.9～1.6	胡萝卜素	未成熟大豆 0.2～0.9
维生素 B_2	0.2～0.3		成熟大豆<0.8
泛酸	0.2～2.1	维生素 E	20
烟酸	0.2～2	肌醇	229

5. 大豆中的抗营养因子

大豆营养丰富,但同时也存在多种抗营养因子,影响大豆在人体内的有效利用。大豆及其加工产品中存在的抗营养因子有大豆球蛋白、胰蛋白酶抑制因子、大豆凝集素、脲酶、植酸、皂苷等。在上述大豆抗营养因子中,胰蛋白酶抑制因子、大豆凝集素以及大豆球蛋白等是大豆中最主要的抗营养因子。它们能对幼龄动物造成多种损伤,如肠道过敏、腹泻、肠道损伤、胰腺增生肥大、免疫机能下降、胃排空速率下降、食物滞留、采食量下降、日增重下降、生长缓慢甚至死亡等。

1) 胰蛋白酶抑制因子

胰蛋白酶抑制因子的含量为 17~27 mg/g,占大豆蛋白总量的 6%,能抑制胰蛋白酶、胰凝乳蛋白酶、丝氨酸蛋白酶等多种酶的活性。由于这类抗营养素的存在,生大豆蛋白质消化率很低,同时食入的大豆蛋白酶抑制素还会影响人体胰脏功能。但在湿热条件下(100 ℃,10 min),可钝化其 80% 活性。传统大豆食品在制备时均经过适宜的加热处理,可去除此类有害因子的作用。在某些新型大豆蛋白的制备方法中,虽未进行加热处理,但可在分离蛋白时随豆清除去。目前,一般的大豆加工制品中,胰蛋白酶抑制因子残留率低于 20%。

2) 大豆凝集素

大豆凝集素作为大豆中的主要抗营养因子之一,在成熟种子中的含量高达蛋白质总量的 10% 左右。它虽然可以通过加热等方法降低或去除,但仍有一定残留,影响机体的代谢与调控,引起中毒。此外,在热加工过程中,为了减少或避免高温引发美拉德反应,加工后的大豆产品中残留的大豆凝集素仍可能对人体产生一定的抗营养作用。

3) 大豆球蛋白

大豆球蛋白占大豆蛋白质的 40% 左右,是主要致过敏蛋白质之一。大豆球蛋白与IgE、IgM、IgA 有很强的结合性,可引起过敏反应,最终导致消化吸收障碍和过敏性腹泻。目前,采用热处理、超高压、超高压-酶解法、热处理-辐照法等手段可以对大豆过敏原的蛋白结构产生影响,改变其抗原表位,从而达到降低过敏原的抗原性与致敏性的目的。

7.1.2　豆制品的营养特性

豆制品是以大豆或杂豆为主要原料经加工制成的食品,包括发酵豆制品、非发酵豆制品和大豆蛋白类制品。豆制品主要分为两大类,分别是以大豆为原料的大豆食品和以其他杂豆为原料的其他豆制品。大豆食品包括大豆粉、豆腐、豆腐丝、豆浆、豆浆粉、豆腐皮、油皮、豆腐干、腐竹、素鸡、素火腿、发酵大豆制品、大豆蛋白粉及其制品、大豆棒、大豆冷冻食品等,其中发酵大豆制品包括天贝、腐乳、豆豉、酸豆浆等。大豆及其制品作为《中国居民膳食指南(2022)》中鼓励多摄入的食物,与人们的基本需求和营养健康密不可分。

豆制品种类繁多,主要包括以大豆蛋白为代表的新兴豆制品和以豆腐为代表的传统豆制品。新兴豆制品包括油脂类制品、蛋白类制品及全豆类制品,这些产品的生产过程大多采用较为先进的生产技术,生产工艺合理,机械化自动化程度高。其中,蛋白类制品多以脱脂大豆为原料,充分将大豆蛋白的物理化学特性应用于食品加工过程,不仅可改变产品的质量特性,更可提高其营养价值。而传统豆制品——豆腐,经加工后不仅去除了大部分抗营养因子,食用也更为方便。

豆制品富含蛋白质,蛋白质的含量与动物性食品相当。例如,豆腐干的蛋白质含量与牛肉相当,可达20%左右;豆浆和豆奶的蛋白质含量在2%左右,与牛奶大致相当;腐竹的蛋白质含量为45%～50%。同时,豆制品中含有一定量的脂肪,富含必需脂肪酸和磷脂,不含胆固醇,是肉类食品的良好替代物。部分传统豆制品的营养素含量见表7-4。

表7-4 部分传统豆制品中的营养素含量

名称	蛋白质 (g/100 g)	脂肪 (g/100 g)	核黄素 (mg/100 g)	硫胺素 (mg/100 g)	钙 (mg/100 g)	铁 (mg/100 g)	锌 (mg/100 g)
内酯豆腐	5.0	1.9	0.06	0.03	17	0.8	0.55
北豆腐	12.2	4.8	0.05	0.03	138	2.5	0.63
素什锦	14.0	10.2	0.07	0.04	174	6.0	1.25
腐竹	44.6	21.7	0.13	0.07	77	16.5	3.69

与其他豆制品相比,豆腐制品中的矿物质含量往往较高。这是因为大豆本身含钙就多,而豆腐加工中常以钙盐或镁盐为凝固剂,因此豆腐也是膳食中钙镁元素的重要来源。大豆中的微量元素基本都保留在豆制品中,但也有部分B族维生素随凝固时析出的水或加热导致降解而流失。

7.2 部分豆制品的加工工艺及要点

7.2.1 水豆腐、豆腐干及干豆腐的生产工艺及要点

水豆腐、豆腐干及干豆腐的生产流程如图7-1所示。

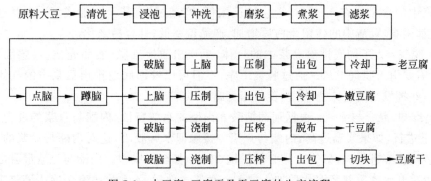

图7-1 水豆腐、豆腐干及干豆腐的生产流程

(1)点脑:又称点浆,就是把凝固剂按一定的比例和方法加入煮熟的豆浆中,使大豆蛋白质溶胶转变成凝胶,即豆浆变为豆腐脑的过程,是豆制品生产中的关键工序。

(2)蹲脑:又称涨浆或养花,是大豆蛋白质凝固过程的继续。点脑操作结束后,蛋白质与凝固剂的凝固过程继续进行,蛋白质网络结构尚不牢固,只有经过一段时间的静止、

凝固,才能完成,组织结构才能稳固。蹲脑过程宜静不宜动,否则已经形成的凝胶网络结构会因震动而破坏,使制品内在组织裂隙凝固无力、外形不整,特别是在加工嫩豆腐时表现更为明显。

(3) 上脑:属于成型工艺的一种,又称上箱。水豆腐的压榨成型是在豆腐箱和豆腐包内完成的,使用豆腐包的目的除了定型之外,还能在豆腐的定型过程中使水分通过包布的经纬线中间细孔排出,使分散的蛋白质凝胶靠拢并黏合为一体。上脑操作的轻重应根据豆腐脑的凝固效果及破脑程度灵活掌握,但总的要求是快速、均匀。为使豆腐脑在型箱中受压均匀,上脑时,中间部位的脑量宜多于四周。

(4) 破脑:在豆腐脑的网络结构中,水分充实,不易排出。只有把已形成的豆腐脑适当破碎,不同程度地打散豆腐脑中的网络结构,才能达到各种豆制品的不同要求,即所谓的破脑。破脑程度既要根据产品质量的需要,又要适应上箱浇制工艺的要求。老豆腐只需轻轻破脑,脑花团块在 8～10 cm 范围较好。豆腐干破脑程度稍重,脑块大小在 0.5～0.8 cm 为宜,而干豆腐、豆腐脑则需打成碎木屑状。

7.2.2 内酯豆腐生产工艺流程及要点

内酯豆腐的生产流程如图 7-2 所示。

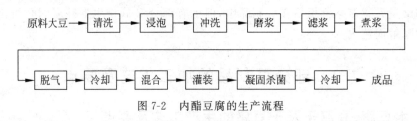

图 7-2 内酯豆腐的生产流程

(1) 制浆:内酯豆腐生产中的制浆过程与普通豆腐相同,只需控制加水量,使豆浆的含量在 10%～11% 的范围内,一般每 1 kg 大豆出豆浆 5 kg 左右为宜。以蛋白质计,蛋白质在豆浆中的含量应在 4.5% 以上。浓度太低,产品过嫩,甚至不能成型;浓度过高,磨浆、滤浆都困难,豆渣中的残留蛋白质增加,产品得率低,且容易老化。

(2) 脱气:为了彻底排出豆浆中的气体,生产出质地细腻、表面光洁、口感细嫩的内酯豆腐,需要引入脱气工艺。通过脱气工序,不但可以较彻底地排出豆浆中的气体,还可以脱除一些挥发性的呈味物质,改善内酯豆腐的风味。

(3) 冷却、混合与灌装:根据葡萄糖酸 δ-内酯的水解特性,内酯与豆浆的混合必须在 30 ℃ 以下进行,如果浆温过高,内酯与豆浆一接触即水解胶凝,这对内酯与豆浆的充分混合及分装操作都有影响,最终产品必然粗糙、松散,甚至不成型。内酯与豆浆混合之前,必须用少量凉开水或凉熟浆溶化后加入混匀。豆浆煮熟后,不允许再有生冷水滴进去,否则产品易出现水分离析现象。混合后的浆料,不允许贮存,必须立即灌装,一般需在 15～20 min 内分装完,所以每次混合的浆料量不宜过大。内酯豆腐用的包装袋或包装盒,必须是耐热材料制成的,每个包装袋或盒的容积不宜过大,一般以 400 g 为宜。

(4) 凝固成型:当水浴温度为 90 ℃ 时,包装内的豆浆很

拓展阅读 7.1 内酯豆腐的品质特性

快就会凝固,所得产品硬度较高。当温度接近 100 ℃时,包装内豆浆处于微沸状态,在凝固的过程中会产生大量泡眼,而且会因为凝固速度过快使凝胶收缩,出现水分离析、质地粗硬的现象。当温度低于 70 ℃时,虽然豆浆也可凝固,但凝胶强度弱、产品过嫩、散而无劲。因此,一般生产上采用的工艺参数为 85～90 ℃,15～20 min。

7.2.3 豆乳生产工艺流程及要点

豆乳的生产流程如图 7-3 所示。

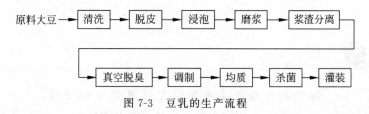

图 7-3 豆乳的生产流程

(1) 制浆:与传统豆制品生产不同之处在于,豆乳生产制浆必须与灭酶工序相结合,一方面要最大限度地溶出大豆中的有效成分,另一方面又要尽可能地抑制浆体中异味物质的产生。根据生产中所采用的灭酶手段不同,磨浆方法也略有差异。有的大豆磨浆前经过浸泡,有的大豆磨浆前未经浸泡,这在磨浆、分离工序的安排与操作上就要有所区别。在豆乳生产中,制浆工序总的要求是"磨得要细,滤得要精,浓度固定"。豆糊的细度一般要求在 120 目以上,豆渣含水量要求在 85% 以下,豆浆的浓度一般要求在 8%～10%。

(2) 真空脱臭:真空脱臭的目的是要最大限度地除去豆浆中的异味物质。真空脱臭工序分两步完成:首先利用高压蒸汽(600 kPa)将豆浆迅速加热到 140～150 ℃,然后将热浆体导入真空冷凝室,对过热的豆浆突然抽真空,豆浆温度骤降,体积膨胀,部分水分急剧蒸发,豆浆中的异味物质随着水蒸气迅速排出。从脱臭系统中出来的豆浆温度一般可降至 75～80 ℃。

(3) 调制:豆乳的调制是按照产品配方和标准的要求,在调制缸中将豆浆、营养强化剂、赋香剂和稳定剂等加在一起,充分搅拌均匀,并用水调整至规定浓度的过程。基料豆浆经调制可以生产出许多种豆乳。

(4) 均质:均质机是生产优质豆乳不可缺少的设备,经过均质处理的豆乳口感与稳定性显著提高。均质机的工作原理是在加压后,将豆乳经过均质阀的狭缝突然放出,豆乳中的油滴颗粒在剪切力、冲击力及空穴效应的共同作用下,发生微细化,形成均一的分散液,促进了液-液乳化及固-液分散,提高了豆乳的稳定性。在豆乳生产工艺流程上,均质可以放在杀菌之前,也可以放在杀菌之后。若均质在杀菌前,杀菌能在一定程度上破坏均质的效果,易出现"油线"。但由于杀菌后的污染机会减少,贮存的安全性较高,经过均质的豆乳再进入杀菌机不易结垢。若将均质放在杀菌之后,则情况相反。

7.3 豆制品的检验

豆制品的检验,除了通过色泽、滋味、气味以及产品状态的感官方法判断以外,主要通过理化检验和微生物学检验。豆制品的检测项目主要包括食品污染物、农药残留、营养成分、理化性质、真菌毒素、食品添加剂、微生物、致病菌、非法添加物等。我们国家制定了一系列的国家标准、行业标准和企业标准,明确了豆制品中各项指标的检验方法和标准,对豆制品的产品质量提出了规范性要求和说明。比如,《食品安全国家标准 豆制品》(GB 2712—2014)规定了预包装豆制品的感官要求、理化指标(脲酶试验)、污染物限量、真菌毒素限量和微生物限量。《豆制品理化检验方法》(SB/T 10229—1994)规定了豆制品中水分、蛋白质、氯化钠、无盐固形物、总酸、氨基酸态氮以及豆类淀粉制品中淀粉含量的检验方法。

 7-1

加拿大召回疑受李斯特菌污染的有机豆腐

2021 年 9 月 24 日,加拿大食品检验局发布召回通知,Unisoya (1986) Inc. 正在召回一款有机豆腐,因为产品可能受李斯特菌污染。

加拿大食品检验局称,产品受李斯特菌污染后,通过外观很难辨别是否变质。孕妇、老年人以及免疫力低下者很容易受到感染。人体感染后会出现发热、头痛、呕吐、恶心等症状,严重时会导致死亡。孕妇感染后,症状可能较轻,但要注意的是,感染可能会造成流产甚至胎儿死亡。若受感染情况较重,病人可能死亡。

加拿大食品检验局建议消费者不要食用上述召回产品,并检查家中是否存在受召回的产品,若有,则应该将这些产品丢弃或退回到购买商店。

资料来源:加拿大召回疑受李斯特菌污染的有机豆腐。食品伙伴网,http://news.foodmate.net/2021/09/607542.html。

7.4 豆制品的冷链流通

7.4.1 豆制品对冷链的需求

豆制品普遍蛋白质含量较高,且含水分特别多,格外适合微生物的繁殖而腐败变质,保质期短。在夏季冷链缺失的环境下,豆制品中的微生物数量 3 h 左右就会超标,盒装豆腐的保质期大约为 3 天,散装豆腐的保质期还不到 1 天。因此,在生产加工、产品贮藏、运输及配送、销售终端等整个流通链中的各个环节都需要低温环境。只有建立完善的冷链体系,通过对温度、湿度及时间等的控制,才能达到保质保鲜、延长食品保存期的目的,从而使豆制品从车间到餐桌的全过程都得到安全保障。

对于冷链中豆制品的品质控制,已有商业标准《豆制品良好流通规范》(SB/T 10828—2012)予以规范和说明。该标准特别针对不同类型的低温豆制品,包括速冻豆制品(食品中心温度须维持在 -18 ℃以下)、冻结豆制品(食品中心温度须维持在 0 ℃以下)和冷藏豆制品(食品中心温度须维持在 10 ℃以下,冻结点以上),规定了它们的良好流通规范的要求,对豆制品销售链中采购、流通加工、贮存、运输、销售等流通环节中的任何组织提出了规范性要求和说明。

 7-2

冷冻豆制品悄然发力，前景可期

俗话说："宁可食无肉，不可居无竹。"俗话又说："宁可三日无肉，不可一日无豆。"作为有着数千年历史的传统食品，豆制品在人们日常饮食中的地位可见一斑，其营养丰富、品种多样，历来是最受消费者喜爱的植物性蛋白来源。

常规的豆制品形式多样，包含多个种类，通常来说有豆腐、豆干、腐竹、豆浆、膨化豆制品五个方面，其中豆腐是占比最大的，占据了豆制品中50%的消费份额，是最重要的产品类别。

在这些深加工的豆制品中，腐竹应该是目前工业化生产最成熟的一类产品，但也存在很大的缺陷性。比如食用之前需要泡发，通常干腐竹要泡3～5 h才能发开正常使用。而且在加工中，烘干的过程也在一定程度上对产品的营养价值和口感产生了影响。

另外，就最为常见的豆腐而言，因为保质期短、运输不便，这一产品一直是小作坊式的生产模式，连工业化都谈不上，这也使得这一产品品质混乱、质量参差的情况经常出现，甚至时不时还会出现一些食品安全问题。

不过近些年来，随着冷冻冷藏加工技术和冷链物流的介入，豆制品的生产和储运模式都在不知不觉中发生变化。

尤其是豆腐，其随着温度的上升很容易出现变质的情况，而且生产规范性比较差，据业内人士透露，目前豆腐消费量的70%来自集贸市场上自产自销的"夫妻店"。因此，不论是行业层面还是政府层面，多年来一直致力于推动豆腐等豆制品的冷链化、包装化、标识化工作。

2014年，深圳市人民政府就发布了《深圳市豆制品质量安全监督管理若干规定》，推进深圳市超市商场出售的豆制品要实现包装化、标识化，并逐步在全市商超和集贸市场推广豆制品冷链化，要求当地各商场超市、集贸市场的豆制品档位（店面）应及时对销售场所进行改造，购置相应的冷藏设备，确保具备相应的豆制品冷藏条件和设施；将根据市场冷链化改造情况，分批发布实行冷链化管理的豆制品品种，逐步推进豆制品的冷链化管理工作。

因此，近年来一线城市豆制品和冷链的结合越来越紧密，同时利用冷冻技术加工豆制品的优势也被越来越多的企业所意识到。在行业层面，更是有不少企业利用冷冻冷藏技术，提升原有的豆制品生产工艺。

作为华北地区最大的腐竹专业化生产企业之一，河北精益食品有限公司在2010年就购置了15条豆制品生产线，建立规模化、机械化的冷鲜豆制品加工基地，生产当天销售的鲜豆腐、豆皮、豆干、鲜豆浆等。

在许昌县兰华腐竹厂总经理杜伟杰看来，利用冷藏冷冻技术加工的豆制品，最明显的优势就是口感比较好，保持了大豆原汁原味的香味。"按照以前的工艺，用烘干的方法生产腐竹，很多豆香味就没有那么浓厚了。"但速冻腐竹不存在这个问题。而且他认为，速冻腐竹食用起来也更加方便,不用再花费很多的时间去泡发,通常用水冲几分钟就可以解冻了。

资料来源:冷冻豆制品悄然发力,前景可期。Foodaily每日食品,http://www.foodaily.com/articles/11625.

7.4.2 豆制品冷链流通中存在的问题

1. 冷链物流的普及度不够高

当前我国还没有形成完善的豆制品冷链物流体系,这导致我国的生鲜豆制品在运输过程中普遍存在"中间断,两头冷"的现象。生鲜豆制品仅在运输之前和抵达目的地之后的两个环节采用冷藏保鲜形式,而在实际运输过程中不使用特定的低温运输设备和保鲜设备,从而无法形成完整的冷链物流体系,进而造成生鲜豆制品的保鲜程度降低,整体品质下降。此外,我国生鲜豆制品还存在冷链管理不够到位的现象。

2. 缺乏相应的基础设施和技术手段作为保障

生鲜豆制品冷链物流设备配套不够齐全,可选择的技术设备存在严重落后的现象,导致豆制品的品质不高,甚至影响后期的保质期和销售周期。比如,针对容易腐败的豆制品,没有相应的低温保障设备,或者二维码技术、GPS技术的应用都较少,导致冷链物流的整体配套水准相对偏低。

3. 冷链物流信息技术化水平偏低

冷链物流运输需要实行动态监测,但目前我国冷链物流发展过程中,信息化水平相对较低,这就直接造成了冷链物流运输过程中缺乏相应的信息网络,整个冷链过程无法实行全程监控。同时,冷链物流运输的各个环节当中,缺乏信息的无缝衔接和交流,由此造成运输成本增加以及企业经济效益的损失。

4. 缺乏豆制品冷链的国家或行业的专项标准

目前我国对豆制品冷链的要求仅包含在《豆制品生产HACCP应用规范》(GB/T 31115—2014)、《豆制品良好流通规范》(SB/T 10828—2012)等标准中,没有单独建立对豆制品冷链的专项标准,只有一些大型豆制品加工企业自身制定了一些标准,因此在监管上也存在空白。

7.4.3 豆制品冷链发展对策

1. 构建完善的豆制品冷链物流体系

由于豆制品具有高营养、高水分含量、不易贮存的特点,豆制品冷链要求在生产、贮藏、运输、销售整个供应链系统中保持全程低温,若其中任意一个环节无法达到冷链的技术要求,则会出现温度失控,使冷链"断链",无法保证生鲜豆制品的质量和安全。因此,为豆制品行业的长远发展,需要建立和完善豆制品冷链物流体系,优化冷链物流各环节的组织协调性。冷链物流运行系统涉及冷链物流体系整体的建设、运营、组织管理,需要将硬件设备、管理技术和信息技术进行有机集成,并对冷链物流全程作业环节进行优化,以使系统整体高效运转,避免不必要的经济损耗和资产浪费。

2. 完善豆制品冷链物流的配套设施和基础设施建设

豆制品全程冷链物流的基础设施是冷链物流功能网络中的一个重要组成部分。在豆制品加工中,需要在豆制品生产线上配备冷水或者冰水喷淋系统,使产品从高温状态及时降低到 10 ℃左右的保鲜状态,以满足后续包装、贮藏、运输的要求。在豆制品贮藏中,可将冷库的温度设置在 $-1.5\sim10$ ℃范围,该温度范围可以抑制大部分微生物的生长并降低豆制品中抗营养因子的活性,同时可保证产品不结冻、不风干,有利于产品的品质和保鲜,对于提升生鲜豆制品的品质具有重要意义。在豆制品运输中,可采用配有制冷功能的厢式冷藏车保温运输,在装车前预冷至 5 ℃左右,以满足中、长途运输及短途送货等需要。在后续豆制品销售中,需要选择专业的冷柜以及冷藏柜对豆制品进行陈列,尽可能地保证豆制品在销售环节依然处于冷链环节中。

3. 建立豆制品冷链物流信息系统平台

建立并完善豆制品冷链物流信息系统平台,运用先进的信息技术、计算机处理技术、网络技术、数据通信技术等,将平台内部的共用数据进行融合、处理和发掘,实现冷链物流信息的采集、处理、组织、存储、发布和共享,实现对冷链过程中的每一环节的动态监控和管理。除了综合信息服务、数据交换功能外,冷链物流信息平台还要具有冷链物流业务交易支持、货物跟踪、行业应用托管服务等相关功能,以满足冷链物流系统中各个环节不同层次的信息需求和功能需求,降低整体冷链物流成本和提高整体冷链物流效率。

4. 完善豆制品冷链物流优惠政策

冷链物流体系的建设和运行受政府政策的影响,政府应鼓励和支持建立冷链物流体系的政策平台,促进豆制品冷链物流的发展。例如,成立财政支持专项扶持"放心豆制品工程"建设,鼓励发展豆制品产业合作经济组织或配送联合体;建立规范要求零售市场内豆制品实行冷链销售,改善豆制品物流配送的运行环境;通过提供贷款全额贴息或财政一次性补贴、减免税费、构建"绿色通道"等方式,鼓励豆制品企业购置专用冷藏配送车辆、设立自有品牌豆制品冷藏销售专柜,配备与完善豆制品零售终端冷藏链,降低冷链豆制品的运输成本和销售成本。

5. 加强豆制品冷链物流运营管理

目前豆制品冷链物流行业的相关标准较少,应尽快制定豆制品分选加工与包装、冷却冷冻、冷库贮藏、包装标识、冷藏运输、配送等环节的保鲜技术和制冷保温技术标准,对豆制品冷链物流的各个环节进行规范,同时规范冷链物流业的服务标准,加大行业标准的执行力度,对于不按标准违规操作的企业给予处罚,促使豆制品冷链行业整体健康快速发展。

【本章小结】

大豆营养丰富,含有大量的不饱和脂肪酸,以及多种微量元素、维生素及优质蛋白质,是不折不扣的天然食品。大豆中也存在多种抗营养因子,如大豆球蛋白、胰蛋白酶抑制因子、大豆凝集素、脲酶、植酸、皂苷等,影响大豆在人体内的有效利用。将大豆采用一定的加工方式即可制成豆制品,豆制品主要分为两大类,即以大豆为原料的大豆食品和以其他杂豆为原料的其他豆制品。豆制品的检验,除了通过色泽、滋味、气味以及产品状态的感官方法判断以外,主要通过理化检验和微生物学检验。豆制品普遍蛋白质含量较高,且含水分特别多,格外适合微生物的繁殖而腐败变质,保质期短。因此,在流通和销售中亟须建立完善有效的冷链体系,以保证豆制品的产品安全和品质,延长豆制品的保质期和销售半径。

【本章习题】

一、名词解释
1. 大豆抗营养因子
2. 豆制品

二、简答题
1. 大豆中的抗营养因子有哪些?
2. 简述豆制品的营养特性。
3. 简述内酯豆腐的生产流程。

三、论述题
依据本章所学内容,论述我国豆制品冷链流通中存在的问题及对策。

【即测即练】

第 8 章 冷冻饮品

【本章导航】

本章主要介绍冷冻饮品的概念和分类；不同冷冻饮品的生产工艺；冷冻饮品的检验。最后介绍冷冻饮品的保藏及冷链运输。

浅析冷冻饮品未来发展趋势

冷冻饮品从一种防暑降温产品发展到休闲食品，不仅带给人们香甜的消费享受，而且带给消费者愉悦时尚的消费感受，冷冻饮品已成为人们四季都会消费的生活品。随着社会的不断进步，人们对冷冻饮品的认识水平有了新的变化，促使冷饮行业不断壮大并趋于成熟。首先冷冻饮品配料发生了很大变化，一些乳制品、蛋制品等直接进入冷冻饮品领域，改变了冷冻饮品以往的风味，以前添加在冷冻饮品中的面粉、淀粉等配料已经被舍弃。其次，根据口味、健康需求，一些新糖源，如木糖醇等逐渐替代了蔗糖等；天然食材被广泛使用，如榴梿、蓝莓、榛子等天然水果和果实原料受到了消费者的追捧；酸奶冰淇淋，无糖冰淇淋等成为健康的时尚。在注重口味的同时，冷冻饮品的质量问题也是不容忽视的，尤其是在炎热的夏天，冷链运输的规范性尤为重要，任何一个环节出现纰漏都会造成冷冻饮品的质量问题。

资料来源：浅析冷冻饮品未来发展趋势。参考网，https://www.fx361.com/page/2020/0526/8075664.shtml。

8.1 冷冻饮品的含义和分类

8.1.1 冷冻饮品的含义

冷冻饮品是以饮用水、甜味料、乳品、果品、豆品、食用油脂等为主要原料，加入适量的香料、着色剂、稳定剂、乳化剂等食品添加剂，经配料、灭菌凝冻而制成的冷冻固态饮品。

8.1.2 冷冻饮品的分类

按冷冻饮品的工艺及成品特点，冷冻饮品主要分为冰淇淋类、雪糕类、棒冰类、冰霜类。

1. 冰淇淋类

冰淇淋是以饮用水、乳品(乳蛋白质的含量在2%以上)、蛋品、甜味料、食用油脂等为主要原料,加入适量的乳化剂、增稠剂、香料、色素等食品添加剂与一些辅料,经混合、杀菌、均质、老化、凝冻等工艺,或再经成型、硬化等加工工序制成的体积膨胀的冷冻饮品。

冰淇淋的种类繁多,根据冰淇淋的加工工艺的不同,可分为清型冰淇淋、混合型冰淇淋、夹心型冰淇淋、拼色型冰淇淋、涂布型冰淇淋等。根据冰淇淋中的脂肪含量,可分为高脂型冰淇淋(脂肪含量>10.0%)、中脂型冰淇淋(脂肪含量>8.0%)、低脂型冰淇淋(脂肪含量>6.0%)。按冰淇淋的硬度,可分为硬质冰淇淋和软质冰淇淋。

2. 雪糕类

雪糕是以饮用水、乳品、蛋品、甜味料、食用油脂等为主要原料,加入适量的增稠剂(如淀粉)、香料、食用色素等食品添加剂,或再添加可可、果汁等其他辅料,经混合、杀菌、均质、注模、冻结(或轻度凝冻)等工艺制成的带棒或不带棒的冷冻饮品。

雪糕的种类繁多,根据雪糕的加工工艺的不同,可分为清型雪糕、混合型雪糕、夹心型雪糕、拼色型雪糕、涂布型雪糕等;根据雪糕的脂肪含量,可分为高脂型雪糕(脂肪含量>3.0%)、中脂型雪糕(脂肪含量>2.0%)、低脂型雪糕(脂肪含量>1.0%);根据雪糕中添加香料的不同,可分为奶油雪糕、果味雪糕、香草味雪糕、可可味雪糕等;根据雪糕中加入的辅助材料,可分为果仁雪糕、夹心雪糕、巧克力脆皮雪糕;根据雪糕外观,可分为双色雪糕、三色雪糕。

3. 棒冰类

棒冰是以饮用水、甜味剂为主要原料,加入适量的酸味剂、增稠剂(如淀粉)、香料、食用色素、豆品、乳品、果品等,经混合、杀菌、注模、插扦、冻结(或轻度凝冻)、脱模等工艺制成的冷冻饮品。

棒冰的种类多样,根据加工工艺,可分为清型棒冰、混合型棒冰、夹心型棒冰、拼色型棒冰、涂布型棒冰等。根据组成与风味,可分为果味棒冰、果汁棒冰、豆类棒冰、果泥棒冰、果仁棒冰等。

4. 冰霜类

冰霜是以饮用水、甜味料、乳品、果品等原料,加入适量的增稠剂、香料、食用色素等食品添加剂,经混合、杀菌、凝冻或低温炒制等工艺制成的较为松软的雪泥或冰屑状的冷冻饮品。

冰霜根据加工工艺可分为清型冰霜、混合型冰霜两种,根据风味可分为草莓冰霜、橘子冰霜、香蕉冰霜、牛奶冰霜等。

8.2 冷冻饮品的加工工艺

8.2.1 冰淇淋的生产工艺

冰淇淋的生产流程如图8-1所示。

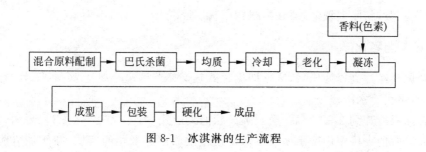

图 8-1　冰淇淋的生产流程

1. 混合原料的处理与配制

为了保证产品质量,冰淇淋混合原料最好经过下述处理后,再进行配制。

(1) 砂糖应另备容器,加入适量的水,加热溶解,并经 100～120 目筛过滤后备用。

(2) 鲜乳、乳、乳粉应溶解混合后经 100～120 目筛过滤后备用。

(3) 明胶等稳定剂先用冷水浸泡 10 min,再加热到 60～70 ℃ 使之溶解,配成 10% 的溶液。

(4) 奶油加入蛋黄粉、单甘酯等乳化剂,加热溶化,搅拌均匀备用。

将上述原辅料混合搅拌均匀,混合温度通常为 50 ℃ 左右。混合原料的酸度(以乳酸计)通常为 0.18%～0.2%。

拓展阅读 8.1　低糖冰淇淋的研究

2. 巴氏杀菌

冰淇淋混合原料一般可采用 70～75 ℃,25～30 min 的杀菌工艺条件。如原辅材料含菌量较高或不稳定,在不影响冰淇淋品质的前提下,为使杀菌效果更彻底,可采用 75～77 ℃,20～30 min 的杀菌工艺条件,要求杀菌后混合原料中的微生物含量降至 50 个/g 以下。

一般认为,冰淇淋混合原料的巴氏杀菌温度应高于普遍牛奶的杀菌温度,因为细菌在高脂肪和高糖的情况下不易被杀死。冰淇淋原料采用间歇式杀菌的条件为 71 ℃、30 min,采用连续式杀菌的条件是 82 ℃、25 s。

3. 均质

为了得到高度分散和稳定的乳浊液,除了使用乳化剂来减少界面张力外,还要对冰淇淋混合原料进行均质以缩小脂肪球的直径。一般是以 15～20 MPa 的高压迫使混合原料通过均质器阀。牛乳中天然脂肪球的直径范围为 1～10 μm,经过均质处理后,混合原料中的脂肪球破裂而数量增加,其直径一般可达到 1～2 μm,使混合原料的黏度适当提高。冰淇淋混合原料最适宜的均质温度为 65～70 ℃,并且随含脂率的升高,均质温度应适当降低。

均质在冰淇淋生产中是十分重要的,它能改善冰淇淋的组织,使其细腻润滑、色泽洁白、膨胀率提高。未经均质处理的混合原料,虽然也可制造冰淇淋,但会出现脂肪上浮的现象,色泽较黄,膨胀率较低,而且组织较粗糙、硬实。

4. 冷却与老化

混合原料经过高压均质后,应立即用片式热交换器迅速冷却至 2～4 ℃。一般先用常温水冷却,再用冷水冷却。

混合原料冷却到 2～4 ℃ 后,送到圆筒状的夹层式冷缸中在 2～4 ℃ 冷藏一段时间,称为老化。冷缸的夹层中用冷水循环以保持适当的温度。老化的实质,在于使乳脂肪凝为固体,以及乳蛋白质和稳定剂的水合作用以减少混合原料中的游离水,使混合原料的黏度增加,可提高冰淇淋的膨胀率,并可防止较大的冰结晶的产生。目前由于冰淇淋制造设备的改进,乳化剂与稳定剂性能的提高,老化时间已缩短为 2～4 h。

5. 凝冻

凝冻是冰淇淋生产中最重要的工序之一。经老化后的混合原料送入冰淇淋凝冻机,冰淇淋凝冻机的圆筒内装有搅拌器,搅拌器上带有刮刀,刮刀的刀刃与圆筒的内壁的间距约 0.8 mm,圆筒的内、外壁之间有一夹层,制冷剂或载冷剂在夹层内循环,带走热量。冰淇淋混合原料就在冰淇淋凝冻机的圆筒内表面被冻结,并不断地被刮刀刮下,这样能进行强烈的热交换,冻结速度很快。凝冻具有以下两种作用。

（1）在凝冻过程中,混合原料与冰淇淋凝冻机的圆筒内表面相接触,不断地被快速冻结,又不断地被刮刀刮下,能形成大量微小的冰结晶,不会产生冰屑。

（2）在凝冻过程中空气混入,以极微小的气泡状态均匀分布在混合原料中,使其体积膨胀。经过良好凝冻的冰淇淋中的冰晶直径约 40 μm,气泡直径约 60 μm。

6. 成型与硬化

凝冻后的冰淇淋为软质冰淇淋。为了便于贮藏、运输和销售,必须将凝冻后的冰淇淋根据销售的要求分装成型,一般有塑料袋散装(如 0.5 kg 重)、纸盒包装(大冰砖、中冰砖、小冰砖)、塑料杯装等。可采用各种不同的成型设备分装成型,如冰砖灌装机、冰砖切块机、纸杯灌装机等。

为了确保冰淇淋的质量,冰淇淋分装成型后应迅速进行低温快速冷冻,以固定冰淇淋的组织状态,并使凝冻后的冰淇淋中未冻结的水分继续形成微小的冰结晶,使其组织保持一定的硬度,这就是冰淇淋的硬化。

凝冻后的冰淇淋应尽快分装成型,并尽快硬化,否则冰淇淋的表面易受热融化,在硬化冷冻时会形成粗大的冰结晶而降低产品质量。

冰淇淋的硬化一般可在冻结室内进行。冻结室的温度为 −25～−23 ℃,风速 3～4 s,硬化时间视冰淇淋的大小而异,一般为 2～5 h。在冻结过程中,冰淇淋中有 88%～90% 的水分被冻结,并形成微细的冰结晶。冰晶直径在 35～55 μm 时成品细腻润滑,而当冰晶直径大于 55 μm 时食用起来就有粗糙感。

若有条件,冰淇淋的硬化可采用一种隧道式快速冻结装置。该装置长 12～15 m,内装可缓慢移动的传送带。冰淇淋块放在传送带上,传送带移动的方向与冷风的方向相反,冷风温度－38～－34 ℃,风速约 5 m/s,冰淇淋块在传递带上 30～50 min 可冻结至－20～－18 ℃。

7. 贮藏

硬化后的冰淇淋,销售前应贮藏在－20 ℃以下的冷库中,库内相对湿度 85%～90%,库温应稳定。一般来说,奶油冰淇淋的贮藏期限为 2～4 个月,牛奶冰淇淋为 1～2 个月。贮藏期过长会使冰淇淋的风味变差、组织干缩。

8.2.2 雪糕和棒冰的生产工艺

雪糕和棒冰的生产流程如图 8-2 所示。

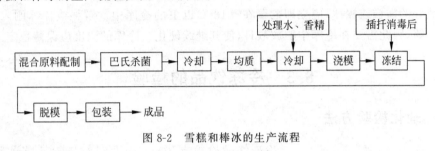

图 8-2 雪糕和棒冰的生产流程

1. 混合原料的配制

将黏度低的原料如水、牛奶、脱脂奶等先加入,黏度高或含水量低的原料如奶粉、奶油、可可脂等依次加入,经混合后制成混合料液。

2. 混合原料的巴氏杀菌

雪糕一般可用 75～80 ℃,20 min 的杀菌工艺条件,棒冰采用 80～85 ℃,15 min 的杀菌工艺条件。混合原料经巴氏杀菌后,还可使混合原料中的淀粉(作为稳定剂)充分糊化,黏度增加。经巴氏杀菌后的混合料中的杂菌数应控制在 100 个/g 以下。

3. 混合原料的均质

雪糕的混合原料中含有脂肪,为了使脂肪不上浮,并使其组织细腻,必须经高压均质处理。雪糕的混合原料的均质压力为 15～17 MPa,均质温度应控制在 65～70 ℃。棒冰中不含脂肪,不必进行均质处理。

4. 混合原料的冷却

雪糕的混合原料经高压均质,以及棒冰的混合原料经巴氏杀菌后,应迅速冷却至 3～8 ℃。冷却的温度不宜过低,否则因黏度过高,易造成混合原料的输送和浇模的困难。

5. 冻结和脱模

将冷却后的混合原料浇入已消毒过的模盘内,将模盘内的混合料均匀,然后放入冻结池,再将已经消毒好的模盖覆于模盘上。冻结池内的盐水温度为22~−25 ℃,盐水浓度为27%~30%,冻结时间10~15 min。待模盘内的混合料冻结后,将模盘从冻结池中取出,放在48~54 ℃的烫盘槽中数秒,使雪糕或棒冰的表面受热融化,从模盘中脱出。

6. 包装

雪糕或棒冰脱模后可采用人工包装或枕式包装机包装,包装后的棒冰(或雪糕)依次放入盒内。每批产品包装、装盒结束后,应及时用含氯的漂白粉溶液消毒,以减少细菌的传染。

7. 贮藏

包装好的雪糕或棒冰,应立即贮藏在−18 ℃以下的冷库中。雪糕或棒冰刚入库时,硬度尚不够,因此需要在冷库中贮放数日,使其继续硬化。冷库的温度应保持稳定。

8.3 冷冻饮品的检验

8.3.1 理化检验方法

拓展阅读8.2 冷冻饮品检验方法

《冷冻饮品检验方法》(GB/T 31321—2014)规定了冷冻饮品中总固形物、总糖、脂肪、膨胀率和蛋白质的检验方法,适用于冰淇淋、雪糕、雪泥、食用冰、冰棍和甜味冰的检验。

8.3.2 微生物学检验方法

1. 检样前处理

在食品检验中,所采集的样品必须有代表性,要考虑到各种影响样品质量的因素,防止样品受到外源性污染,防止样品变质和细菌生长。

(1) 冰棍、雪糕:用灭菌镊子除去包装纸,将冰棍部分放入灭菌磨口瓶内,木棒留在瓶外,盖上瓶盖,用力抽出木棒,或用灭菌剪子剪掉木棒,置45 ℃水浴30 min,融化后立即进行检验。

(2) 冰淇淋、雪泥:放在灭菌容器内,待其融化,立即进行检验。

2. 检验方法

1) 菌落总数检验

菌落总数是用来判定食品被细菌污染的程度及卫生质量的重要指标之一。它反映食品在生产过程中是否符合卫生要求,以便对被检样品作出适当的卫生学评价。也可以应用这一方法观察食品中细菌的性质以及细菌在食品中繁殖的动态,以便对被检样品进行卫生学评价时提供科学依据。

国家标准所规定的菌落总数就是指食品检样经过处理,在一定条件下培养后,所得1 g或1 mL检样中所含细菌菌落的总数。食品中菌落总数的多少,直接反映着食品的卫生质量。如果食品中菌落总数多于10^4个,就足以引起细菌性食物中毒,当人的感官能察觉食品因细菌的繁殖而发生变质时,细菌数已达到$10^6 \sim 10^7$个/g(mL或cm^2)。食品的变质反应与菌落总数的增多有一定联系,有时食品中虽含有大量的细菌,即使已达到相当于同种食品已变质时的细菌数,但由于时间短暂或细菌繁殖条件不具备,也不会出现变质现象。在冷冻饮品中细菌生长会受到抑制,很难看到变质的情况,但国家标准依然规定了微生物指标,因为这些产品含有细菌的多少,可以表明这些食品在生产、运输、贮藏等过程中卫生管理的状况。菌落总数检验流程如图8-3所示。

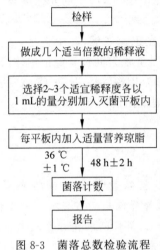

图8-3 菌落总数检验流程

2) 大肠菌群测定

大肠菌群是人类粪便中的主要细菌,被用来作为反映食品中有否粪便污染的指标菌。系指一群需氧及兼性厌氧,在37 ℃能分解乳糖产酸产气的革兰氏阴性无芽孢杆菌。大肠菌群数的高低,表明了粪便污染的程度,也反映了对人体健康危险性的大小。大肠菌群是评价食品卫生质量的重要指标之一,目前已被国内外广泛应用于食品卫生工作中。大肠菌群测定步骤包括乳糖发酵试验、分离培养、证实试验等。

3) 微生物快速检测方法

传统微生物检测法培养时间长,对检测条件以及检测人员的专业水平和工作经验要求较高。培养法所测得的菌落总数的含义并不表示实际中的细菌菌落总数,而是指在一定条件下(如需氧情况、营养条件、pH、培养温度和时间等)每克(毫升)检验所生长出来的细菌菌落总数。

拓展阅读8.3 冷冻饮品微生物污染风险分析

与传统微生物培养法相比,快速检测法简便、快捷、敏感、准确。因方法繁多,现仅就部分常见的检测方法做些简要的介绍。

(1) 膜过滤-微菌落-荧光法:是将一定量的样品(或样品稀释液)经膜过滤,再将过滤膜放在培养基或液体培养基的厚纸板上,在适宜温度条件下培养一段时间,然后将膜放在浸过 0.1% 1－苯胺基-8-萘磺酸镁溶液的纸片上,作用 10 min,将膜揭下,在 80 ℃ 条件下干燥 5～10 min,最后在 100 倍的荧光显微镜下计数蓝绿色菌落的数目。

(2) 快速测试片法：是指以纸片、纸膜、胶片等作为培养基载体,将特定的培养基和显色物质附着在上面,通过微生物在上面的生长、显色来测定食品中微生物的方法。该法可缩短检测周期、降低材料成本,同时简化了操作程序。目前已商品化的微生物测试片有菌落总数测试片、大肠菌群测试片、大肠杆菌测试片、霉菌和酵母测试片、沙门氏菌测试片和金黄色葡萄球菌测试片。

(3) ATP 测定法：是利用生物发光法,应用荧光素-荧光素酶制剂进行的。在活细胞中,三磷酸腺苷含量近乎是恒定的,利用特殊的酶制剂水解掉细菌膜,使 ATP 释放,与荧光素-荧光素酶制剂反应变成 AMP 和光,产生的光强度与 ATP 成正比,通过测定光强度可确定细菌浓度。

此外,还有许多检测方法正在迅速发展,其中包括：免疫学检测方法,如酶标抗体法(ELISA)、荧光抗体染色法(免疫荧光法)、同位素标记抗体法(放射免疫法)、乳胶凝聚法、免疫传感器法；分子生物学方法,如基因探针法、比色 DNA(脱氧核糖核酸)杂交检测法、聚合酶链反应法(PCR)；放射性示踪法；阻抗测定法；Lim-ulus 测试法以及氧气消耗测定法等。

 8-1

网红奥雪双黄蛋雪糕抽检细菌超标

2019 年 6 月,温州市市场监督管理局公布 6 批次不合格食品。其中,奥雪双黄蛋(咸蛋黄牛奶味)雪糕因菌落总数、大肠菌群两项指标检测不合格而登上"黑榜"。奥雪公司针对此事发表回应声明,称该批次产品出厂质量检验合格,而问题在于零售终端运输过程中无任何冷链保护,导致产品发生化冻情况,且用于储存的冰柜制冷效果很差,导致该终端销售的 3 个厂家的 3 种产品抽检都不合格。温州市市场监督管理局在通告中也已提及,"结合以往冷冻饮品抽检情况分析,储存或销售环节条件控制不当引起不合格的可能性很大"。比如夏季小食杂店(包括超市)销售冷冻饮品,其冰箱清洗保洁以及温度未达到储存要求,容易造成微生物超标。

冰淇淋的销售需要冷链。冰淇淋生产环节并不容易出现细菌污染,但在运输和零售环节,有可能因为包装破损而使产品被污染。对于抽检中的不合格产品,温州市市场监督管理局要求各属地市场监管部门责令相关单位立即停止生产、销售,采取下架等措施,控制风险,并依法予以查处,确保处理到位并根据实际情况积极开展追溯工作。其他经销与本次监测被判定不合格食品相同批号食品的,也应立即停止销售,并做好善后处理工作。

资料来源：网红奥雪双黄蛋雪糕抽检细菌超标,称问题来自零售终端. 新京报, https://baijiahao.baidu.com/s?id=1637551316616580769&wfr=spider&for=pc。

8.4 冷冻饮品的保藏及冷链运输

经过检验合格后的冷冻饮品,用外包装纸箱封箱后,在车间内滞留时间不超过 15 min,应尽快进入低温冷藏库内储存。冷冻饮品贮藏的温度应在 −18 ℃ 以下,对于冰棍、雪糕，-18 ℃已完全满足需要；对于高膨胀率的冰淇淋产品，最好在-20 ℃下储存，且温度的波动应在±2 ℃以内。符合此条件的产品保质期不得少于4个月，一般由企业自定，大多数工厂自定的保质期均在12～18个月。

现代冷冻饮品的销售半径从几百千米绵延到数千千米，公路运输业的快速发展，包括新疆、西藏地区，绝大部分都是依靠汽车运输。冷冻饮品的运输应采用冷藏车或其他具有保温设施的车辆，依据各种产品的特性和当地的气候环境特点来选择。为保证产品质量，夏季运输距离在300 km以内的可用保温车运输，300 km以上和膨胀率较高的冰淇淋及其他特定品种必须采用冷藏车运输。冷冻饮品运输车辆必须是清洁卫生的专用车辆，禁止与冷冻饮品以外的其他物品混装。运输途中冷冻饮品的温度应保持在-18 ℃左右，禁止温度波动过大。

【本章小结】

冷冻饮品是以饮用水、甜味料、乳品、果品、豆品、食用油脂等为主要原料，加入适量的香料、着色剂、稳定剂、乳化剂等食品添加剂，经配料、灭菌凝冻而制成的冷冻固态饮品。按冷冻饮品的工艺及成品特点，冷冻饮品主要包括冰淇淋类、雪糕类、棒冰类、冰霜类。冷冻饮品的加工工艺主要包括混合原料的处理与配制、巴氏杀菌、均质、冷却与老化、凝冻、成型与硬化等。

冷冻饮品的检验包括一般理化检验和微生物检验，理化检验指总固形物、总糖、脂肪、膨胀率和蛋白质的检验。微生物检验指菌落总数和大肠杆菌的测定，另外现代的微生物学检验还包括快速测试片法和ATP检测法等。

冷冻饮品运输车辆必须是清洁卫生的专用车辆，应采用冷藏车或其他具有保温设施的车辆。运输途中冷冻饮品的温度应保持在-18 ℃左右，禁止温度波动过大。

【本章习题】

一、名词解释

1. 冷冻饮品
2. 凝冻

二、简答题

1. 简述雪糕和棒冰的生产工艺。
2. 简述冰淇淋凝冻的作用。
3. 冷冻饮品的检验方法有哪些？

三、论述题

根据本章所学内容，详细描述冷冻饮品的分类及产品特点。

【即测即练】

第 9 章 冷冻调理食品

【本章导航】

本章主要介绍冷冻调理食品的概念、分类及特点；冻调理食品的生产；冻调理食品的检验；最后介绍了冷冻调理食品的保藏与冷链运输。

厨艺不够，半成品凑

眼看Lisa的冰箱已经被各式各样的食品饮料填满，但她依然拿着手机，逛着种草平台，眼里放着光："某火锅店同款小酥肉？买！""某甜品店爆款巧克力汤圆？买！""手抓饼的多种吃法！买手抓饼！"……这就是Lisa下班之余的精神乐趣，每天总是在外卖与便利店食品之间徘徊的她，总想着自己能在厨房里大展宏图，奈何天生没有厨艺细胞，屡战屡败，但对厨房从不死心，从速冻半成品到现烹预制菜，Lisa总想在吃饭上来点仪式感。"厨艺不够，半成品凑"——Lisa无奈在半成品上下起了功夫，水饺汤圆的108种烹法，万物皆可手抓饼以及各种餐饮品牌的食材供应商。速冻食品的存在完全满足了Lisa在烹饪上的仪式感。伴随着人们生活水平的提高、各种家用电器的普及，速冻食品逐渐成为大家冰箱里的常备食材，而这看似正常的一件事，正潜移默化地使速冻行业迎来回春。

资料来源：新消费时代，速冻食品是门好生意吗？临期良品，https://www.linqifoods.com/news/2340.html。

9.1 冷冻调理食品概述

9.1.1 冷冻调理食品的定义

冷冻调理食品（frozen prepared foods）是以谷物、豆类或薯类及其制品、畜禽肉及其制品、水产品及其制品、植物蛋白及其制品、果蔬及其制品、蛋及蛋制品、食用菌及其制品等为原料，配以辅料（含食品添加剂），经调味或不调味的制作加工，并采用与产品相适应的冻结工艺，在冷冻状态下贮存、运输和销售的预包装食品。它是继冷冻畜产品、冷冻禽产品、冷冻水产品、冷冻果蔬产品之后又一个冷冻食品的主要大类。

随着人们生活水平的提高和生活节奏的加快，消费者对各种具有安全、营养、卫生、方便的调理型、生鲜型快餐食品的需求越来越高。因此,利用高新技术和设备来提升传统产业的生产与技术水平,已成为我国食品行业结构调整和发展的必然。冷冻调理食品是冷冻食品的重要组成部分,它是现代营养学、食品工艺学、食品冷藏学和现代包装学相结合的产物,是主食产品工业化、家庭厨房社会化、快餐食品调理化的体现。

9.1.2 冷冻调理食品的类别和种类

冷冻调理食品从最初的饺子、包子、烧卖、汤圆、粽子等主食类产品开始起步,发展到现在的中式预制菜肴、西式半成品、地方风味小吃、各大菜系的名点名肴,每年增长速度超过10%,但是中式预制菜肴在国内尚未形成规模化生产。目前,冷冻调理食品市场主要定向于旅游人口、家庭快餐、学校用餐和会议用餐等方面,食品品目繁多,主要包括以下几类。

(1) 速冻面米制品,包括含馅类、无馅料类和其他冷冻面米制品。汤圆、春卷、饺子和蛋饼属于含馅类速冻面米制品中的生制品,包子、粽子和烧卖属于含馅类速冻面米制品中的熟制品。无馅料类速冻面米制品包括小圆子和手抓饼等生制品和馒头、窝窝头及米糕等熟制品。此外,速冻面米制品还包括八宝饭、各类炒面和扬州炒饭等。

(2) 冷冻鱼糜肉糜制品,包括:鱼丸和鱼糕等冷冻鱼糜制品、肉丸和肉灌肠等冷冻肉糜制品以及混合鱼糜肉糜产品等,冷冻虾、鱼、蟹等丸类、糕类、肠类和模拟蟹、贝类制品等产品。

(3) 冷冻裹面制品,包括冷冻裹面鱼虾、禽块、肉类、果蔬、可乐饼等产品。

(4) 冷冻菜肴制品,包括宫保鸡丁和蚝油牛柳等生制冷冻菜肴食品以及咖喱牛肉和梅菜扣肉等熟制冷冻菜肴食品。

(5) 其他冷冻调理制品,包括冷冻焙烤食品和冷冻调味品等。其中,生制冷冻焙烤食品包括冷冻面包面团、冷冻饼干面团和冷冻糕点面团等,熟制冷冻焙烤食品包括冷冻蛋糕、冷冻糕点、冷冻比萨饼底、预制的冷冻面包、预制冷冻糕点和预制冷冻饼干等。冷冻调味品包括香辛料调味汁和鲜香辛料等冷冻香辛料以及冷冻火锅调料和冷冻调味高汤等冷冻复合调味料。

9.1.3 冷冻调理食品的特点

冷冻调理食品采用快速冻结方式,食品冻结速度快,形成的冰晶小而均匀,不至于刺伤细胞造成机械损伤,因而能有效保留食品的营养价值和色香味。此外,冷冻调理食品的加工因为采用流水线作业的方式,进货渠道统一,卫生状况得到保证,配方经过长时间的调制,具有营养调配均衡、能量供给充分、味道可口怡人和烹煮方便快速的优点,受到广大消费者的喜爱。冷冻调理食品的出现把人从厨房里解放出来,食物基本都经过预制加工已经入味成形,一般只需加工两三分钟即可出锅食用,大大缓解了备菜时间长、吃饭时间短的状况。早期的冷冻调理食品受到上班族的喜爱,现在的冷冻调理食品已然形成产业化,走进了千家万户。

冷冻调理食品的出现改善人们的生活条件的同时促进了食品行业的发展。我国饮食文化源远流长,八大菜系风味各异,其中不少品牌和特色食品享誉全球,这给冷冻调理食品的未来发展提供了丰盛的物质基础。同时由于我国经济发展速度较快,广大人民群众的生活水平日益提高,消费者和专业性团体消费对冷冻调理食品品种、数量和质量的要求也在逐日提升。随着食品包装和物流行业的发展,冷冻调理食品的销售方式多样化,不但可以通过农贸市场、连锁店和超市等传统销售方式进行销售,还可以在车站、杂食店、快餐店和列车上销售。冷冻调理食品的发展为列车用餐的改善和旅游业的进步提供了契机。总体而言,冷冻调理食品具有以下几个优点。

(1) 种类多样化。冷冻调理食品种类丰富,与传统食品相比,加工过程中通过调制的方式改变了食品的形式,从色、香、味和形等方面对食品进行改善和创新,丰富了食品的种类,给消费者带来新鲜感,为消费者提供了更多的选择。

(2) 营养均衡化。冷冻调理食品经低温速冻处理,避免在细胞之间生成大的冰晶体,减少细胞内水分外析,解冻时汁液流失少,既能最大限度地保持食品本身的色泽风味及营养成分,又能有效地抑制微生物的活动,保证食用安全性。冷冻调理食品配料时,可以通过原料的不同搭配控制脂肪、热量及胆固醇的含量,营养均衡合理,以适应不同消费者的需要。

(3) 食用方便化。冷冻调理食品大大缩短了食品烹饪的时间,方便携带,减轻劳动强度,能够满足人们快节奏生活的需要。冷冻调理食品销售渠道广,为人们的工作和生活提供了便利,改善了人们的生活品质。

《2020—2026年中国冷冻调理食品产业发展态势及投资风险评估报告》中提出了冷冻调理食品行业的七大特点:①冷冻调理食品产品形成流水线作业;②冷冻调理食品的进货渠道统一;③冷冻调理食品的卫生状况得到保证;④冷冻调理食品的配方经过长时间调制;⑤冷冻调理食品的口感好、方便、简捷;⑥冷冻调理食品广受工薪族、企事业单位欢迎;⑦冷冻调理食品受发达国家消费者欢迎。

此外,冷冻调理食品具有地方特色,面对国际产品竞争冲击较小,产品附加价值较高,冷链运输的实现可以突破冷冻调理食品地域的限制,是具有发展潜力的产业之一。在技术层面,国内冷冻调理食品仍有发展较大空间,许多企业已如火如荼地发展此类相关产品,开辟了食品行业的另一片天空。

我国冷冻调理食品的发展历程

我国的冷冻调理食品发展于20世纪70年代,螺旋式速冻装置的引进开辟了冷冻食品的市场,速冻水产品和畜禽肉等的出现满足了人们对于速冻食品的基本需求。80年代开始,速冻技术水平得到了提高,以平板冻结机和流化床速冻装置为代表的速冻食品加工设备为速冻食品的发展提供了机遇。因此,从70年代开始的20年时间为速冻调理食品的萌芽阶段。1990年后的20年时间里,冷冻调理食品行业兴起,各大冷冻食品调理企业相继成立,速冻水饺和汤圆等米面类产品出现在了各大超市,消费群体以家庭为主,该类食品的出现缩短了家庭烹饪的时间,为人们的生活带来了便利,此阶段为速冻调理食品的导入期。2010年至今,随着生活节奏的加快、人工成本的提升和餐饮连锁化的扩大,冷冻调理食品需求量迅速加大,火锅、麻辣烫和烧烤等餐饮业全国化扩张,冷冻调理食品的发展进入成长期,2010年至2020年10年间速冻食品行业收入从417亿元增长至1513亿元,速冻调理食品的产品品类呈现多元化趋势,2021年仅预制菜肴的市场规模已超过3000亿元。如今,伴随着人们对美好生活的向往和冷链技术的发展,冷链运输与配送障碍逐渐消失,冷冻调理食品的市场规模也正在迅速扩大。

资料来源:2022冷冻调理食品发展报告出炉!预制菜之后,谁会成为下一个热门赛道?搜狐网,https://www.sohu.com/a/534790716_121124361.

9.2 冷冻调理食品的生产

冷冻调理食品的生产主要包括原料处理、调理加工和冷冻包装加工三个环节。

9.2.1 原料处理

原料处理包括原料的选择、清洗、解冻、切断、称量、预热、混合、搬运等过程。当用冷冻原料进行冷冻调理食品生产时,应选用适当的解冻方法缩短解冻时间,均匀解冻,保持良好的卫生和品质。解冻后要合理控制温度,保持原料在冰点以下的半解冻状态进行加工。例如,对于以冷冻肉为加工原料的冷冻调理食品,原料处理时首先要将冷冻肉解冻至 $-10\sim-7$ ℃后切断,并用绞肉机切分,进行异物检查,须保持肉品温度在 $-5\sim-3$ ℃,以防止微生物滋生和品质劣化。对于以冷冻水产品为加工原料的冷冻调理食品,用流水解冻后要去除异物,剔除夹杂物和不合格品,再进行切分。对于以果品蔬菜为加工原料的冷冻调理食品,要首先进行挑选,剔除异物和不可食部分,然后再进行清洗和切分。有的原料需要事先经过烫漂、腌制、斩拌等加工环节,需严格控制温度、时间等参数。

9.2.2 调理加工

调理加工包括成型、充填、装饰、加热等。调理加工过程决定了冷冻调理食品呈现的状态,在这个阶段要避免加工过程对半成品形态和营养的破坏。冷冻调理食品的成型方式有多种,既包括把混合料合成一定形状,如汉堡、鱼排、虾丸、贡丸、鱼丸、馒头、花卷等内外均匀的成型方式,也包括以一种材料包裹其他材料而成型的方式,如饺子类、烧卖、春卷、包子类等,裹面及裹面包屑也属此类。冷冻调理食品的成型可用人工及机械,目前大部分成型过程已逐渐向机械化迈进。调制过程要按照预定的配方进行,并要有规定的上限和下限。对于需要加热的产品来说,要严格控制加热温度和加热时间,以免影响产品的感官品质和营养品质。

拓展阅读9.1 冷冻调理食品的质量控制

9.2.3 冷冻包装加工

冻结包装加工包括预冷、冻结、包装等。冷冻调理食品的预冷可采用自然冷却、风冷、水冷等方式,预冷后的冻结环节是产品成型的关键。为防止蛋白质变性,宜采用急冻或低温冷冻。比如,米饭或淀粉制品在冻结时,容易因淀粉老化而导致品质劣化,此类产品最好采用液态氮急冻。常用的冻结装置有螺旋运送式、隧道式、接触式等连续式冻结设备。食品的冻结时间必须根据其种类和形状而定，要在产品的表面和中心制定合适的温度，选择合适的冻结条件。

冷冻调理食品的包装形式包括真空袋包装、纸盒包装、铝箔包装和微波炉专用包装等。真空袋包装材料的主体采用软质类型，大多用成型性好、无延展性的尼龙/聚乙烯材料，上部薄膜采用对光电管标志灵敏、适合印刷的聚酯/聚乙烯复合材料。纸盒包装材料能够保持产品良好的外观效果，充填速度快且便于操作，丰富了冷冻调理食品的包装形式。铝箔作为包装材料具有耐热、耐寒、阻隔性好等优点，能够防止食品吸收外部的不良气味，避免食品干燥和重量减少等。铝箔材料热传导性好，适合作为解冻后再加热的容器。此外，随着微波炉的普及，适合于微波炉加热的包装材料在冷冻调理食品的包装中占据了越来越大的比例，这种包装材料包括聚酯/纸、聚丙烯和耐热的聚酯等。包装完成后，需要入库贮藏的成品被送到低温冷藏库进行低温贮藏。

拓展阅读9.2 鱼类冷冻调理食品生产工艺

9.3 冷冻调理食品的检验

《冷冻调制食品检验规则》(QB/T 4892—2015)规定了冷冻调理食品的检验规则，检验包括过程检验和成品检验两部分。过程检验是在食品原辅料加工成为成品的转换过程中，对相关技术方法的查验。过程检验要求冷冻调理食品满足食品生产各环节的技术要求，产品的原辅料、食品添加剂、包装材料和制作过程等都应符合相关标准的要求。成品检验是对成品按执行标准进行感官指标、理化指标和食品安全项目的验证，包括出产检验和型式检验。在成品检验中，要确定产品的组批和抽样方案，并对产品进行实际检验。感官指标的检验是按包装上标明的食用方法进行加热或熟制，通过品尝和嗅闻检查其滋味和气味；理化指标的检验是按产品执行标准规定的方法进行检验；食品安全项目的验证则包括真菌毒素限量、污染物限量、农药最大残留值、兽药残留限量和微生物指标等，均应按照产品执行标准规定的方法进行检验。此外，成品检验还要对产品的净含量、标签及标志是否符合国家相关质检规定和包装标准等进行查验。

冷冻调理食品种类繁多，涉及的食品品类也十分广泛，针对不同产品的检验标准也不相同。比如，在《冷冻鱼糜》(GB/T 36187—2018)中就规定了冷冻鱼糜的试验方法和检验规则，感官检验中包括色泽、形态、气味、杂质4个项目，理化指标检验中包括凝胶强度、杂点、水分、pH、产品中心温度、白度、淀粉7个项目。目前，由于我国冷冻调理食品行业发展迅速，有些品类的产品检验只有地方标准或团体标准，有些品类的产品甚至还没有适用的检验标准，因此应尽快建立和完善相关标准，以适应冷冻调理食品行业发展快的需求。

9.4 冷冻调理食品的保藏和冷链运输

冷冻调理食品的冷链运输是指该类食品在物流运输的各个环节中始终处于适宜的低温下，以此来降低冷冻调理食品的损耗率的一种运输体系。在冷链运输条件下，食品中微生物的生长繁殖和酶的活性受到抑制,能够延缓食品腐烂和变质的发生。很多欧美国家的冷链物流技术处于国际发达水平,这也是冷冻调理食品在一些欧美国家占据较大的市场份额的原因之一。通常情况下,冷冻调理食品需在产品中心温度低于$-18\ ℃$的条件下进行贮存、运输和销售,不同种类的冷冻调理食品对运输和保藏条件有不同的要求。因此,在食品流通和销售环节对冷冻调理食品的性质要有清晰的了解和认识。下面根据冷冻调理食品的分类对其保藏与运输进行说明。

(1) 速冻面米制品。速冻面米制品加入部分调味料和香辛料,因此在运输和保藏过程中要综合考虑食品原料和调味料的影响。该类食品通常具备整齐且完善的包装,在运输和保藏过程中独立存放,需合理控制运输和贮藏环境的湿度,避免高湿度和冻融产生的水分对产品外包装和品质的影响。

(2) 冷冻鱼糜肉糜制品。冷冻鱼糜制品通常用平板冻结机进行冻结,并用聚乙烯材料进行包装。对于此类产品,品温越低,越有利于长期保藏。因此,冷冻鱼糜制品的冷藏温度要在$-25\ ℃$以下,冻结、包装和运输过程中要减少温度波动,避免产品反复冻融,进行保藏时要求冷库温度稳定。冷冻肉糜制品除本身含有的脂质外,在调理加工过程中也添加油脂,脂质含量较高。在运输和保藏过程中容易氧化,发生水解酸败和氧化酸败,导致其出现哈喇味和褐变现象。因此,在冷链运输和保藏过程中要减少产品与空气的直接接触,避免油脂氧化和微生物的侵染。该类产品在$-18\ ℃$时可贮藏 6 个月以上,制品的口感和风味基本保持不变,具有良好的弹性和鲜嫩度。

(3) 冷冻裹面制品。冷冻裹面制品的原料组成相对复杂,在运输过程中不但要减少温度的波动,同时也要减少样品间的碰撞,以免影响食品的形态。冷冻裹面制品的保藏期根据原料组成不同而不同,此类产品易出现表皮脆化、失去弹性、内部组织结构变差、质地变粗、硬化掉渣、失去原有的蓬松感、风味减退等现象,可以通过向面粉中添加面粉改良剂、选用快速冻结等方式保持产品的品质。在运输和保藏过程中尽可能使其处于$-18\ ℃$以下的恒定温度,避免温湿度的波动。

(4) 冷冻菜肴制品。冷冻菜肴制品包装应注意安全性、实用性、方便性,积极开发小包装、套餐包装、易拉易开包装、自动加热包装、微波包装等。此类的产品一般在$-18\ ℃$下进行运输和贮藏。试验结果表明,冷冻干煸四季豆在$-18\ ℃$下贮藏 6 个月后仍具有很好的冻藏稳定性,而冷冻调理粉蒸肉、冷冻榨菜肉丝、冷冻青椒肉丝在$-18\ ℃$下冻藏 4 个月后仍然有较高的感官可接受性。

(5) 其他冷冻调理制品。例如对于冷冻火锅复合调味料来说,其油脂含量和调味料种类较多,通常呈现半固体状态,并用聚乙烯材料进行包装。在冷链运输和保藏过程中要避免剧烈碰撞而引起的产品形变和包装损坏,同时要避免贮藏期过长或温度波动导致的油脂氧化现象。

对于冷冻调理制品来说,杀菌方式和包装的选择尤为重要。首先要选择有利于维持产品形态且不易渗漏的产品包装;其次在冷链运输和保藏过程中应严格控制温度,堆码整齐,减少反复冻融的发生,规避产品融化和剧烈碰撞后液体渗漏的风险。此外,冷冻调理食品应根据产品的原料组成、加工方式和营养需求合理选择冷链运输和保藏的方式,减少温度的波动和产品的损耗,最大限度地保持产品的风味和形态。

目前，冷链运输的方式主要包括公路运输、海运、空运和铁路运输。公路运输是最早和最常见的冷链运输方式，随着物流行业的发展，海运、空运和铁路运输也逐渐普及。家庭厨房社会化、主食产品工业化、快餐食品调理化的市场需求一般是伴随着商品物流中冷链环境的形成而同步形成的。在我国的大中城市，调理食品的运输、销售、食用等物流环节所必备的冷藏或冷冻设施业已十分普及。按照国外的发展经验，在这些地区已完全具备了快餐调理食品的流通条件。因此，采取合理的措施和方法提高冷冻调理食品运输和保藏过程中的质量安全性对于冷冻食品行业的进步有着重要意义。

 9-2

冷冻调理食品市场不再"冷清"

《2020—2026年中国冷冻调理食品产业发展态势及投资风险评估报告》中对中国重点冷冻调理食品企业进行了分析，这5家重点企业分别为苏州鸿海食品有限公司、泉州市伍氏企业美食有限公司、汕头大洋（集团）公司、山东好当家海洋发展股份有限公司和泉州富邦食品有限公司。

苏州鸿海食品有限公司每天要用去禽肉类100吨、蔬菜80吨、米面粮油70吨，每天供应800万人次的食材，已占据苏州全市60%的餐饮市场配送份额，在其供应的食品中，包括香酥藕荷、芝香鸡柳、奥尔良烤鸡、盐酥鸡和御香凤颈等较受欢迎的冷冻调理食品；泉州市伍氏企业美食有限公司是福建省内集冷冻料理包研发、生产、品牌连锁餐厅、膳食托管为一体的大型食品加工配送企业，公司采取中西特厨相互烹制结合的方式，打造日产20万份膳食的"中央厨房工厂"，与汉拿山韩式烤肉、魏家凉皮、五芳斋、真功夫等建立合作关系，其中冷冻调理食品占据了重要的市场份额；汕头大洋（集团）公司下属的汕头市大洋厨佬食品有限公司经营的烧卖和肠粉等冷冻调理食品，突出了潮汕美食的特色；山东好当家海洋发展股份有限公司生产的以海产品为原料的冷冻调理食品备受众多城市居民的喜欢；富邦贡丸的出现打造了泉州富邦食品有限公司的企业铭牌。

上述5家企业自2016年开始就已成为中国重点冷冻调理食品企业，这也进一步说明了冷冻调理食品产业是一个颇具发展潜力的产业。随着技术的进步和消费者需求的增加，冷冻调理食品的市场正在不断扩大。

资料来源：《2020—2026年中国冷冻调理食品产业发展态势及投资风险评估报告》。

【本章小结】

冷冻调理食品是冷冻食品五大类之一，是继冷冻畜产品、冷冻禽产品、冷冻水产品、冷冻果蔬产品之后又一个冷冻食品的主要大类。冷冻调理食品种类繁多，主要包括冷冻鱼糜制品、冷冻乳化肉制品、冷冻菜面制品、冷冻饭面制品、冷冻菜肴制品、冷冻火锅基料制品、冷冻烧烤（烟熏）制品、冷冻汤肴制品以及其他冷冻调理制品。冷冻调理食品具有种类多样、营养均衡、食用方便等优点，已然形成产业化并极大地改变着现代人的饮食方式。冷冻调理食品的生产主要包括原料处理、调理加工和冷冻包装加工三个环节，包装后的成品入库后就进入了保藏和冷链运输环节。通常情况下，冷冻调理食品需在产品中心温度低于-18 ℃的条件下进行贮存、运输和销售,此条件下食品中微生物的生长繁殖和酶的活性受到抑制,能够延缓食品腐烂和变质的发生。

【本章习题】

一、名词解释
1. 冷冻调理食品
2. 过程检验
3. 成品检验

二、简答题
1. 冷冻调理食品的分类包括哪些?
2. 简述冷冻调理食品的优点。

三、论述题
根据本章所学内容,论述不同类型的冷冻调理食品在保藏与冷链运输过程中的注意事项。

【即测即练】

参考文献

[1] 刘斌.冷链-物流供冷关键技术研究[M].天津:天津大学出版社,2018.
[2] 双全,夏亚男,杨杨.食品冷链加工与包装[M].北京:清华大学出版社,2021.
[3] 中国物流与采购联合会冷链物流专业委员会,国家农产品现代物流工程技术研究中心.中国冷链物流发展报告(2019)[M].北京:中国财富出版社,2019.
[4] 中国物流与采购联合会冷链物流专业委员会,国家农产品现代物流工程技术研究中心.中国冷链物流发展报告(2020)[M].北京:中国财富出版社有限公司,2020.
[5] 鲍琳,周丹.食品冷藏与冷链技术[M].北京:机械工业出版社,2019.
[6] 翁心刚,安久意,胡会琴.冷链物流[M].北京:中国财富出版社,2016.
[7] 吕建军,侯云先.冷链物流[M].北京:中国经济出版社,2018.
[8] 李学工,李靖,李金峰.冷链物流管理[M].北京:清华大学出版社,2017.
[9] 汪利虹,冷凯君.冷链物流管理[M].北京:机械工业出版社,2019.
[10] 皮钰珍.果蔬贮藏及物流保鲜实用技术[M].北京:化学工业出版社,2013.
[11] 冀宣.果蔬的采收[J].河北农业,2000(7):23.
[12] 付艳武,高丽朴,王清,等.蔬菜预冷技术的研究现状[J].保鲜与加工,2015,15(1):58-63.
[13] 贺红霞,申江,朱宗升.果蔬预冷技术研究现状与发展趋势[J].食品科技,2019,44(2):46-52.
[14] 明惠,孙景贵,李英.互联网环境下我国农村果蔬冷链物流发展策略研究[J].农村经济与科技,2018,29(4):66,78.
[15] 叶兴乾.果品蔬菜加工工艺学[M].北京:中国农业出版社,2004.
[16] 田世平,罗云波,王贵禧,等.园艺产品采后生物学基础[M].北京:科学出版社,2011.
[17] 曾庆孝.食品加工与保藏原理[M].3版.北京:化学工业出版社,2014.
[18] 张秀玲.果蔬采后生理与贮运学[M].北京:化学工业出版社,2011.
[19] 刘新社,聂青玉.果蔬贮藏与加工技术[M].2版.北京:化学工业出版社,2018.
[20] LISTRAT A,LEBRET B,LOUVEAU I,et al. How muscle structure and composition influence meat and flesh quality[J]. Scientific world journal,2016(6):1-14.
[21] GOU W,GREASER M L. Muscle structure,proteins,and meat quality[M]//PURSLOW P. New aspects of meat quality. New Delhi:Woodhead Publishing,2017.
[22] 周光宏,徐幸莲,等.肉品学[M].北京:中国农业出版社,1999.
[23] 葛长荣,马美湖,等.肉与肉制品工艺学[M].北京:中国轻工业出版社,2002.
[24] 周光宏,等.畜产品加工学[M].北京:中国农业出版社,2019.
[25] 白世贞,曲志华.冷链食品商品学[M].北京:中国财富出版社,2014.
[26] 魏新生,李龙雨,郭变茹,等.冷链肉品供应链平台建设的必要性和原则分析[J].物流技术与应用,2021,26(z2):86-88.
[27] 林路.新零售模式下肉制品冷链物流问题研究[J].物流工程与管理,2020,42(4):86-88.
[28] 刘春娟.我国冷冻肉制品食品安全风险概述[J].吉林农业,2019(5):82.
[29] 张甦.乳制品生产与检测技术[M].北京:科学出版社,2019.
[30] 龚广予,刘振民.乳品标准与法规[M].北京:中国轻工业出版社,2015.
[31] 任国谱,肖莲荣,彭湘莲.乳制品工艺学[M].北京:中国农业科学技术出版社,2013.
[32] 李春,刘丽波.乳品分析[M].北京:中国轻工业出版社,2016.
[33] 张志胜,李灿鹏,毛学英.乳与乳制品工艺学[M].北京:中国质检出版社,2014.
[34] 张兰威,蒋爱民.乳与乳制品工艺学[M].2版.北京:中国农业出版社,2016.
[35] 李建江,杨具田.乳肉制品保藏加工[M].北京:科学出版社,2017.

[36] 《乳业科学与技术》丛书编委会,乳业生物技术国家重点实验室.乳品安全[M].北京:化学工业出版社,2016.
[37] 马露.常见乳畜的乳特征性成分研究[M].北京:中国农业科学技术出版社,2018.
[38] 曾庆孝,等.食品加工与保藏原理[M].3版.北京:化学工业出版社,2015.
[39] 谢晶.食品冷藏链技术与装置[M].北京:机械工业出版社,2010.
[40] 蔡朝霞,等.蛋品加工新技术[M].北京:中国农业出版社,2012.
[41] 陈健锋,汪玲玲,张韵思.储存温度对鸡蛋微生物及品质的影响[J].食品科学,2009,30(20):452-454.
[42] 迟玉杰.蛋制品加工技术[M].北京:中国轻工业出版社,2009.
[43] 杜甜甜,李学工.肉禽蛋生鲜产品冷链物流的转型与升级[J].农业科学研究,2018,39(3):60-63.
[44] 吉小凤,杨华,汪建妹,等.贮藏环境对鸡蛋新鲜度的影响及鲜鸡蛋货架期预测模型构建研究[J].农产品质量与安全,2018(2):59-65,74.
[45] 李灿鹏,吴子健.蛋品科学与技术[M].北京:中国质检出版社,2013.
[46] 励慧敏.蛋及蛋制品加工与发展[J].食品研究与开发,2014,35(11):127-129,136.
[47] 夏文水.食品工艺学[M].北京:中国轻工业出版社,2007.
[48] 薛效贤,张月,李翌辰.禽蛋禽肉加工技术[M].北京:中国纺织出版社,2015.
[49] 赵改名.禽产品加工利用[M].北京:化学工业出版社,2009.
[50] 石彦国.食品原料学[M].北京:科学出版社,2016
[51] 张小栓,邢少华,傅泽田,等.水产品冷链物流技术现状、发展趋势及对策研究[J].渔业现代化,2011,38(3):45-49.
[52] 励建荣,马永钧.中国水产品加工业的现状及发展[J].食品科技,2008,33(1):1-4.
[53] 汪之和.水产品加工与利用[M].北京:化学工业出版社,2003.
[54] 王庭望.水产品保藏技术[J].农村新技术,2011(10):64-65.
[55] 林洪,张瑾,熊正河.水产品保鲜技术[M].北京:中国轻工业出版社,2001.
[56] 张心敏,肖功年.国内外水产品保鲜和保活技术研究进展[J].食品与生物技术学报,2002,21(1):104-107.
[57] 刘红英,齐凤生,张辉.水产品加工与贮藏[M].北京:化学工业出版社,2006.
[58] 张大为,张洁.海洋食品加工应用技术[M].青岛:中国海洋大学出版社,2017.
[59] 李秀娟.食品加工技术[M].北京:化学工业出版社,2018.
[60] 双全,夏亚男,杨杨.食品冷链加工与包装[M].北京:清华大学出版社,2021.
[61] 朱蓓薇,薛长湖.海洋水产加工与食品安全[M].北京:科学出版社,2016.
[62] 石彦国.大豆制品工艺学[M].2版.北京:中国轻工业出版社,2005.
[63] 赵良忠,尹乐斌.豆制品加工技术[M].北京:化学工业出版社,2019.
[64] 朱建飞,刘欢.大豆制品生产技术[M].北京:化学工业出版社,2022.
[65] 蒋爱民.食品原料学[M].3版.北京:中国轻工业出版社,2020.
[66] 翟优子.生鲜豆制品冷链物流发展问题与对策探索[J].产业与科技论坛,2015,14(11):12-13.
[67] 庄广盛.深圳市豆制品安全监管工作问题与对策分析[D].深圳:深圳大学,2017.
[68] 杨月欣,王光亚,潘兴昌.中国食物成分表[M].北京:北京大学医学出版社,2002.
[69] 徐广涛.冷冻饮品工业的现状及其发展趋势[J].中国经济信息,2001(14):28-29.
[70] 刘梅森.软冰淇淋生产工艺与配方[M].北京:中国轻工业出版社,2008.
[71] 朱念琳.中国冷冻饮品(冰淇淋)市场分析及发展趋势[J].食品工业科技,2002,23(6):4-7.
[72] 陈泽锋.冷冻饮品中微生物指标的调查分析[J].中国食品,2021(17):34-35.
[73] 蔡云升,蔡有林,王进华.冷冻饮品生产技术[M].北京:中国轻工业出版社,2008.
[74] 黄晓凤.饮料及冷冻饮品质量检验[M].北京:中国计量出版社,2006.

[75] 顾瑞霞.乳与乳制品工艺学[M].北京:中国计量出版社,2006.
[76] 中国质检出版社第一编辑室.冷冻饮品标准汇编[M].北京:中国质检出版社,2011.
[77] 张翼飞.冷冻调理食品的质量控制[J].安徽农学通报(下半月刊),2011,17(2):107-109.
[78] 李丹,李中华,何思远.HACCP在冷冻调理食品生产中的应用[J].安徽农业科学,2016,44(15):84-86.
[79] 李中华,李丹.冷冻调理食品在舰艇长航饮食保障中的应用前景[J].海军医学杂志,2012,33(4):284-285.
[80] 孟素荷.中国冷冻冷藏食品产业——调整与自主创新[J].食品工业科技,2009(9):14-16.
[81] 史维一.调理冷冻食品的低温冷链[J].冷饮与速冻食品工业,1999,5(1):35-36.

附 录 1

果蔬的特性和推荐的长期储存条件

常用名	学名	贮藏温度/℃	相对湿度/%	最高冻结温度/℃	乙烯释放*	乙烯敏感度***	保存期限	适宜气调贮藏条件
甘薯	Ipomea batatas	13~15	85~95	−1.3	VL	L	4~7月	3%~5% O_2 + 5%~10% CO_2
番荔枝	Annona squamosa; Annona spp	7	85~90		H	H	4周	无适宜气调环境
芋头	Colocasia esculenta	7~10	85~90	−0.9			4月	
番茄	Lycopersicon esculentum	10~13	90~95	−0.5	VL	H	2~5月	3%~5% O_2 + 2%~3% CO_2
荸荠	Eleocharis dulcis	1~2	85~90				2~4月	
西瓜	Citrullus vulgaris	10~15	90	−0.4	VL	H	2~3周	无适宜气调环境
山药	Dioscorea spp.	15	70~80	−1.1	VL	L	2~7月	
李子	Prunus domestica	−0.5~0	90~95	−0.8	M	M	2~5周	1%~2% O_2 + 0~5% CO_2
石榴	Punica granatum	5~7.2	90~95	−3.0	VL		2~3月	3%~5% O_2 + 5%~10% CO_2
马铃薯（早熟）	Solanum tuberosum	10~15	90~95	−0.8	VL	M	10~14天	无适宜气调环境
马铃薯（晚熟）		4~8	95~98	−0.8	VL	M	5~10月	无适宜气调环境
南瓜	Cucurbita maxima	12~15	50~70		L	M	2~3月	
萝卜	Raphanus sativus	0	95~100	−0.7	VL	L	1~2月	1%~2% O_2 + 2%~3% CO_2
红毛丹	Nephelium lappaceum	12	90~95		H	H	1~3周	3%~5% O_2 + 7%~12% CO_2
菠菜	Spinacia oleracea	0	95~100	−0.3	VL	H	10~14天	5%~10% O_2 + 5%~10% CO_2
葫芦	Cucurbita moschata; C. maxima	12~15	50~70	−0.8	L	M	2~3月	品种间差异较大
冬季甜瓜	Cucurbita melo	7~10	85~90	−1	L	L	3~4周	3%~5% O_2 + 5%~10% CO_2

续表

常用名	学名	贮藏温度/℃	相对湿度/%	最高冻结温度/℃	乙烯释放*	乙烯敏感度**	保存期限	适宜气调贮藏条件
白兰瓜	Cucurbita melo	5~10	85~90	-1.1	M	H	3~4周	3%~5% O_2 + 5%~10% CO_2
蘑菇	Agaricus, other genera	0	90	-0.9	VL	M	7~14天	3%~21% O_2 + 5%~15% CO_2
芥菜	Brassica juncea	0	90~95		VL	H	7~14天	
油桃	Prunus persica	-0.5~0	90~95	-0.9	M	M	2~4周	1%~2% O_2 + 3%~5% CO_2; 3~10℃
新鲜橄榄	Olea europea	5~10	85~90	-1.4	L	M	4~6周	2%~3% O_2 + 0~1% CO_2
洋葱	Allium cepa	0	65~70	-0.8	VL	L	1~8月	1%~3% O_2 + 5%~10% CO_2
葱		0	95~100	-0.9	L	H	3周	2%~4% O_2 + 10%~20% CO_2
番木瓜	Carica papaya	7~13	85~90	-0.9	M	M	1~3周	2%~5% O_2 + 5%~8% CO_2
百香果	Passiflora spp.	10	85~90		VH	M	3~4周	
桃	Prunus persica	-0.5~0	90~95	-0.9	M	M	2~4周	1%~2% O_2 + 3%~5% CO_2; 3~10℃
欧洲梨	Pyrus communis	-1.5~0.5	90~95	-1.7	H	H	2~7月	因品种而异；1%~3% O_2 + 0~5% CO_2
亚洲梨、日本梨	Pyrus serotina; P. pyrifolia	1	90~95	-1.6	H	H	4~6月	
甜椒	Capsicum annuum	7~10	95~98	-0.7	L	L	2~3周	2%~5% O_2 + 2%~5% CO_2
辣椒	Capsicum annuum and	5~10	85~95	-0.7	L	M	2~3周	3%~5% O_2 + 5%~10% CO_2
柿子	Diospyros kaki	7~13	85~90	-1.1	L	L		3%~5% O_2 + 5%~8% CO_2
菠萝蜜	Artocarpus heterophyllus	13	85~90		M	M	2~4周	2%~5% O_2 + 5%~10% CO_2
枣	Ziziphus jujuba	2.5~10	85~90	-1.6	L	M	2~4周	
羽衣甘蓝	Brassica oleracea var. acephala	0	95~100	-0.5	VL	H	1月	
猕猴桃	Actinidia chinensis	0	90~95	-0.9	L	H	10~14天	1%~2% O_2 + 3%~5% CO_2
甘蓝；大头菜	Brassica oleracea var. Gongylodes	0	98~100	-1.0	VL	L	3~5月	无适宜气调环境

续表

常用名	学 名	贮藏温度/℃	相对湿度/%	最高冻结温度/℃	乙烯释放*	乙烯敏感度**	保存期限	适宜气调贮藏条件
莴苣	Lactuca sativa	0	98~100	−0.2	VL	H	2~3周	2%~5% O_2 + 0% CO_2
龙眼	Dimocarpus longan	4~7	90~95	−2.4			2~4周	
枇杷	Eriobotrya japonica	0	90~95	−1.9			3周	
丝瓜	Luffa spp.	10~12	90~95		L	M	1~2周	
荔枝	Litchi chinensis	1~2	90~95		M	M	3~5周	3%~5% O_2 + 3%~5% CO_2
杧果	Mangifera indica	13	85~90	−1.4	M	M	2~3周	3%~5% O_2 + 5%~10% CO_2
山竹	Garcinia mangostana	13	85~90		M		2~4周	3%~5% O_2 + 5%~10% CO_2
榴梿	Durio zibethinus	4~6	85~90				6~8周	3%~5% O_2 + 5%~15% CO_2
茄子	Solanum melongena	10~12	90~95	−0.8	L	M	1~2周	3%~5% O_2 + 0% CO_2
无花果	Ficus carica	−0.5	85~90	−2.4	M	L	7~10天	5%~10% O_2 + 15%~20% CO_2
蒜头	Allium sativum	−1	65~70	−2.0	VL	L	6~7月	0.5% O_2 + 5%~10% CO_2
生姜	Zingiber officinale	13	65		VL	L	6月	无适宜气调环境
葡萄	Vitis vinifera a = fruit; b = stem	−0.5	90~95	−2.7 a −2.0 b	VL	L	1~6月	2%~5% O_2 + 1%~3% CO_2; 4周后，5%~10% O_2 + 10%~15% CO_2
番石榴	Psidium guajava	5~10	90		L	M	2~3周	3% O_2 + 7% CO_2
香菜	Coriandrum sativum	0~1	95~100	−0.7	VL	H	2周	5%~10% O_2 + 5%~10% CO_2
小茴香	Anethum graveolens	0	95~100		VL	H	1~2周	5%~10% O_2 + 5%~10% CO_2
薄荷	Mentha spp.	0	95~100	−1.1	VL	H	2~3周	5%~10% O_2 + 5%~10% CO_2
西芹	Petroselinum crispum	0	95~100	−0.9	VL	H	1~2月	5%~10% O_2 + 5%~10% CO_2
块根芹；根芹菜	Apium graveolens var. Rapaceum	0	98~100			L	6~8月	2%~4% O_2 + 2%~3% CO_2
芹菜	Apium graveolens var. Dulce	0	98~100	−0.5	VL	M	1~2月	1%~4% O_2 + 3%~5% CO_2
甜菜	Beta vulgaris var. Cicla	0	95~100		VL	H	10~14天	
佛手瓜	Sechium edule	7	85~90				4~6周	

续表

常用名	学名	贮藏温度/℃	相对湿度/%	最高冻结温度/℃	乙烯释放*	乙烯敏感度**	保存期限	适宜气调贮藏条件
樱桃；番荔枝	Annona cherimola	13	90~95	-2.2	H	H	2~4 周	3%~5% O_2 + 5%~10% CO_2
甜樱桃	Prunus avium	-1~0	90~95	-2.1	VL	L	2~3 周	10%~20% O_2 + 20%~25% CO_2
西蓝花	Brassica alboglabra	0	95~100		VL	H	10~14 天	
葡萄柚	Citrus paradisi	14~15	85~90	-1.1	VL	M	6~8 周	3%~10% O_2 + 5%~10% CO_2
金橘	Fortunella japonica	4	90~95		VL	M	2~4 周	
柠檬	Citrus limon	10~13	85~90	-1.4			1~6 月	5%~10% O_2 + 0~10% CO_2
橙子	Citrus sinensis	3~9	85~90	-0.8	VL	M	3~8 周	5%~10% O_2 + 0~5% CO_2
柚子	Citrus grandis	7~9	85~90	-1.6			12 周	
橘子	Citrus reticulata	4~7	90~95	-1.1	VL	M	2~4 周	
椰子	Cocos nucifera	0~2	80~85	-0.9			1~2 月	
甜玉米	Zea mays	0	95~98	-0.6	VL	L	5~8 天	2%~4% O_2 + 5%~10% CO_2；4 周后，5%~10% O_2 + 15% CO_2
黑莓	Vaccinium corymbosum	-0.5	90~95	-1.3	L	L	10~18 天	2%~5% O_2 + 12%~20% CO_2
蔓越莓	Vaccinium macrocarpon	2~5	90~95	-0.9	L	L	8~16 周	1%~2% O_2 + 0~5% CO_2
树莓；覆盆子	Rubus idaeus	-0.5	90~95	-0.9	L	L	3~6 天	5%~10% O_2 + 15%~20% CO_2
草莓	Fragaria spp.	0	90~95	-0.8	L	L	7~10 天	5%~10% O_2 + 15%~20% CO_2
苦瓜	Momordica charantia	10~12	85~90		L	M	2~3 周	2%~3% O_2 + 5% CO_2
大白菜	Brassica chinensis	0	95~100		VL	H	3 周	
面包果	Artocarpus altilis	13~15	85~90				2~4 周	
西蓝花	B. oleracea var. Italica	0	95~100	-0.6	VL	H	10~14 天	1%~2% O_2 + 5%~10% CO_2
抱子甘蓝	Brassica oleracea var. Gemnifera	0	95~100	-0.8	VL	H	3~5 周	1%~2% O_2 + 5%~7% CO_2

续表

常用名	学名	贮藏温度/℃	相对湿度/%	最高冻结温度/℃	乙烯释放*	乙烯敏感度**	保存期限	适宜气调贮藏条件
花椰菜	Brassica oleracea var. Botrytis	0	95~98	−0.8	VL	H	3~4周	2%~5% O_2 + 2%~5% CO_2
苋菜	Amaranthus spp.	0~2	95~100		VL	M	10~14天	
茴香	Foeniculum vulgare	0~2	90~95	−1.1			2~3周	
杏	Prunus armeniaca	−0.5	90~95	−1.1	M	M	1~3周	2%~3% O_2 + 2%~3% CO_2
朝鲜蓟	Cynara acolymus	0	95~100	−1.2	VL	L	2~3周	2%~3% O_2 + 3%~5% CO_2
洋姜	Helianthus tuberosus	−0.5	90~95	−2.5	VL	L	4月	
芝麻菜	Eruca vesicaria var. sativa	0	95~100	−0.6	VL	H	7~10天	5%~12% CO_2
芦笋	Asparagus officinalis	2.5	95~100	−0.8	VL	M	2~3周	2%~5% O_2 + 2%~5% CO_2
香蕉	Musa paradisiaca var. sapientum	13~15	90~95		M	H	1~4周	
四季豆	Psophocarpus tetragonolobus	10	90				4周	

注：* 乙烯释放：VL=非常低(<0.1 μL·kg^{-1}·h^{-1}, 20 ℃)；L=低(0.1~1.0 μL·kg^{-1}·h^{-1})；M=中等(1.0~10.0 μL·kg^{-1}·h^{-1})；H=高(10~100 μL·kg^{-1}·h^{-1})；VH=非常高(>100 μL·kg^{-1}·h^{-1})。

** 乙烯敏感度：L=低敏感度；M=中等低敏感度；H=高敏感度。

资料来源：美国加利福尼亚大学采后中心网站，http://postharvest.ucdavis.edu/Commodity_Resources/Storage_Recommendations/.

附 录 2

食品冷藏保鲜温度参数表

序号	名称	含水量 %	冷结点 ℃	贮藏容积 m³/t	贮藏温度 ℃	相对湿度 %	贮藏期 天（月）
1	苹果	85	－2	7.5	－1～1	85～90	(2～7)月
2	苹果汁		－1.7	7.5	4.5	85	(3)
3	杏子	85.4	－2	7.5	－0.5～1.5	78～85	7～14 天
4	杏子干			7.5	0.5	75	(6)
5	龙须菜	94	－2	7.5	0～2	85～90	21～28
6	咸肉（初腌）	39	－1.7	9.4	－23～－10	90～95	(4～6)
7	腊肉（熏制）	13～29			15～18	60～65	
8	香蕉	75	－1.7	15.6	11.7	85	14 天
9	干蚕豆	13	－1.7	7.5	0.7	70	(6)
10	扁豆	89	－1.5		1～7.5	85～90	8～10
11	甜菜	72	－2		0～1.5	88～92	7～42
12	啤酒	89～91	－2	6.2～10.6	0～5		(6)
13	洋白菜	85			0～1.5	90～95	21～28
14	黄油	14～15	－2.2	5	－10～－1	75～80	(6)
15	酪乳	87	－1.7	9.4	0	85	(1)
16	卷心菜	91	－0.5	5.6	0～1	85～90	(1～3)
17	胡萝卜	83	－1.7		0～1	80～95	(2～5)
18	芹菜	94	－1.2	9.4	－0.6～0	90～95	(2～4)
19	干酪	46～53	－10～－2.2	5	－1.0～1.5	65～75	(3～10)
20	樱桃	82	－4.5	15.6	0.5～1	80	7～21
21	巧克力	1.6		5.6	4.5	75	(6)
22	奶油	59			0.2	80	7
23	黄瓜	96.4	－0.8		2.7	75～80	10～14
24	葡萄干	85	－1.1	9.4	0	75～80	14
25	椰子	83	－2.8	7.5	－4.5	75	(12)
26	鲜蛋	70	－2.2		－1～0.5	80～85	(8)
27	蛋粉	6		6.9	2	极小	(6)
28	冰蛋	73	－2.2		－18		(12)
29	鲜鱼	73	－1/－2	12.5	－0.5～4	90～95	7～14
30	干鱼	45			－9～0	75～80	(3)
31	冻鱼				－20～－12	90～95	(8～10)
32	干果	30			0～5	70	(6～18)
33	冻水果				－23～－15	80～90	(6～12)
34	干大蒜	74	－4		0～1	75～80	(6～8)

续表

序号	名称	含水量 %	冷结点 ℃	贮藏容积 m³/t	贮藏温度 ℃	相对湿度 %	贮藏期 天(月)
35	谷类				−10～−2	70	(3～12)
36	葡萄	82	−4	9.4	−1～3	85～90	(1～4)
37	火腿	47～54	−2.2～−1.7		0～1	85～90	(7～12)
38	冻火腿				−24/−18	90～95	(6～8)
39	冰淇淋	67		16.7	−30～−20	85	14～84
40	果酱	36		8.1	1	75	(6)
41	人造奶粉	17～18		5	0.5	80	(6)
42	牡蛎	80	−2.2		0	90	(2)
43	猪油	46		5.0	−18	90	(12)
44	柠檬	89	−2.1	9.4	5～10	85～90	(2)
45	莴苣	94.8	−0.3		0～1	85～90	(1～2)
46	对虾	76			−7	80	(1)
47	玉米	73.9	−0.8		−0.5～1.5	80～85	7～28
48	柑橘	86	−2.2		1～2	75～80	(1～3)
49	甜瓜	92.7	−1.7	9.4	2～7	80～90	7～56
50	牛奶	87	−2.8		0～2	80～95	7
51	奶粉			7.5	0～1.5	75～80	(1～6)
52	羊肉	60～70	−1.7		0	80	10
53	冻羊肉			6.2	−18～−12	80～85	(3～8)
54	干坚果	3～6	−7	12.5	0～2	65～75	(8～12)
55	菜油	14.4～15			1～12		(6～12)
56	洋葱	87.5	−1	9.4	1.5	80	(3)
57	橘子	90	−2.2	9.4	0～1.2	85～90	56～70
58	桃子	96.9	−1.5	7.5	−0.5～1	80～85	14～28
59	梨	83	−2	7.5	0.5～1.5	85～90	(1～6)
60	梨干	10		7.5	0.5	75	(6)
61	青豆宛豆	74	−1.1	8.1	0	80～90	7～21
62	干宛豆			7.5	0.5	75	(6)
63	青菠萝		−1.5	8.1	10～16	85～90	14～28
64	菠萝	85.3	−1.2	8.1	4～12	85～90	14～28
65	李子	86	−2.2	8.1	−4～0	80～95	21～56
66	猪肉	35～42	−2.2～−1.7		0～1.2	85～90	3～10
67	土豆	77.8	−1.8	12.5	3～6	85～90	(6)
68	鲜家禽	74	−1.7	6.2	0	80	7
69	冻家禽	60		6.2	−30～−10	80	(3～12)
70	南瓜	90.5	−1		0～3	80～85	(2～3)
71	兔肉	60	−1.7		0～1	80～90	5～10
72	冻兔肉	60		6.9	−24～−12	80～90	(6)
73	萝卜	93.6	−2.2	8.1	0～1	85～95	14
74	米	1.0	−1.7	7.5	1.5	65	(6)

续表

序号	名称	含水量 %	冷结点 ℃	贮藏容积 m^3/t	贮藏温度 ℃	相对湿度 %	贮藏期 天(月)
75	腊肠				−4～5	85～90	7～21
76	菠菜	92.7	−0.9		0～1	90	10～14
77	杨梅	90	1.3		−0.5～1.5	75～85	7～10
78	糖	0.5			7～10	低于60	(12～36)
79	(听装)糖汁	36	2.2	6.2	1	80	42
80	生西红柿	94	−0.9		10～20	85～90	21～28
81	西红柿	94	−0.9		1～5	85～90	7～21
82	大头菜	90.9	−0.9	8.1	0～1	90	(1～4)
83	西瓜	92.1	−1.6		2～4	75～85	14～21
84	葡萄酒			7.5	10	85	(6)
85	蛋黄粉				1.5	极小	(6)
86	牛肉	63	−1.7	7.2	0/1	90	5～10
87	冻野味			8.7	−12	80	(3)
88	猪肝	65			−24～−18	90～95	(3-4)
89	枣	83	−2.8	7.5	−4.5	75	(12)
90	芦笋	94	−2.0	7.5	0～2	85～90	21～28
91	蘑菇	91.1	−1.0		0～2	80～85	7～14
92	蜂蜜	18		8.1	1	75	(6)
93	麦片	10	−1.7	9.4	1～2	65	(6)
94	包装烟草				1	75	(6)
95	血浆			5.6	3.3	75	(2)
96	花				1.1	85	14
97	包装冻蔬菜				−18/−24		(6～12)

资料来源：搜狐网，https://www.sohu.com/a/356660014_120250211?scm=1002.44003c.fe017c.PC_ARTICLE_REC.

教师服务

感谢您选用清华大学出版社的教材！为了更好地服务教学，我们为授课教师提供本书的教学辅助资源，以及本学科重点教材信息。请您扫码获取。

▶▶ 教辅获取

本书教辅资源，授课教师扫码获取

▶▶ 样书赠送

物流与供应链管理类重点教材，教师扫码获取样书

 清华大学出版社

E-mail：tupfuwu@163.com
电话：010-83470332 / 83470142
地址：北京市海淀区双清路学研大厦 B 座 509

网址：http://www.tup.com.cn/
传真：8610-83470107
邮编：100084